Urs Messerli

Alpen
küche

**Alpine Hotels und
ihre regionalen Küchen**

WEBERVERLAG.CH

Inhalt

Vorwort	5
Arosa – das romantische Schanfigg	6
Klosters – das royale Prättigau	26
Davos mit internationalem Ambiente	46
Flims – hoch über der Rheinschlucht	66
Lenzerheide – das idyllische Hochtal	86
Zermatt mit dem berühmtesten Berg der Welt	106
Saas-Fee – umgeben von 13 Viertausendern	126
Grindelwald – das gastliche Gletscherdorf	146
Wengen – traditionsreiche Sonnenterrasse	166
Brissago – am Lago Maggiore	186
Piemont – das Land am Fusse der Berge	206
Unsere Käseauswahl	226
Nachhaltiger Weingenuss	232
Senf, Marmelade und Chutney	234

Vorwort

Mit Küchenchefs auf kulinarischer Reise durch die Schweizer Alpen

Dieses Kochbuch ist die kulinarische Essenz einer langjährigen gastronomischen Erfolgsgeschichte: Die Gründer der Schweizer Sunstar Hotelgruppe hatten in den 70er-Jahren die innovative Idee, einheimischen und ausländischen Gästen authentische und nachhaltige Bergferien an den schönsten Orten der Schweizer Alpen zu ermöglichen. Neben dem Geniessen der regionalen und lokalen Spezialitäten war immer auch die Erkundung der näheren Umgebung und ihrer Besonderheiten ein zentrales Thema. In den Hotels sollte hochwertiger alpiner Komfort in geselliger Atmosphäre dank herzlichen Gastgebern und Mitarbeitenden das perfekte Ferienerlebnis abrunden.

Diese Vision, die auch heute noch fester Bestandteil der Sunstar Philosophie ist, wurde 1969 mit der Eröffnung des ersten Sunstar Hotels im Ferien- und Kurort Davos realisiert. Inzwischen ist die Zahl der Hotels auf zehn alpine und zwei südliche Bijoux gewachsen. Die überwiegend idyllische Lage der Häuser und die breite Abdeckung der bekanntesten Schweizer Bergdestinationen von Graubünden, dem Berner Oberland bis zum Wallis bieten die Grundlage für ein gutes Abbild der kulinarischen Besonderheiten des Alpenraums, ergänzt mit dem mediterranen Flair der beiden südlichen Betriebe im Tessin und im italienischen Piemont. Eigene Rot- und Weissweine aus diesen Regionen, die mit erfahrenen Önologen ausgesucht und als «Sunstar Selection» zusammengeführt wurden, vervollständigen das ganzheitliche gastronomische Konzept der Hotels und damit auch dieses Buches.

Die Gestaltung der Rezepte und Menüs lag in der fachmännischen Begleitung des erfolgreichen und erfahrenen Spitzen-Gastronomen Urs Messerli. Die Zusammenarbeit mit den Küchenchefs der Hotelbetriebe gestaltete sich als konstruktives und innovatives Erforschen verschiedenster Themengebiete. Die getroffene Festlegung auf einerseits «neuzeitlich» und anderseits «traditionell» mit stets frischen Produkten von Produzenten aus dem Alpenraum fand auf Anhieb grossen Anklang. In der Entwicklungsphase wurde schnell klar, dass weder eine avantgardistische, hochaufwändige noch eine triviale, traditionsgespickte und schwer verdaubare Rahm-, Butter- und Käseküche angestrebt werden soll.

Auch bei der optischen Präsentation der ausgereiften Gerichte wurde auf Ästhetik gesetzt – die schön gestalteten Stillleben wurden vom Fotografen Marcus Gyger in rustikal-elegantem Ambiente abgelichtet. Die «Alpenküche» dient als Handbuch für kostbare Zutaten mit Schweizer Herkunft und zeigt die hochwertigen Spezialitäten der regionalen Produzenten. Gleichzeitig vermitteln die Aufnahmen und die interessanten Hintergrundinformationen das Wissen der Küchenchefs. Ferner soll das Buch Erinnerungen an den unvergesslichen Aufenthalt wecken und mit einer kulinarischen Empfehlung in die Küchen der Gäste einziehen. Viele der Gerichte sind bereits auf dem Speiseplan der Sunstar Hotels zu finden, neue Kreationen werden immer wieder dazukommen. Wir wünschen Ihnen viel Freude und Genuss mit der «Alpenküche».

Arosa – das romantische Schanfigg

Arosa, der Ferien- und Erholungsort ohne Durchgangsverkehr, lockt mit seiner wunderschönen Talendlage im Kanton Graubünden. Die beliebte Destination ist von einer idyllischen Bergkulisse umrahmt und liegt mit durchschnittlichen acht bis zwölf Stunden Sonnenschein pro Tag auf der Sonnenseite der Ferienträume. Im Bergsommer laden saftig grüne Wiesen und farbenfrohe Bergblumen ein, die herrliche Natur inmitten von glasklaren Bergseen und plätschernden Gebirgsbächen zu erkunden. Das wilde Bergtal hat seinen ursprünglichen Charakter sowie seine kulturellen und gastronomischen Eigenheiten bis heute behalten.

Traditionelle Gerichte, zubereitet aus lokalen Spezialitäten, rufen trotz ihrer tiefen Verankerung in der Alpenküche ein Gefühl von exotischen Verschmelzungen hervor. So werden in der Showküche des Sunstar Alpine Hotels Arosa gerne Dinkel-Pizokel mit in Rotwein eingelegten Dörrpflaumen und frischem Thymian oder Gamsfilet im Marroni-Rohschinken-Mantel zubereitet und den Gästen harmonisch angerichtet serviert. Um den Geschmack der exquisiten Menüs zu untermalen, wird eine stolze Auswahl an Weinen von lokalen Winzern in einem schicken Weinschrank präsentiert. Die heimelige Atmosphäre am Kamin der Hotel-Lobby und die Davidoff-Geniesser-Lounge laden zum gemütlichen und geselligen Ausklang eines aktiven Tages ein.

Das Menü

VON KÜCHENCHEF ROBERT ARBESLEITNER

Vorspeise
Sautiertes Pilz-Carpaccio, Winterblattsalat an Preiselbeeren-Alpen-Distelöl-Vinaigrette

Pasta-Zwischengang
Dinkel-Pizokel mit Dörrpflaumen und frischem Thymian

Geflügel-Zwischengang
Sautiertes Fasanenbrüstchen an Apfelmost-Sauerkraut-Kompott mit Wacholder

Hauptgang
Gamsfilet im Marroni-Rohschinken-Mantel an Sauerkirschensauce mit Kartoffelgratin-Törtchen und Brokkoli

Dessert
Lauwarmer Schokoladekuchen mit marinierten Orangen

Lokales Spezialitätengericht
Churer Fleischtorte

▶ REZEPTE FÜR 4 PERSONEN BERECHNET, FALLS NICHT ANDERWEITIG VERMERKT.

Vorspeise

Sautiertes Pilz-Carpaccio, Winterblattsalat mit Preiselbeeren-Alpen-Distelöl-Vinaigrette

Salate waschen, rüsten und trocknen.

Pilze in Streifen schneiden. Essig, Distelöl, Preiselbeeren und rote Pfefferkörner kurz mixen und mit Salz, Pfeffer und dem Preiselbeeren-Zuckerwasser abschmecken. Pilze kurz sautieren, dann mit Pfeffer und Salz würzen.

Das Pilz-Carpaccio lauwarm und mit Vinaigrette beträufelt anrichten. Salatblätter lose mit Dressing anrichten. Garnieren mit Preiselbeeren, dem roten Dressing und rosa Pfeffer. Fleur de Sel und Pfeffer aus der Mühle darüber geben.

SALAT

40 g	gekrauste Endivien, gerüstet
40 g	roter Chicorée, gerüstet
20 g	Kräutersalat
20 g	frischer Eichblattsalat, gerüstet

VINAIGRETTE

40 g	Himbeer-Preiselbeer-Essig
60 g	Distelöl
20 g	Preiselbeeren, im Zuckersirup gekocht
2 g	Pfefferkörner, rosa, in Salzwasserlake
	weisser Pfeffer aus der Mühle, Salz

WEITERE ZUTATEN

120 g	Mönchskopf-Pilze und weitere kleine Speisepilze
1 EL	Preiselbeeren als Garnitur
wenig	Fleur de Sel

Pasta-Zwischengang

Dinkel-Pizokel mit Dörrpflaumen und frischem Thymian

Das Dinkelmehl sieben und anschliessend mit dem Ei, Olivenöl und der Vollmilch in eine Schüssel geben. Die Zutaten rasch zusammenarbeiten und zu einem sehr glatten, nicht zu dünnen Teig schlagen, bis er Blasen wirft. Den Teig zugedeckt im Kühlschrank ruhen lassen.

Die Dörrpflaumen mit Rotwein aufkochen und stehen lassen.

Reichlich Salzwasser zum Kochen bringen. Pizokel portionenweise von einem nassen Brett ins kochende Salzwasser schaben. Sobald die Pizokel an die Oberfläche steigen, herausnehmen, im Eiswasser abkühlen. Die Zwiebel in Butter anschwitzen, die abgetropften Pizokel beigeben, leicht anbraten, Dörrpflaumen mit Rotwein beigeben und kurz einkochen lassen. Den Vollrahm beigeben, einreduzieren lassen und abschmecken, Thymian dazugeben. Auf gekochtem Wirsingblatt anrichten und mit Alpkäsespänen und Thymian garnieren.

DINKEL-PIZOKEL

150 g	Dinkelmehl
90 g	frisches Ei
1 TL	Rapsöl
48 g	Vollmilch
	Salz
	geriebener Pfeffer und Muskat
100 g	grosse Wirsingblätter

WEITERE ZUTATEN

90 g	Dörrpflaumen
1 dl	Rotwein
1 dl	Vollrahm
3 g	frischer Thymian
10 g	Zwiebel
	Salz und Pfeffer
90 g	Alpkäse, Späne (mit Sparschäler)

Geflügel-Zwischengang

Sautiertes Fasanenbrüstchen an Apfelmost-Sauerkraut-Kompott mit Wacholder

Sauerkraut gut waschen, mit Möhl-Apfelsaft aufkochen, Curry und Vollrahm beigeben. Die geraffelten Äpfel beigeben, mit Salz, Pfeffer und ganz wenig Kümmel und Wacholder würzen, einreduzieren lassen und zum Schluss ganz leicht mit Kartoffelstärke abbinden. Fasanenbrüstchen würzen, kurz anbraten und 5 Minuten zugedeckt ruhen lassen.

Glace de volaille mit breitem Pinselstrich anrichten. Aus dem Sauerkraut mit Löffel kleine Nocken formen, Fasanenbrüstchen fächerförmig dünn tranchieren und zum Sauerkraut anrichten, Apfelschnitze kurz sautieren und mit wenig Zimt bestäuben.

FASANENBRÜSTCHEN

4	Fasanenbrustfilets ohne Haut
1 EL	Sonnenblumenöl
	Salz, weisser Pfeffer aus der Mühle
5	Wacholderbeeren, fein gehackt
3 EL	Glace de volaille (eingekochter, dunkler Geflügelfond)

APFELMOST-SAUERKRAUT-KOMPOTT

100 g	Sauerkraut, gekocht
40 g	Apfelschnitze
40 g	Apfel, geraffelt
100 ml	Möhl-Apfelsaft (Most)
100 ml	Vollrahm
1	Messerspitze Curry mild
½ EL	Kartoffelstärke
	Salz, Pfeffer, gemahlen
	Kümmel, gemahlen
	Zimt
2	Wacholderbeeren, gehackt

Hauptgang

Gamsfilet im Marroni-Rohschinken-Mantel an Sauerkirschensauce mit Kartoffelgratin-Törtchen und Brokkoli

Das Schweinenetz auslegen, Rohschinken drauflegen, dünn mit Marronipüree bestreichen, das kalte, vorher gewürzte und angebratene Gamsfilet drauflegen und einrollen. Das Gamsfilet in Öl kurz anbraten, auf ein Blech legen und bei 160 °C 10 Minuten ins Backrohr geben. Aus dem Ofen nehmen und kurz stehen lassen.

Die Zwiebel in der gleichen Pfanne anschwitzen, mit Rotwein und Wildfond ablöschen und einkochen lassen, Sauerkirschen beigeben und nochmals reduzieren, zum Schluss abschmecken und mit kalten Butterwürfeln Sauce binden (aufmontieren).

Die Kartoffeln in gleichmässig dünne Scheiben von 2–3 mm schneiden, Knoblauch fein hacken. Die Gratinplatte mit Butter ausstreichen und gehackten Knoblauch ausstreuen. Geriebenen Gruyère und Sbrinz vermischen.

Vollmilch und Vollrahm zusammen aufkochen und mit Salz, Pfeffer und Muskat abschmecken. Kartoffelscheiben beigeben, vermischen und aufkochen. Die Hälfte des geriebenen Käses unter die Masse geben und in die vorbereitete Gratinplatte geben. Die Masse mit dem restlichen Käse bestreuen und mit Butter beträufeln. Bei 160 °C ca. 30 Minuten backen und anschliessend bei 220 °C gratinieren. Vor dem Servieren den Gratin kurze Zeit abstehen lassen.

Brokkoli in Röschen schneiden, in Salzwasser abkochen, absieben, in Butter schwenken und mit Salz, Pfeffer und Muskat würzen. Brokkoli bukettartig auf den Teller legen, Kartoffelgratin ausstechen und auf den Teller geben, einen Löffel Sauce dazugeben. Das Gamsfilet aufschneiden und anrichten.

FLEISCH

400 g	Gamsfilet, pariert
4	grosse Scheiben Rohschinken
3 EL	Marronipüree
1	kleines Schweinenetz
	Salz
	Pfeffer aus der Mühle

SAUCE

½	kleine Zwiebel, gewürfelt
2 EL	Sauerkirschen
2 dl	Rotwein
1 dl	Wildfond
50 g	Butter, in Würfeln

GRATIN

345 g	mehlige Kartoffeln, geschält
2 g	Knoblauch, geschält
1,2 dl	Vollmilch
0,5 dl	Vollrahm
3 g	Salz
	weisser Pfeffer aus der Mühle
	Muskatnuss, gemahlen
20 g	Gruyère, gerieben
20 g	Sbrinz, gerieben
12 g	Butter

BROKKOLI

1	kleiner Brokkoli
20 g	Butter
	Salz und Pfeffer
	Muskat

Dessert

Lauwarmer Schokoladekuchen mit marinierten Orangen

Orangen schälen, in Scheiben schneiden und mit Grand Marnier marinieren.

Die dunkle Schokolade, Butter und den Zucker in einer Schüssel über einem Wasserbad schmelzen.

Die geschmolzene Masse mit Eiern mischen und luftig aufschlagen, das Mehl zum Schluss leicht unterheben. Die Masse in kleine, mit Öl ausgestrichene Förmchen füllen. Im Backofen bei 180 °C 10 Minuten backen.

Den Schokoladekuchen auf einen Teller stürzen und mit den marinierten Orangenscheiben und Zesten anrichten.

Orangenzesten in Grenadinesirup und Sternanis kochen.

200 g	dunkle Schokolade (47 %)
150 g	Zucker
150 g	Butter
3	frische Eier
30 g	Weissmehl
1 EL	Öl (zum Bestreichen)
2	Orangen
1 EL	Grenadinesirup
4	Sternanis
1 EL	Grand Marnier

Lokales Spezialitätengericht

Churer Fleischtorte

Das Mehl sieben und mit der Butter und dem Salz verreiben. Dann die Eier verquirlen und mit wenig Milchwasser unter den Teig arbeiten. Je nach Grösse der Eier noch etwas Flüssigkeit beifügen und den Teig gut durchkneten. Eine halbe Stunde ruhen lassen.

Das Brötchen in Milch einweichen, ausdrücken und zerpflücken. Die Petersilie und die Zwiebel fein hacken und in der erhitzten Butter durchdünsten. Diese vorbereiteten Zutaten zum Fleisch geben und mit dem Rahm vermischen. Nach Belieben würzen und von Hand gut durchkneten. Die Salametti schälen und in dünne Scheibchen schneiden. Dann zwei Drittel des Teiges auswallen und damit ein Backblech so auslegen, dass der Rand ca. 1 cm überlappt. Die Fleischmasse einfüllen, glattstreichen und die Salametti-Rädchen darauf verteilen. Den Rest des Teiges auswallen und auf die Fleischfüllung legen. Das Ei trennen und mit dem Eiweiss den Rand des Teigdeckels bestreichen. Den Teigrand des Bodens überschlagen und auf dem Deckel andrücken. Von den Teigresten Garnituren ausstechen und damit die Torte verzieren. Mit Eigelb bestreichen und einige Male mit der Gabel einstechen. Im vorgeheizten Ofen bei ca. 220 °C 45–50 Minuten backen.

Dazu einen grünen Salat servieren.

Für ein Blech mit Ø 24 cm

TEIG

350 g	Mehl
200 g	Butter
1 TL	Salz
2	Eier
170 g	Butter
1–2 dl	Milchwasser (½ Milch, ½ Wasser)

FÜLLUNG

1	Brötchen (Baguette)
wenig	Milch
1 Bund	Petersilie
1	Zwiebel
20 g	Butter
600 g	gehacktes Rindfleisch
1 dl	Rahm
	Salz, Pfeffer, Majoran
2	Salametti/Salsiz
1	Ei zum Bestreichen

SAUCE

3 EL	Sauerrahm
1 EL	Schnittlauch
	Salz und Pfeffer

BÄCKEREI WIDMER, AROSA

Pünktlich beim sechsten Glockenschlag erscheinen die Scheinwerfer eines kleinen Lieferwagens im Schneegestöber von Arosa. Ein gut gelaunter, zierlicher Mann mit ergrautem Haar und Schnurrbart steigt aus dem mit «Widmer» beschrifteten Auto, öffnet den Laderaum und präsentiert die gut duftenden und noch warmen Brote mit den Worten: «Das isch euer Kischtli». Zu der täglichen Lieferung der knusprigen Frühstücksbrote gehört auch die Bestandskontrolle des Hotel-Kühlraums. Wenn die Frühstücks-Aufbackbrötchen ausgehen, bringt Hansruedi Widmer unaufgefordert neue – das gehört zum guten Service dazu und nimmt dem Küchenchef viel Arbeit ab. Der allumfassende Service und die Kundenfreundlichkeit sind in der Bäckerei Widmer seit Jahrzehnten eine Selbstverständlichkeit. Die Kundschaft ist über das ganze Tal verbreitet und reicht bis fast nach Chur. Früher hatte Hansruedi Widmer in verschiedenen Gemeinden einen festen Standplatz, wo er sein frisches Brot aus dem Verkaufswagen verkaufte und bis zu 20 Stunden am Tag arbeitete. Heute hat er seine Auslieferungen optimiert, indem er in den Dörfern Brotboxen einrichten konnte und nun auf Bestellung ausliefert. Trotz Aussagen wie: «Aber ich kann doch kein Brot essen, das ich erst am Ende des Monats bezahle» hat sich das System etabliert und für beide Seiten bewährt.

Klosters – das royale Prättigau

Die traditionellen Chalets des Bergdorfs Klosters erstrahlen auf einer sonnigen Ebene inmitten der intakten Natur des offenen Tals Prättigau und bieten eine atemberaubende Aussicht auf die Bergkulisse. Klosters ist einerseits für seinen schicken Charme mit diskretem Luxus bekannt. Anderserseits gilt die Gegend als mystisch, was in über neunzig Sagen und volkstümlichen Erzählungen über Zwerge, Alpengeister und Wurzelleute sagenhaft zum Ausdruck kommt.

Der Name Albeina, den das Sunstar Boutique Hotel in Klosters trägt, stammt aus einer herzergreifenden Sage über ein kleines Mädchen, das von der Alpenkönigin von seinen Lähmungen geheilt wird und ihr mit ergreifenden Worten und unter Freudentränen dankt.

Bei einem von Kerzenschein untermalten Abendessen umhüllt die geheimnisvolle Atmosphäre die rustikal-romantische Einrichtung des Hotels. Spezialitäten wie die Prättigauer Brotsuppe mit gebratenen Steinpilzen oder das Hirschfilet auf einer flüssigen Bramata mit karamellisierten Pfefferschalotten, abgerundet von einer süssen Versuchung an regionaltypischem Röteli-Sabayon, werden an lauen Sommerabenden gerne im Gartenpavillon zu einem Tête-à-Tête serviert. Die geselligere Variante ist ein gemütlicher Grillabend mit vorzüglichem Fleisch vom Smoker, begleitet von bunten Salaten und vorzüglichen Weinen aus der Region.

Das Menü

VON KÜCHENCHEF NORBERT DEMUTH

Vorspeise
Mariniertes Lamm-Carpaccio,
Tête de Moine-Bouquet

Suppe
Prättigauer Brotsuppe mit gebratenen Steinpilzen

Fisch-Zwischengang
Forellenfilet auf saurem Gemüsekompott

Hauptgang
Hirschfilet auf flüssiger Bramata
mit karamellisierten Pfefferschalotten

Dessert
Früchte-Mix an Röteli-
Sabayon mit Bananenglace

**Lokales
Spezialitätengericht**
Bergkäse-Knödeli auf
Mangold an Baumnuss-
Zitronen-Butter

▶ REZEPTE FÜR 4 PERSONEN BERECHNET,
FALLS NICHT ANDERWEITIG VERMERKT.

Vorspeise

Mariniertes Lamm-Carpaccio, Tête de Moine-Bouquet

Das Lammnierstück würzen und im Olivenöl kurz saignant braten und auf Gitter erkalten lassen. Lamm mit Dijon-Senf einstreichen und in den gehackten Kräutern drehen.

160 g	Lammnierstück, pariert
½ EL	Olivenöl
	Salz, Pfeffer, Paprika
1 KL	Dijon-Senf
	Thymian, Rosmarin, Petersilie, Majoran, Salbei
4	Tête de Moine-Rosetten
4	schöne Salatblätter je nach Saison
	Olivenöl
	Limette
	Pfeffer aus der Mühle
	Balsamico
	Fleur de Sel

Das Lammfleisch sehr dünn aufschneiden, zusammen mit den Salatblättern auf den Teller legen und mit Olivenöl, Limettensaft beträufeln und mit Fleur de Sel bestreuen. Käserosette anrichten und mit Pfeffer würzen. Mit eingedicktem Balsamico garnieren.

Suppe

Prättigauer Brotsuppe mit gebratenen Steinpilzen

1	Zwiebel, fein gehackt
300 g	altes Brot, grob gewürfelt
1 l	Gemüsebouillon
	Kümmel, fein gehackt
3 dl	Vollrahm
100 g	Gemüse, gewürfelt
	Schnittlauch
20 g	Butter
100 g	Steinpilze
	Salz und Pfeffer
4	Tranchen Kochspeck

Die Zwiebel fein hacken und in Butter dünsten. Das Brot in grobe Würfel schneiden und beigeben. Die Bouillon und den Kümmel dazugeben, alles zusammen ca. 10 Minuten sieden lassen und fein mixen. Mit 2 dl Rahm verfeinern und abschmecken.

Die Gemüsewürfelchen blanchieren. Die Suppe aufkochen, wenn nötig mit mehr Bouillon verdünnen. In einer Suppentasse mit der Gemüsebrunoise anrichten, 1 dl Rahm schlagen, eine Rahmrosette drauflegen und mit wenig Kümmel bestreuen.

Pilze in Scheiben schneiden, mit Salz und Pfeffer würzen und in Butter langsam goldig braten. Die Pilze warm stellen und mit Schnittlauch anrichten.

Den Kochspeck im Ofen knusprig braten und den Teller mit dem Speck garnieren.

Fisch-Zwischengang

Forellenfilet auf saurem Gemüsekompott

Das Gemüse rüsten und fantasievoll schneiden, in eine passende Pfanne geben und mit Bouillon aufkochen. Wenig Safran, Weisswein und Essig dazugeben, al dente kochen und zuletzt die Tomaten beigeben. Die Butter einmontieren, mit Salz und Pfeffer abschmecken, ziehen lassen.

Die Forellenfilets würzen, in Olivenöl langsam glasig braten. Den Gemüsekompott aufkochen, auf den Teller geben, Forellenfilet drauflegen und den Fisch mit etwas Kompott-Fond beträufeln. Mit Petersilie und Dillstrauss garnieren.

KOMPOTT

200 g	Gemüse, gerüstet
	Fenchel, Karotten, Kohlrabi, Brokkoli, Tomaten, gewürfelt
	Salz und Pfeffer
	Safran
	helle Gemüsebouillon
	Weisswein, Kräuteressig
20 g	Butter
	Petersilie, Dill

FISCH

240 g	Forellenfilets, 4 Stück à 60 g
	Salz und Pfeffer
	Zitronensaft
	½ EL Olivenöl

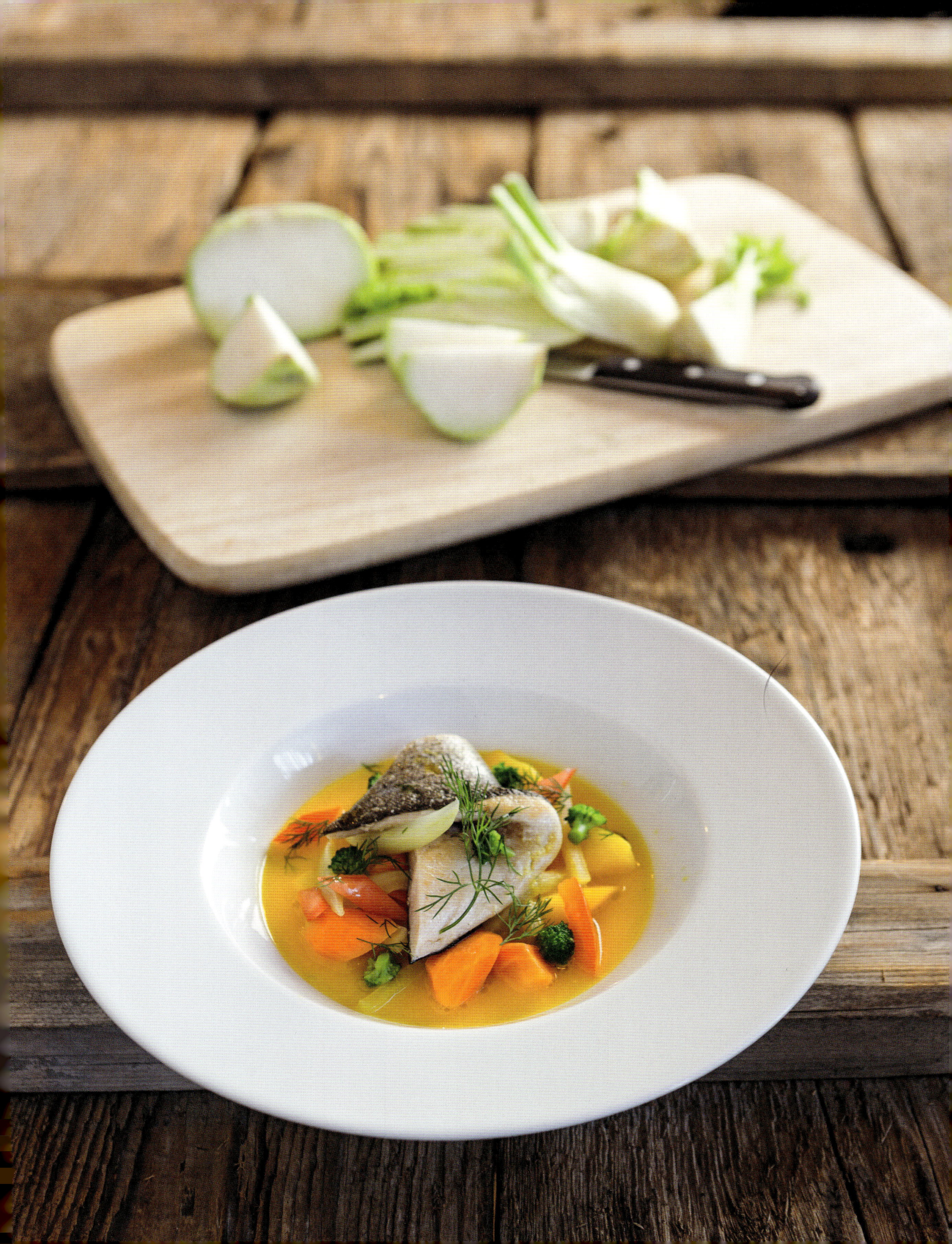

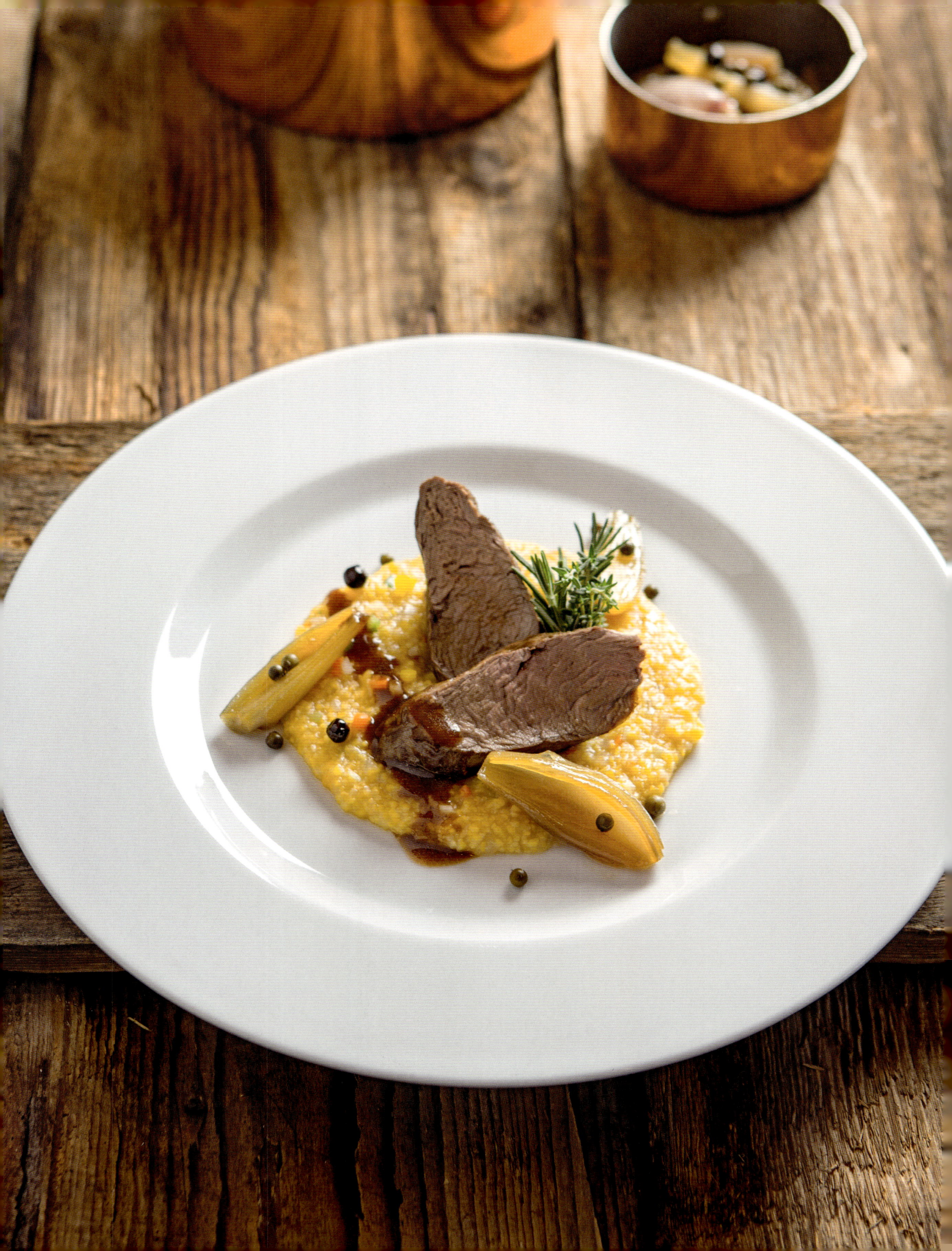

Hauptgang

Hirschfilet auf flüssiger Bramata mit karamellisierten Pfefferschalotten

Zwiebeln in Butter glasig dünsten, mit Bouillon ablöschen und aufkochen. Den Mais dazugeben, bei geringer Hitze und unter ständigem Rühren ca. 10 Minuten sieden, danach zugedeckt im Ofen ziehen lassen. Den Parmesan, die braune Butter und die Brunoise darunterziehen und mit Rahm verfeinern, bis die Bramata die richtige Konsistenz hat.

Zucker und Zitronensaft in einer Sauteuse-Pfanne karamellisieren, mit Bouillon ablöschen, Karamell auflösen und zusammen kurz einkochen. Die Schalotten schälen, in Spalten schneiden und mit Butter in einer Sauteuse-Pfanne dünsten. Die Schalotten mit Salz und Pfeffer würzen, mit Karamellfond auffüllen, langsam garen und zu Glace/dunklem Fond einkochen. Zuletzt den Portwein, den Honig und die Pfefferkörner dazugeben und warm stellen.

Das Hirschfilet würzen, in der Pfanne mit Wacholder und Rosmarin langsam auf der Garstufe saignant/à point braten und warm stellen. Das Filet in Stücke à 40 g tranchieren.

Die Bramata in einen tiefen Teller giessen, die Filetstückchen in der Mitte des Tellers drapieren und Pfefferschalotten darumlegen. Einige Wacholderbeeren zerdrücken, fein hacken und darüberstreuen. Mit Rosmarin und Petersilie garnieren.

BRAMATA

20 g	Butter
60 g	Zwiebeln, gehackt
6,5 dl	Gemüsebouillon
80 g	grober Mais
60 g	Parmesan, gerieben
1 dl	Vollrahm
50 g	braune Butter
4 EL	Gemüse-Brunoise

PFEFFERSCHALOTTEN, KARAMELLISIERT

100 g	Zucker
	wenig Zitronensaft
3 dl	Gemüsebouillon
60 g	Butter
200 g	Schalotten
	Salz und Pfeffer
0,5 dl	Portwein
½ EL	Honig
20 g	grüne Pfefferkörner

HIRSCHFILET

1 EL	Öl
400 g	ganzes Hirschfilet
	Salz und Pfeffer
	Paprika
	Wacholderbeeren
1	Rosmarinsträusschen

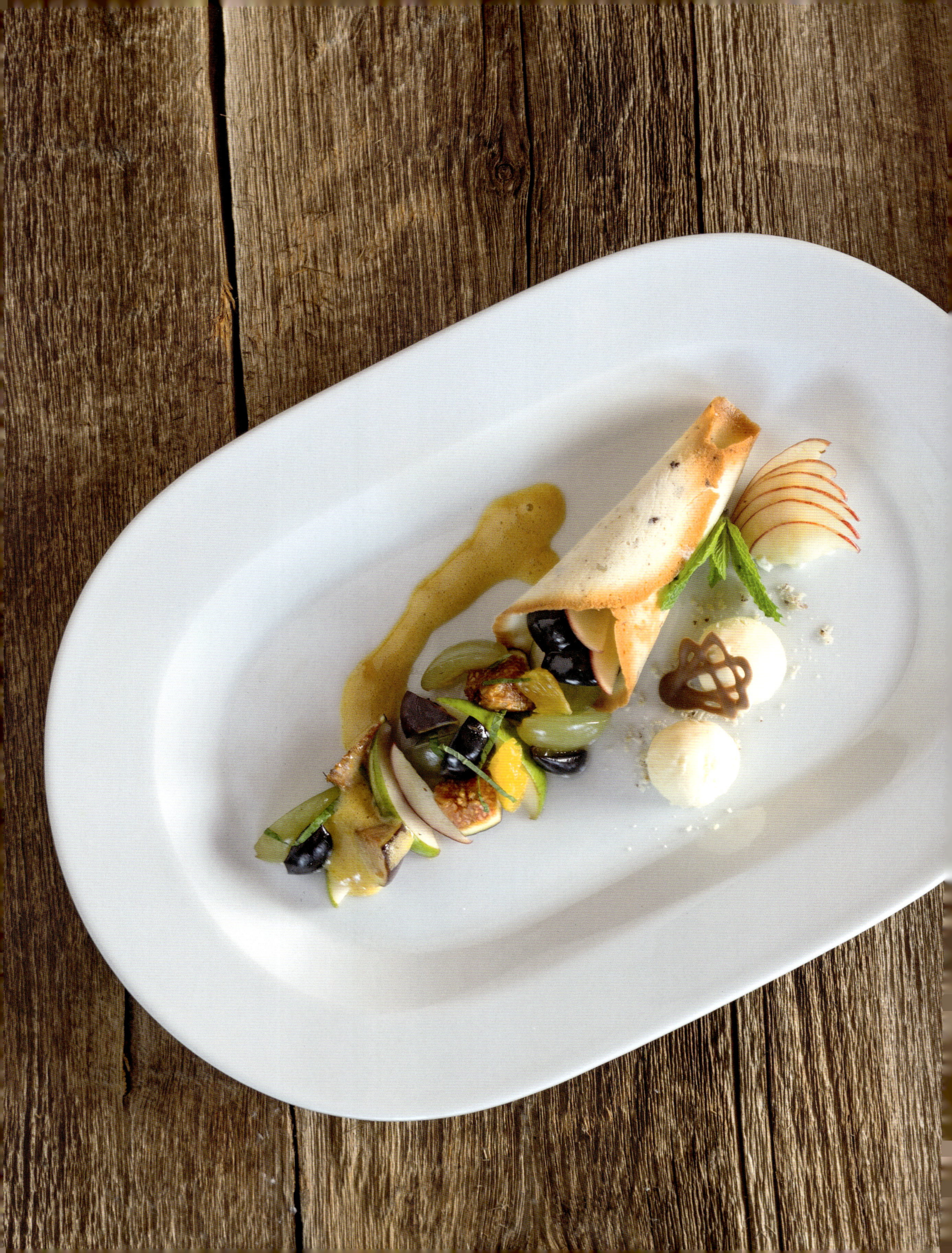

Dessert

Früchte-Mix an Röteli-Sabayon mit Bananenglace

Alle Früchte gut waschen, in grobe Stücke und Spalten schneiden, danach mit Zitronensaft und Puderzucker marinieren. Eigelb, Zucker, Röteli, Weisswein und Zitronensaft zusammen im Wasserbad zum Band schlagen.

4	Mandel-Hüppen-Cornets
1	Feige, vierteln
8	blaue Traubenbeeren
4	grüne Trauben
1	roter Apfel (Gala)
1	Birne (Guyon)
1	Zitrone
	Puderzucker
4	Kugeln Bananenglace (anstelle der Bananenglace kann auch ein Fruchtsorbet dazu gereicht werden)
4	Schokoladen-Filigrane
	Zitronenmelisse

Die Früchte in das Cornet füllen und auf einen passenden Teller legen, einige Früchte rausziehen. Die Bananenglace danebenlegen, mit dem Sabayon Früchte nappieren. Mit Schokolade und Melisse garnieren.

RÖTELI-SABAYON

4	Eigelb
100 g	Zucker
1 dl	Röteli
0,2 dl	Weisswein
	Zitronensaft

Alpenküche　　　　Klosters

Lokales Spezialitätengericht

Bergkäse-Knödeli auf Mangold an Baumnuss-Zitronen-Butter

Die Zwiebeln grob hacken und in Butter dünsten. Alle Zutaten bis und mit Alpkäsewürfeln gut vermischen. So viel Milch beigeben, bis die Masse gut formbar ist, mit Salz und Pfeffer abschmecken. Die Masse 15 Minuten ruhen lassen. Zu Knödeli formen, in Salzwasser pochieren. Gut abtropfen lassen, in Butter goldgelb braten und warm stellen.

Die Mangoldblätter kurz in Butter schwenken, mit Salz und Pfeffer würzen. Die Butter schmelzen, die grob gehackten Nüsse darin bräunen und mit Zitronensaft, Salz und Pfeffer würzen.

Den Mangold auf dem heissen Teller verteilen, die Knödeli drauflegen. Die Zitronenbutter aufschäumen und über die Knödeli und den Mangold geben. Mit Zitronenzesten garnieren.

BERGKÄSE-KNÖDELI

60 g	Butter
1	Zwiebel, grob gehackt
2 EL	Petersilie
1 EL	Thymian
	wenig Muskatnuss
200 g	altbackenes Weissbrot mit Rinde
3	Eier
200 g	Alpkäse, gewürfelt
ca. 2 dl	warme Milch
	Salz und Pfeffer

MANGOLD

200 g	Mangoldblätter oder Spinat
40 g	Butter
	Salz und Pfeffer
50 g	Butter (für Zitronenbutter)
30 g	Baumnüsse, grob gehackt
1 EL	Zitrone, Saft und Zeste
	Salz und Pfeffer

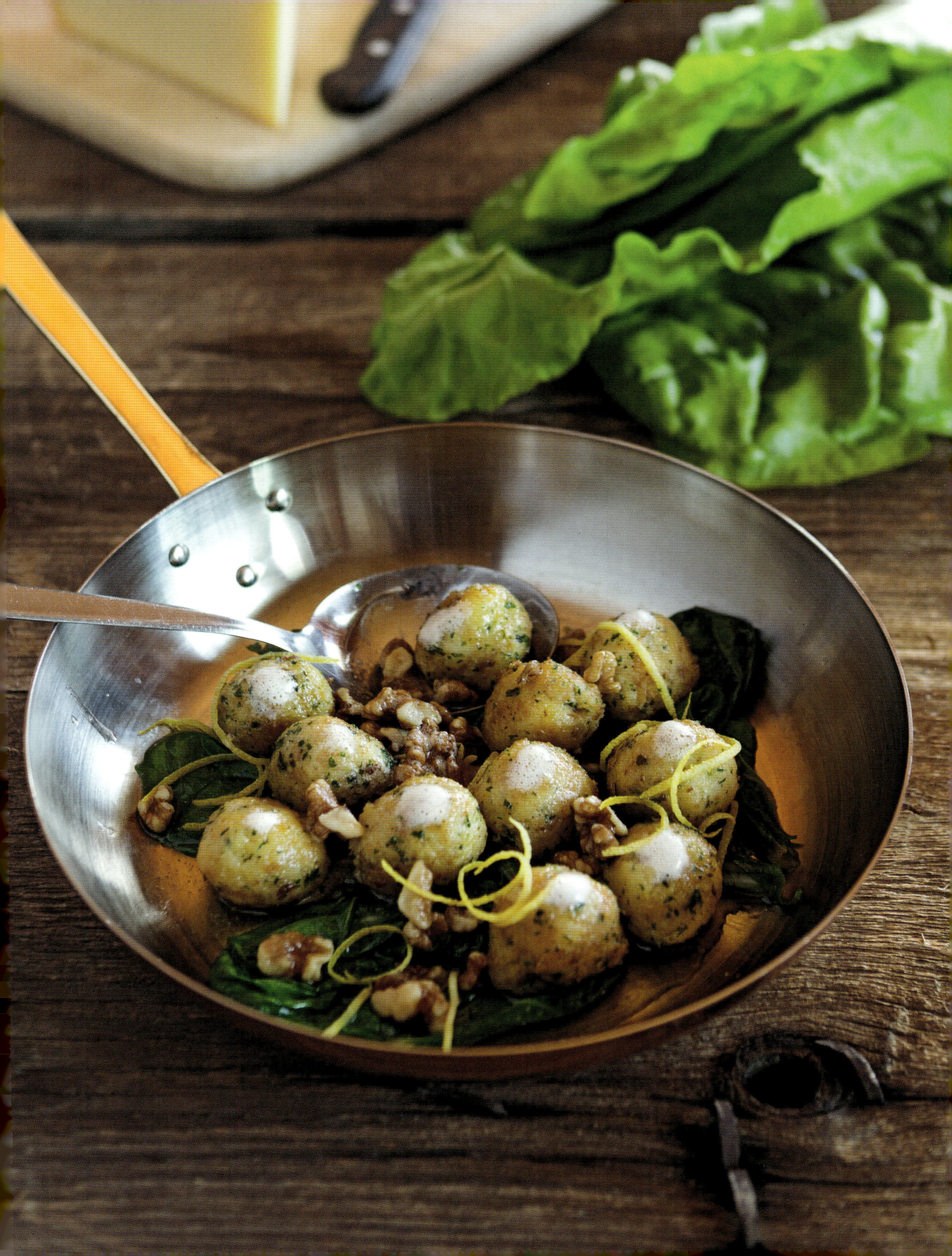

MOLKEREI DAVOS

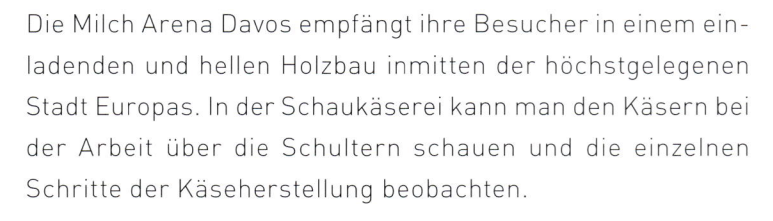

Die Milch Arena Davos empfängt ihre Besucher in einem einladenden und hellen Holzbau inmitten der höchstgelegenen Stadt Europas. In der Schaukäserei kann man den Käsern bei der Arbeit über die Schultern schauen und die einzelnen Schritte der Käseherstellung beobachten.

Das Chrom-Chessi, welches für die Herstellung von Käse aus pasteurisierter Milch verwendet wird, hat ein Fassungsvermögen von 5000 Litern Milch, aus denen 500 kg Käse gewonnen werden kann. Fertig geformte Käselaibe kommen nach einem bis zu eintägigen Bad in einer speziellen Salzlösung in die Käsekeller. Die kleinen Laibe, wie das Mutschli oder lokale Käsespezialitäten, werden jeden Tag in Handarbeit mit einer speziellen salzhaltigen Lösung eingerieben und gewendet. Bei den grossen Käselaiben, die mehrere Kilos wiegen und in einem Raum mit einer Luftfeuchtigkeit von über 90% reifen, wurde die Salbung und Rindenbildung durch einen Roboter automatisiert.

Obwohl die Molkerei Davos auf das Handwerk des Käsers setzt, mussten einige Prozesse optimiert und durch Maschinen ersetzt werden. Abfüllanlagen erleichtern und präzisieren die Arbeit. Eine hochintelligente Filteranlage verhindert die Sporenbildung in der frischen Milch und macht diese zehn Tage länger haltbar für die Produktion.

Im Jahresdurchschnitt verarbeitet die Molkerei Davos 200 000 Liter Milch, die von lokalen Bauern angeliefert werden. 95% der fertigen Produkte kommen in die Läden, Restaurants und Hotels in Davos und Klosters, die restlichen 5% an frischer Ware werden in Chur abgesetzt. Die frischen Joghurts und der cremige Käse können im Sunstar Boutique Hotel Albeina Klosters zum Frühstück genossen werden.

45

Davos mit internationalem Ambiente

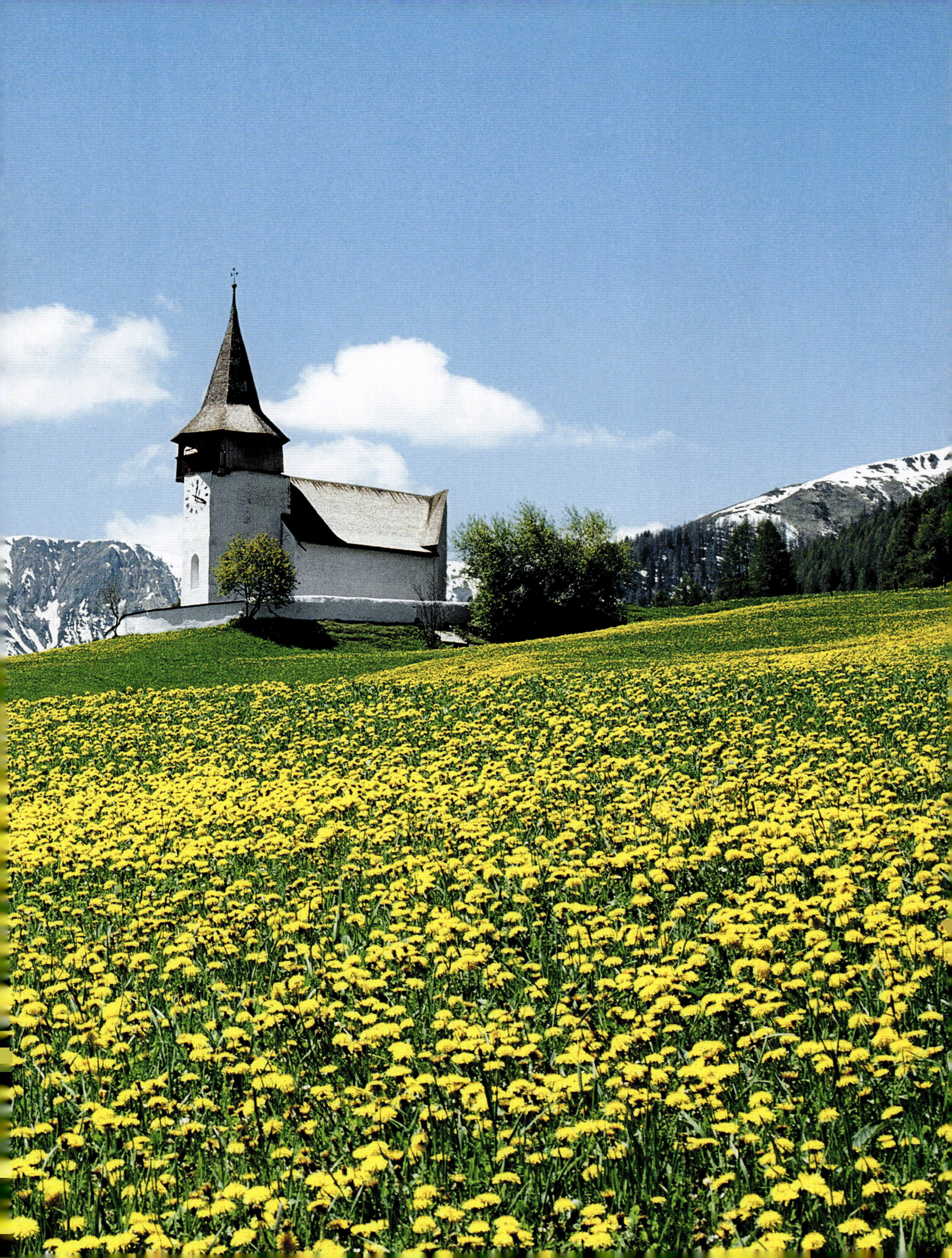

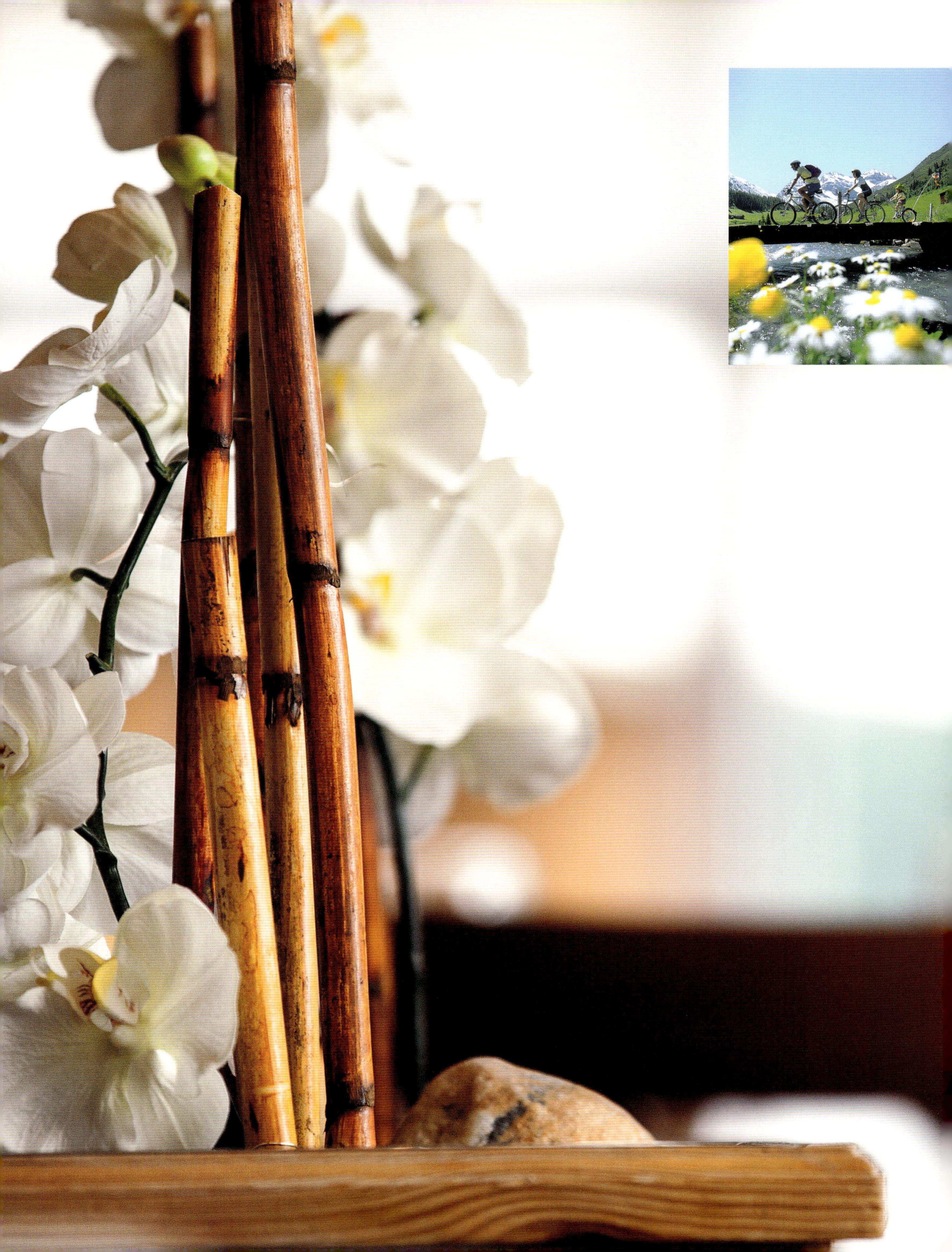

Davos, die pulsierende Alpenmetropole, lockt mit einer gut ausgebauten Infrastruktur, einer beeindruckenden Bergwelt, dem Davoser See und herrlichen Seitentälern mit traumhaften Wander- und Spazierwegen. Der höchstgelegenen Stadt Europas wird seit Mitte des 19. Jahrhunderts ein heilendes Klima nachgesagt. Sie zählt zu den weltbekanntesten Kurorten. Als Pionier des Wintersports ist Davos auch heute noch für den Davoser Schlitten bekannt und bietet für Feriengäste aus aller Welt die nötige Abwechslung.

Zudem verführen die Gastronomen des Sunstar Alpine Hotels Davos die Gaumen der Gäste mit erstklassigen Speisen, die sie aus reichhaltigen Zutaten der Produzenten und Bauern aus der Region zaubern. Den Start in ein Mehrgangmenü macht nicht selten eine Variation aus Bündnerfleisch und kräftig süssen Melonen, gefolgt von einem Gericht mit Fisch oder Fleisch: grilliertes Zanderfilet auf Bärlauch-Risotto mit Malanser Rotwein-Schalotten-Jus oder Kalbfleischröllchen gefüllt mit Davoser Speck, Alpkäse, Steinpilzen und Bergthymian, angerichtet auf Buchweizennudeln mit Mangold, Spinat, getrockneten Tomaten und Aprikosen.

Die Infrastruktur des Sunstar Alpine Hotels Davos ist aufgrund der Zusammensetzung verschiedenster Gästeansprüche sehr wandelbar. Egal ob ein romantisches Abendessen im Kreise der Familie, eine Firmenfeier oder ein Bankett – fast alle Wünsche können umgesetzt werden.

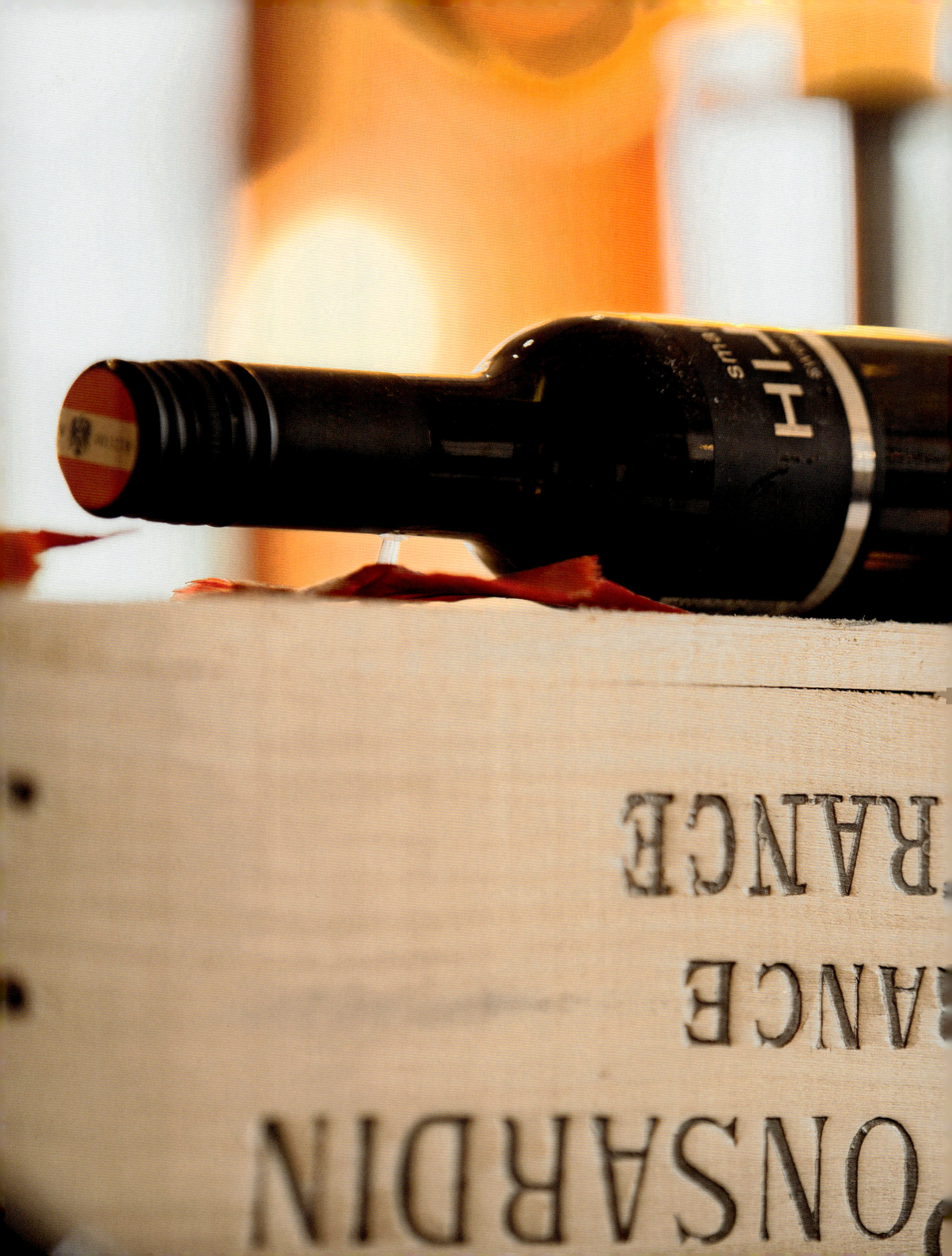
RANCE
ANCE
ONSARDIN

Das Menü

VON KÜCHENCHEF KURT RAFFEINER

Vorspeise
Variation von Hüttenkäse, Melone und Bündnerfleisch

Suppe
Lammkraftbrühe mit Gemüse und Gersteneinlage

Fisch-Zwischengang
Grilliertes Zanderfilet auf Bärlauch-Risotto und Malanser Rotwein-Schalotten-Jus

Hauptgang
Kalbfleischröllchen gefüllt mit Davoser Speck, Alpkäse, Steinpilzen und Bergthymian, Buchweizennudeln mit Mangold, Spinat, getrockneten Tomaten und getrockneten Aprikosen

Dessert
Mousse von Amarena-Kirschen und weisser Alpenmilchschokolade mit Bündner Kirschen-Brot-Kompott

Lokales Spezialitätengericht
Nanis Kartoffel-Speck-Käse-Strudel auf Wirsinggemüse mit Meerrettichschaum

▶ REZEPTE FÜR 4 PERSONEN BERECHNET, FALLS NICHT ANDERWEITIG VERMERKT.

Vorspeise

Variation von Hüttenkäse, Melone und Bündnerfleisch

Den Mascarpone schmelzen, vom Herd nehmen und den Hüttenkäse dazugeben. Die in kaltem Wasser eingeweichte Gelatine ausdrücken und mit etwas Noilly Prat zergehen lassen, zum Mascarpone/Hüttenkäse geben, würzen und den fein geschnittenen Schnittlauch beifügen. Zuletzt den geschlagenen Rahm unterheben. Die Masse in Förmchen oder Metallringe abfüllen.

30 g	Mascarpone
30 g	Rahm, geschlagen
140 g	Hüttenkäse
4 g	Schnittlauch
	Noilly Prat
1 Blatt	Gelatine
1 Prise	Salz
	Pfeffer aus der Mühle
20 g	Gemüsebrunoise
20 g	Bündnerfleisch (Brunoise)
	etwas Olivenöl
12	Melonenkugeln
	Mischsalat
4	Schnittlauchstangen oder Lauchstreifen
60 g	Pesto

Die Gemüsebrunoise und Bündnerfleisch-Würfelchen in Olivenöl anschwitzen, zu gleichen Teilen auf das Hüttenkäsetörtchen verteilen.

Das Hüttenkäsetörtchen zusammen mit den Melonenkugeln anrichten. Als Gewürzgarnitur mit Pesto dekorieren. Ein kleines Salatbouquet anrichten, welches mit einem beliebigen Dressing beträufelt werden kann.

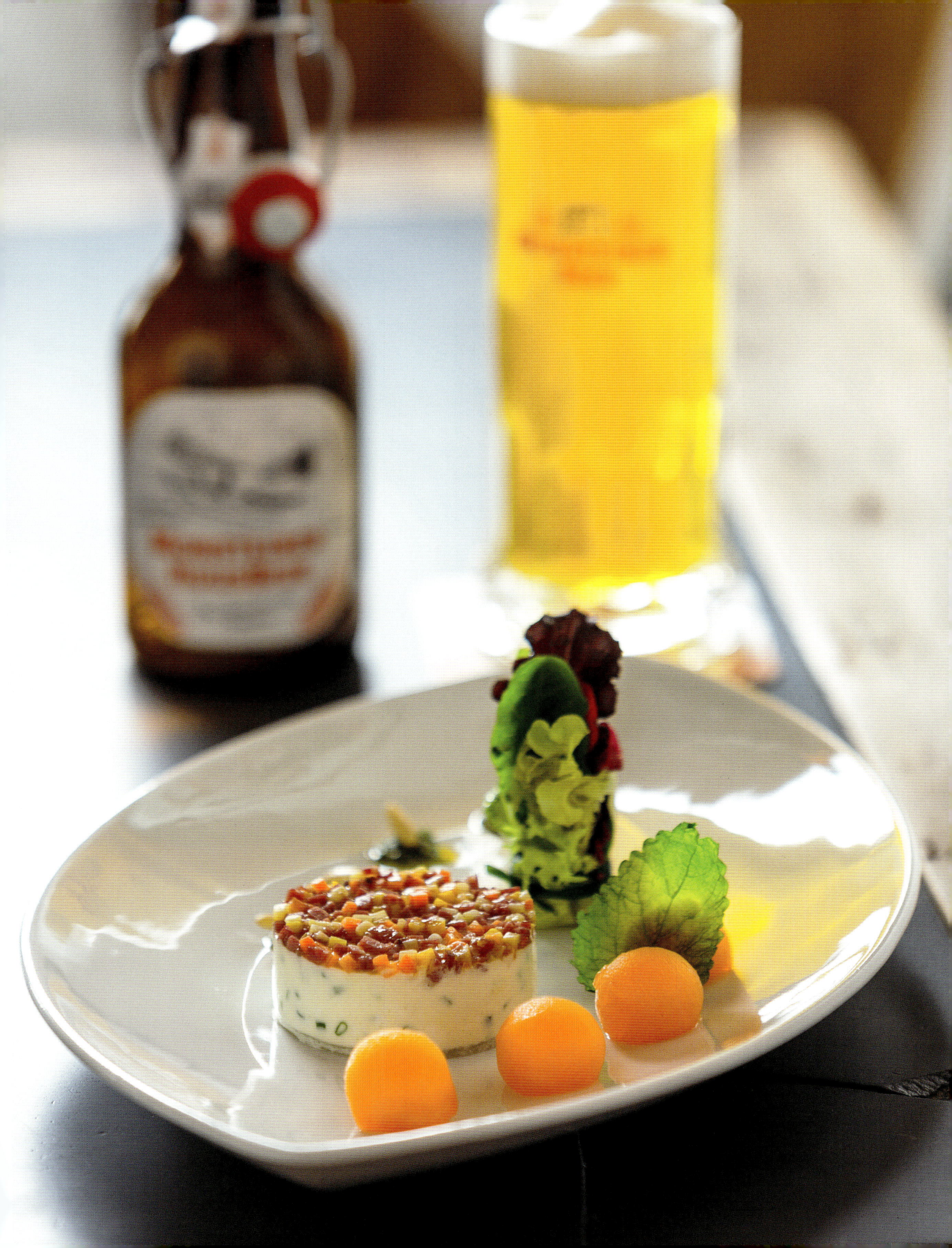

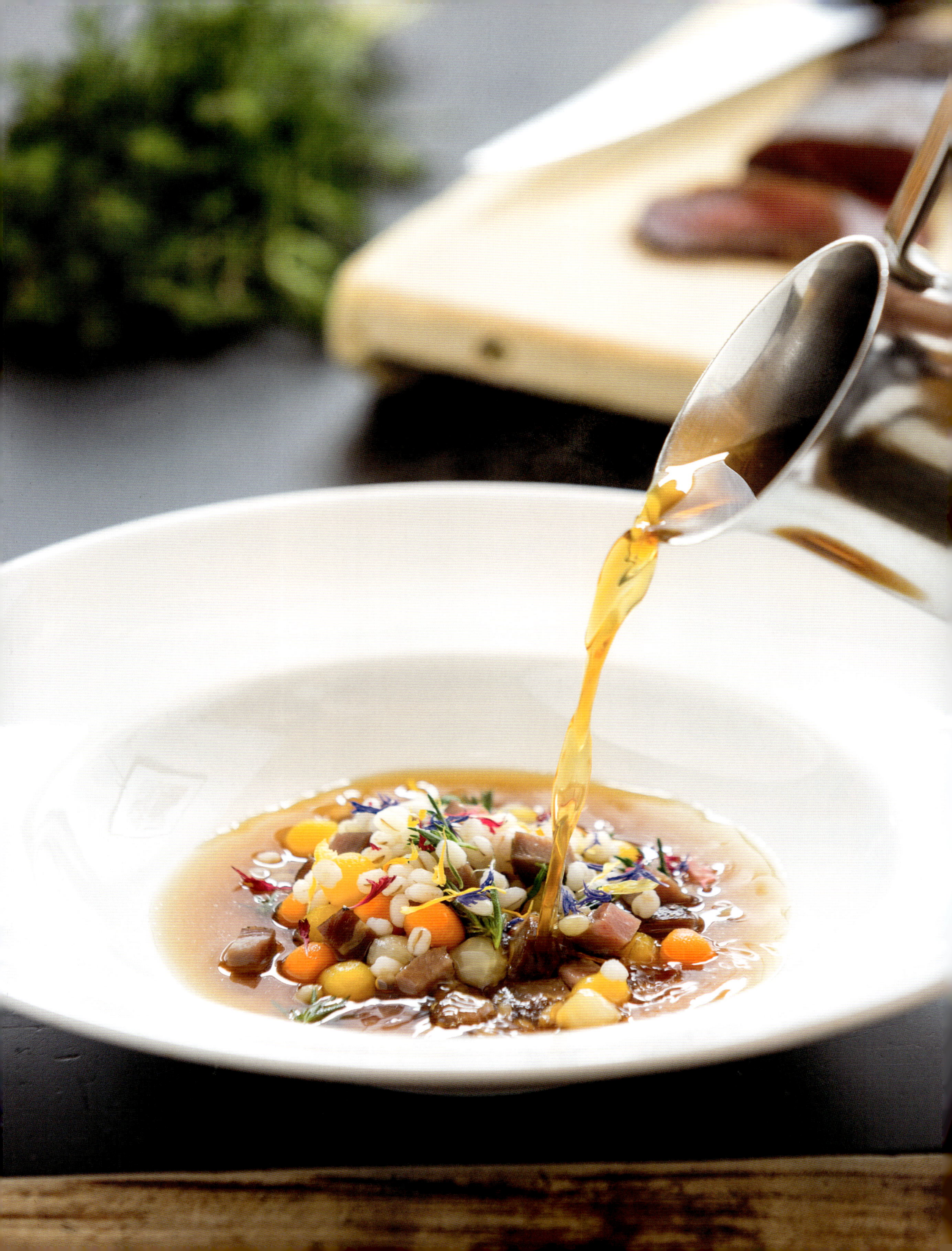

Suppe

Lammkraftbrühe mit Gemüse und Gersteneinlage

Lammknochen klein schneiden, rösten, Mirepoix dazugeben, weiter rösten und Tomatenmark dazugeben. Die Masse mit Weisswein ablöschen, mit Wasser oder Gemüsebrühe auffüllen, Kräuter dazugeben und eine Stunde langsam köcheln lassen. Die Brühe abpassieren und kalt stellen.

Das Lammfleisch und Gemüse klein schneiden, mit dem Eiweiss mischen, zur erkalteten Lammbrühe geben und langsam auf dem Herd aufkochen und damit klären. Eine Stunde langsam ziehen lassen, mit einem Tuch absieben und abschmecken.

Suppen-Einlage garen und zusammen mit gehacktem Thymian als Einlage direkt im Teller anrichten. Kraftbrühe siedend heiss am Tisch eingiessen.

1 kg	Lammknochen
250 g	Mirepoix (Zwiebeln, Karotten, Knollensellerie, Lauch)
etwas	Tomatenkonzentrat
etwas	Weisswein
	Pfefferkörner
	frische Kräuter
3 l	Gemüsefond oder Wasser

ZUM KLÄREN

150 g	Lammfleisch
100 g	Eiweiss
50 g	Gemüse

EINLAGE

40 g	Gemüsebrunoise/Perlen
20 g	Gerste roh
	Thymian
wenig	Bio-Alpen-Blüten «Swiss Alpine Herbs»

Alpenküche

Davos

Fisch-Zwischengang

Grilliertes Zanderfilet auf Bärlauch-Risotto und Malanser Rotwein-Schalotten-Jus

Das Zanderfilet würzen, mit Olivenöl einpinseln, grillieren.

Für das Risotto Zwiebeln in Olivenöl glasig schwitzen, Reis dazugeben, mit Weisswein ablöschen. Anschliessend Gemüsefond, Nelken und Lorbeer dazugeben und al dente kochen. Zum Schluss mit Bärlauchpaste, Butter und Parmesan abschmecken, Bärlauchstreifen als Einlage benutzen.

Auberginen grillieren, würzen, einrollen. Schalotten halbieren, etwas Olivenöl dazugeben, würzen, im Ofen bei 180 °C 15 Minuten kross braten und als Garnitur verwenden. Gehackte Schalotten mit Rotwein und Kalbsfond zusammen einkochen und mit etwas kalter Butter auf dem Herd kochend mit Schneebesen einrühren und damit den Jus abbinden.

4	Zanderfiletstücke à 70 g
4	Schalotten
4	Auberginenscheiben, grilliert

BÄRLAUCH-RISOTTO
(im Sommer anstelle von Bärlauch Rucola verwenden)

10 g	rote Zwiebeln
	Olivenöl
100 g	Vialone-Reis
½	Nelke
½	Lorbeer
1 dl	Weisswein
2,5 dl	Gemüsefond
etwas	kalte Butter aus dem Kühlschrank
etwas	Parmesan
10 g	Rucola oder Bärlauch (je nach Saison) mit Stabmixer und etwas Fond gemixt/zerkleinert
	Bärlauchstreifen

ROTWEIN-SCHALOTTEN-JUS

50 g	Schalotten, fein geschnitten oder gehackt
1 dl	Rotwein
1 dl	Jus
8	Bärlauchblätter/Rucola
8	getrocknete Tomatenhäute

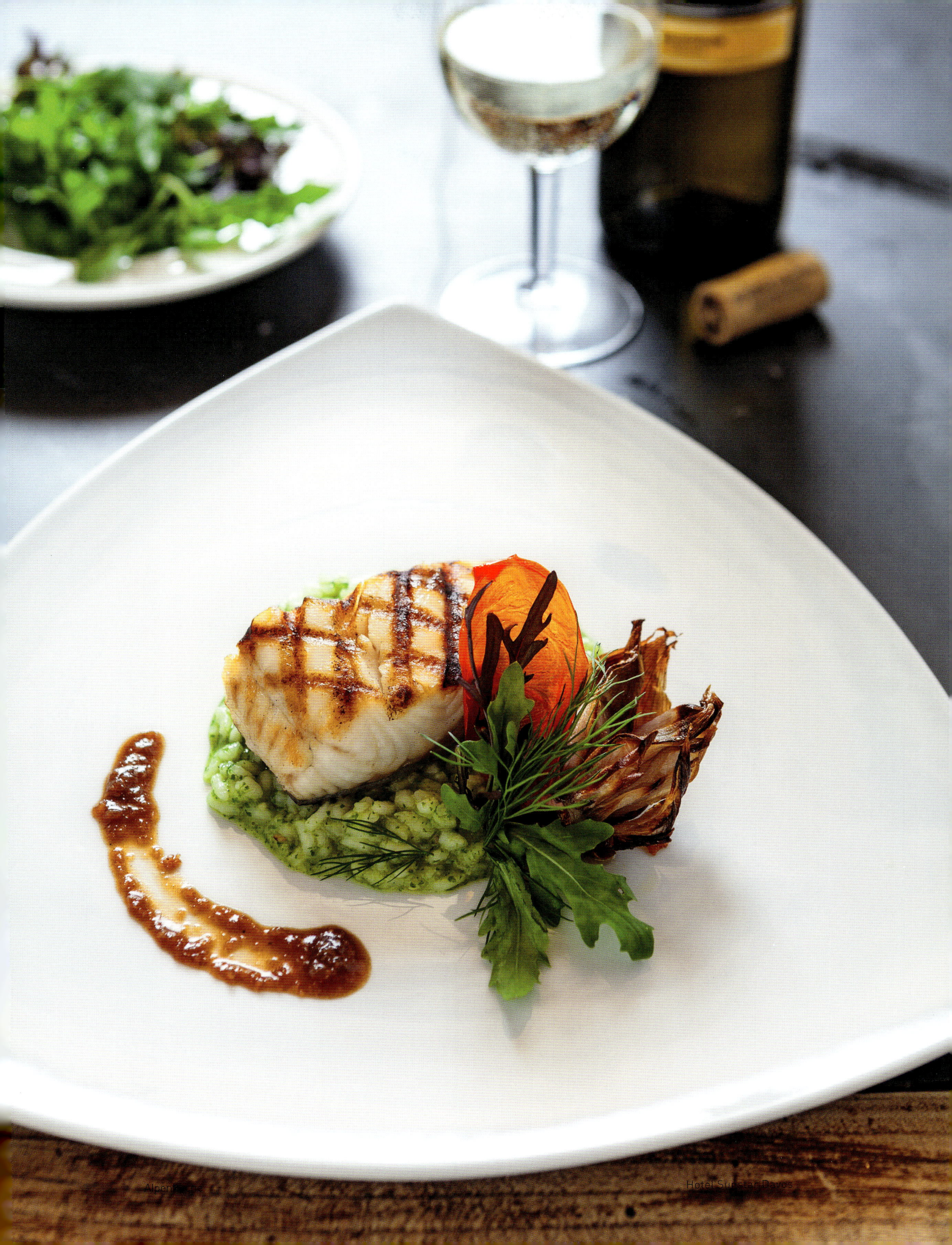

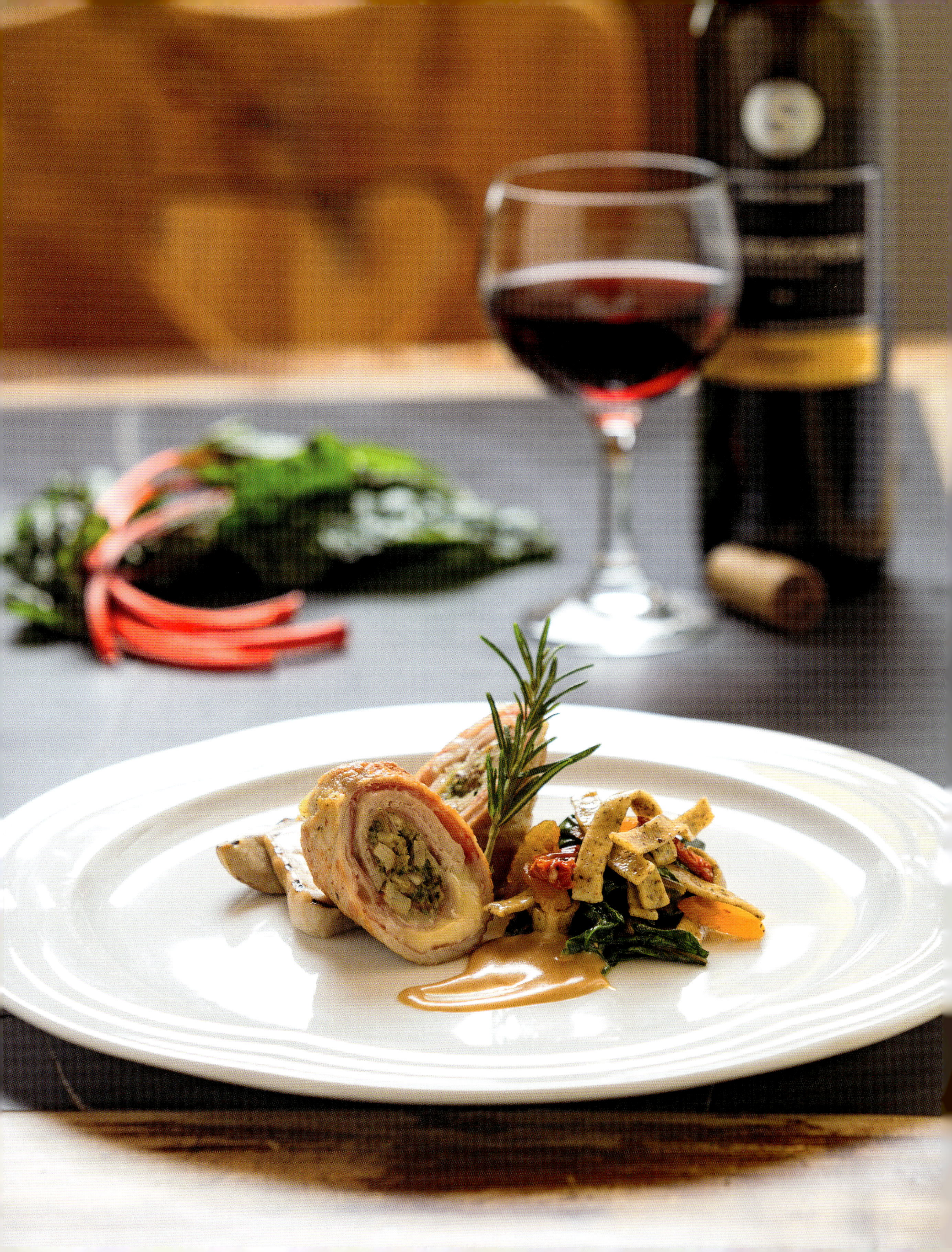

Hauptgang

Kalbfleischröllchen gefüllt mit Davoser Speck, Alpkäse, Steinpilzen und Bergthymian, Buchweizennudeln mit Mangold, Spinat, getrockneten Tomaten und Aprikosen

Steinpilze in kleine Würfel schneiden und mit dem Speck sautieren. Das Kalbsschnitzel plattieren, mit Rohschinken belegen, mit den sautierten Zutaten und den Käsewürfeln füllen, einrollen, mit einem Zahnstocher befestigen oder binden, kurz anbraten, im Ofen bei 160 °C 8 Minuten garen.

Den Buchweizennudelteig herstellen, auswallen und zu 7 cm langen Tagliatelle schneiden und im Salzwasser kurz al dente kochen.

Gemüse, Tomaten und Aprikosen gefällig schneiden, kurz mit Butter oder Olivenöl anschwenken, Vollkornnudeln dazugeben, würzen. Gefällig anrichten, Crème-fraîche-Kräuterjus rundum verteilen, mit frittierten oder frischen Kräutern garnieren.

4	Rohschinkenscheiben
4	Kalbsschnitzel à 100 g
60 g	Davoser-Speck-Würfel
60 g	Alpkäse, gewürfelt
60 g	Steinpilze

BUCHWEIZENNUDELN

80 g	Weizenmehl
60 g	Buchweizenmehl
60 g	Vollei
15 ml	Mineralwasser
1 TL	Öl
80 g	frischer Spinat
80 g	Mangold
80 g	getrocknete Aprikosen
80 g	getrocknete Tomaten
etwas	geklärte Butter
2 dl	Kräuterjus mit Crème fraîche

GARNITUR

4	Salbeizweige, frittiert
4	Rosmarinzweige, frittiert
4 x ½	Steinpilz, grilliert

Dessert

Mousse von Amarena-Kirschen und weisser Alpenmilchschokolade mit Bündner Kirschen-Brot-Kompott

WEISSE SCHOKOLADENMOUSSE

250 g	weisse Schokolade
2	Blätter Gelatine
560 g	Rahm
1	Ei
1	Eigelb
10 ml	Bacardi
15 ml	Crème de cacao

KIRSCHENKOMPOTT

500 g	Sauerkirschen
125 g	Weissbrotwürfel
50 g	Rotwein
30 g	Butter
150 g	Zucker
1 EL	Zimtpulver
20 g	Tapiokamehl
2,5 dl	Vanillesauce

Weisse Schokoladenmousse: Weisse Schokolade schmelzen, Eier mit dem Bacardi und Crème de Cacao warm aufschlagen, Schokolade und eingeweichte Gelatine beifügen. Erkalten lassen und den geschlagenen Rahm darunterziehen, mit einem Teil der marinierten Sauerkirschen mischen, vor dem Stocken der Masse diese in Ringformen abfüllen und kalt stellen. Vanillesauce zubereiten.

Für das Kirschenkompott: Butter zerlaufen lassen, Zucker und Zimt dazugeben, Kirschen darin schwenken, mit Rotwein auffüllen. Die Masse ein paar Minuten leicht köcheln lassen und wenn nötig mit Tapioka binden. Brotwürfel in Butter rösten und mit Zimtzucker bestreuen.

Alles zusammen nach Belieben anrichten.

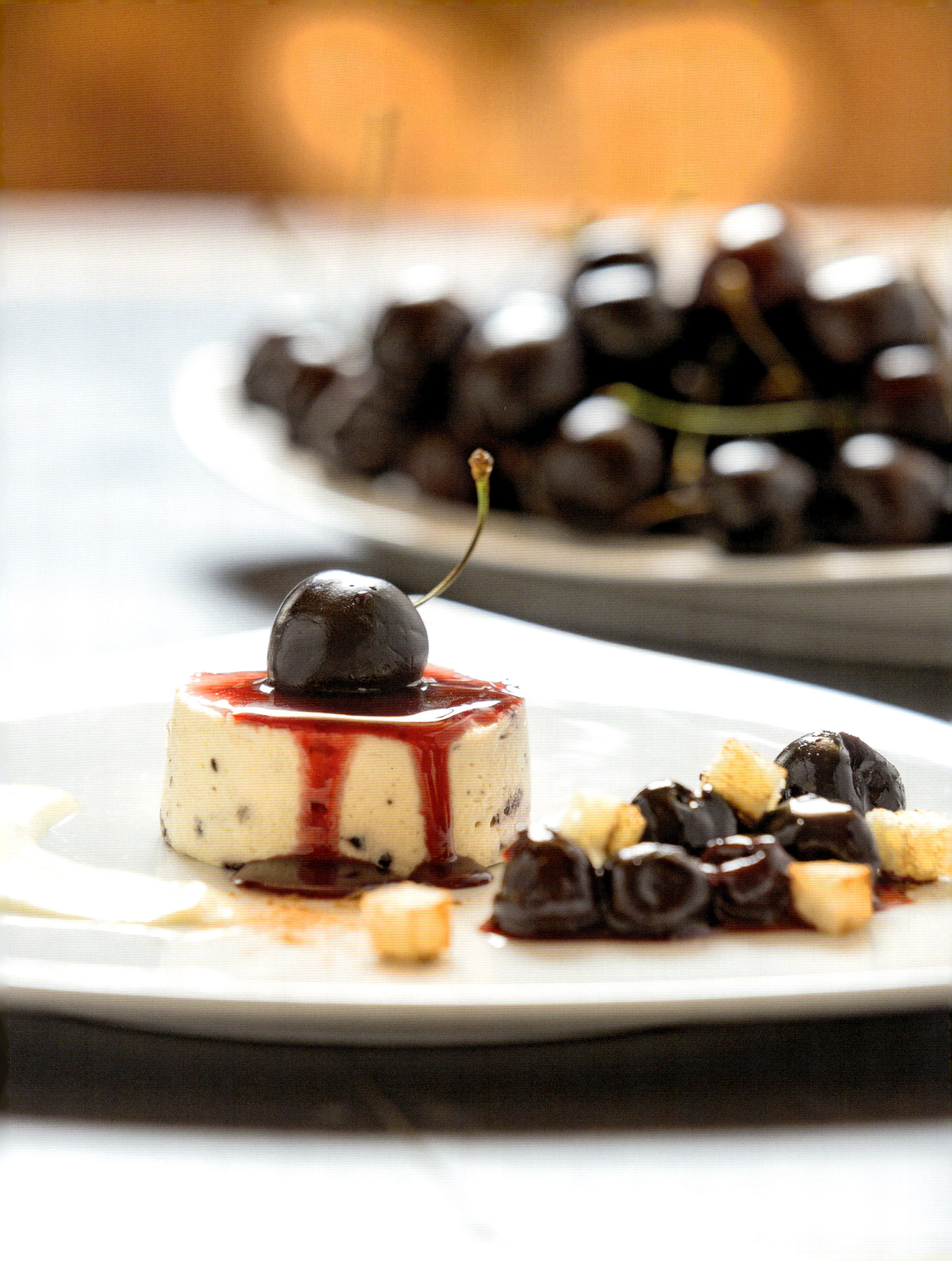

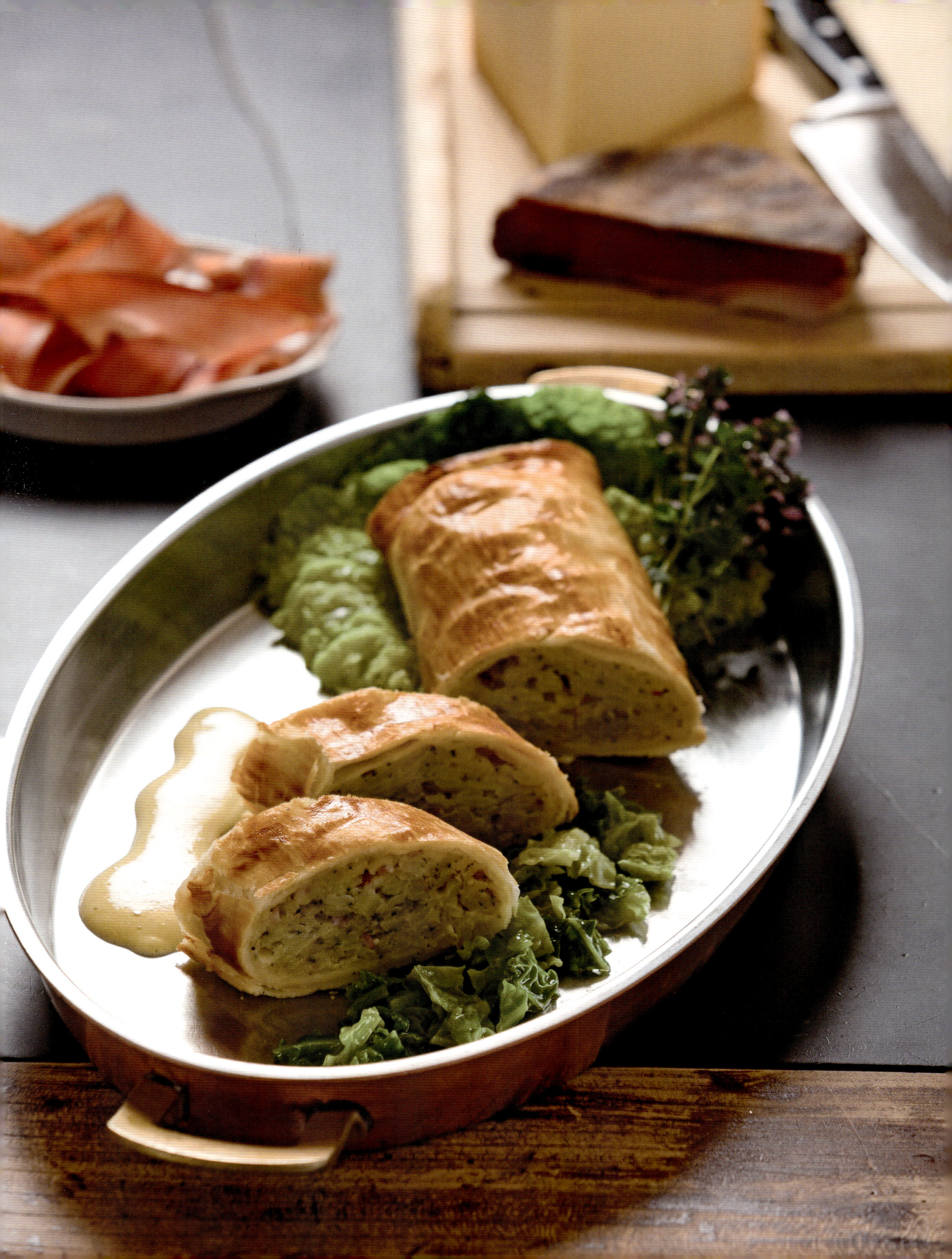

Lokales Spezialitätengericht

Nanis Kartoffel-Speck-Käse-Strudel auf Wirsinggemüse mit Meerrettichschaum

250 g	Blätterteig (40 cm)

FÜLLUNG

700 g	Röstikartoffeln mit Schale (ergibt 600 g gekochte, geschälte Kartoffeln)
etwas	geklärte oder frische Butter
50 g	saurer Halbrahm
50 g	Vollrahm
100 g	Bergkäse, geraffelt
1 TL	Thymian, Majoran und Petersilie, gehackt (je 6 g)
10 g	Butter
30 g	rote Zwiebeln, fein geschnitten
30 g	Speck in Würfelchen oder Streifen
	Salz, Pfeffer aus der Mühle und Muskat

WIRSING

4	Wirsingblätter
200 g	Wirsing, fein geschnitten
etwas	Apfelsaft oder Moscht
etwas	Rahm
	Salz, Pfeffer aus der Mühle Muskat und etwas Kümmel, gemahlen

MEERRETTICHSCHAUM

2	Eigelb
1 dl	Weisswein
10 g	Meerrettich
etwas	frischer Zitronensaft
	Gewürze

Am Tag vor der Zubereitung des Gerichtes die Kartoffeln mit der Schale kochen.

Die Kartoffeln schälen, mit der Bircher- oder Röstiraffel schöne Späne raffeln.

Die Zwiebel und den Speck in Butter anschwitzen. Die Kartoffeln würzen, mit gekochter Butter goldgelb braten und mit den restlichen Zutaten mischen.

Wirsingblätter kurz im Salzwasser kochen (blanchieren). Den geschnittenen Wirsing mit den Zutaten zugedeckt weich dünsten.

Den Blätterteig auslegen, den Rand mit Eigelb bestreichen. Die Füllung auf dem Teig verteilen und einrollen, mit einer Gabel oder Messerspitze leicht einstechen. Den Strudel mit Eigelb und etwas flüssiger Butter bestreichen; im vorgeheizten Backofen bei 180 °C 30 Minuten backen.

Für den Meerrettichschaum alle Zutaten mischen, im Wasserbad oder auf Dampf aufschlagen. Als Garnitur nach Belieben Randenchips, Kartoffelchips, Kräuter oder Sherrytomaten verwenden.

BIERVISION MONSTEIN

Vor 15 Jahren haben vier Monsteiner den Braubetrieb «Bier-Vision» in der alten Dorfsennerei gegründet, um Davos Monstein zu beleben und Perspektiven zu schaffen. Das noch heute intakte Walserdorf, welches auf einem kleinen Plateau thront, untersteht besonderem Erhaltungsschutz und bildet das Ende einer Sackgasse, aus der eine Vielzahl von Wander- und Spazierwegen hinausführen. In der Nähe des Dorfes plätschert weiches, kalkarmes Quellwasser – die Grundlage für ein gutes und erfrischendes Bier.

Gemischt mit den weiteren Zutaten Hopfen, Malz und Hefe zaubern die Braumeister feinsten Gerstensaft nach deutschem Reinheitsgebot. 1 Biersud fasst 1000 Liter Wasser und 150–250 kg Malz, was rund 200 kg Treber, das Nebenprodukt des Brauens, ergibt. Der Treber dient als Kraftfutter für das Vieh der Bauern, als Rohmaterial zur Brotherstellung oder als Zugabe zum bekannten geräucherten Monsteiner Brauerkäse.

Jeden Freitag zum Sonnenuntergang von 16.00 bis 19.00 Uhr werden die Türen des Monsteiner Bierkellers zum gemütlichen Beisammensein geöffnet und das frische Bier mit den authentischen Namen «Mungga», «Wätterguoge» oder «Häusträffel» direkt aus dem Tank gezapft. Die Philosophie der BierVision ist es, eine kleine Menge des qualitativ hochstehenden Biers herzustellen und durch die Beteiligung bei «Gran Alpin» und «Pro Montagna» die lokale Berglandwirtschaft zu unterstützen sowie die Wirtschaft anzukurbeln. Die Biere Huusbier, Dunkel und Weizen werden im Sunstar Alpine Hotel Davos serviert.

MONSTEINER BIER
MONSTEINER BIER
MONSTEINER BIER
MONSTEINER BIER
MONSTEINER BIER
MONSTEINER BIER

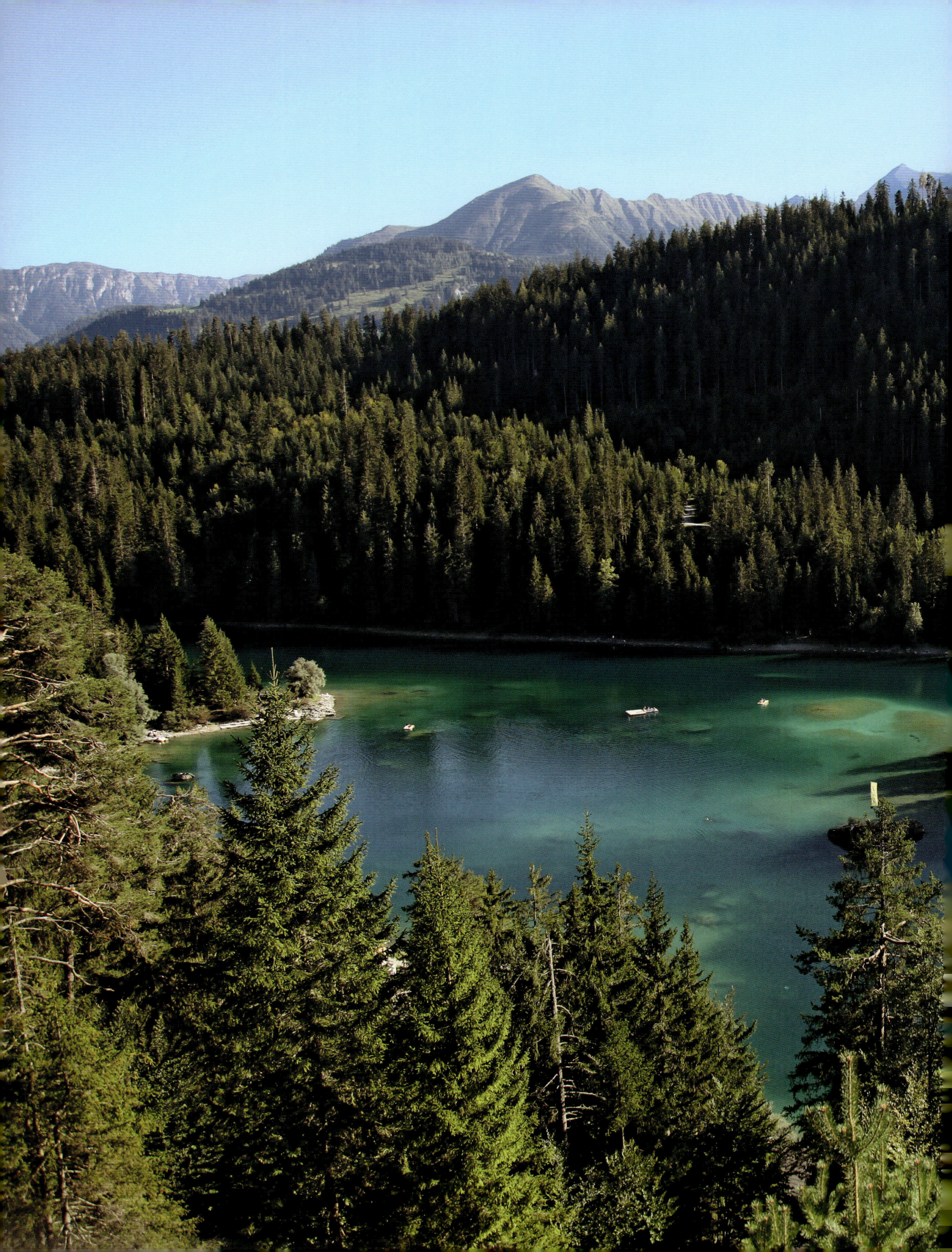

Flims –
hoch über der Rheinschlucht

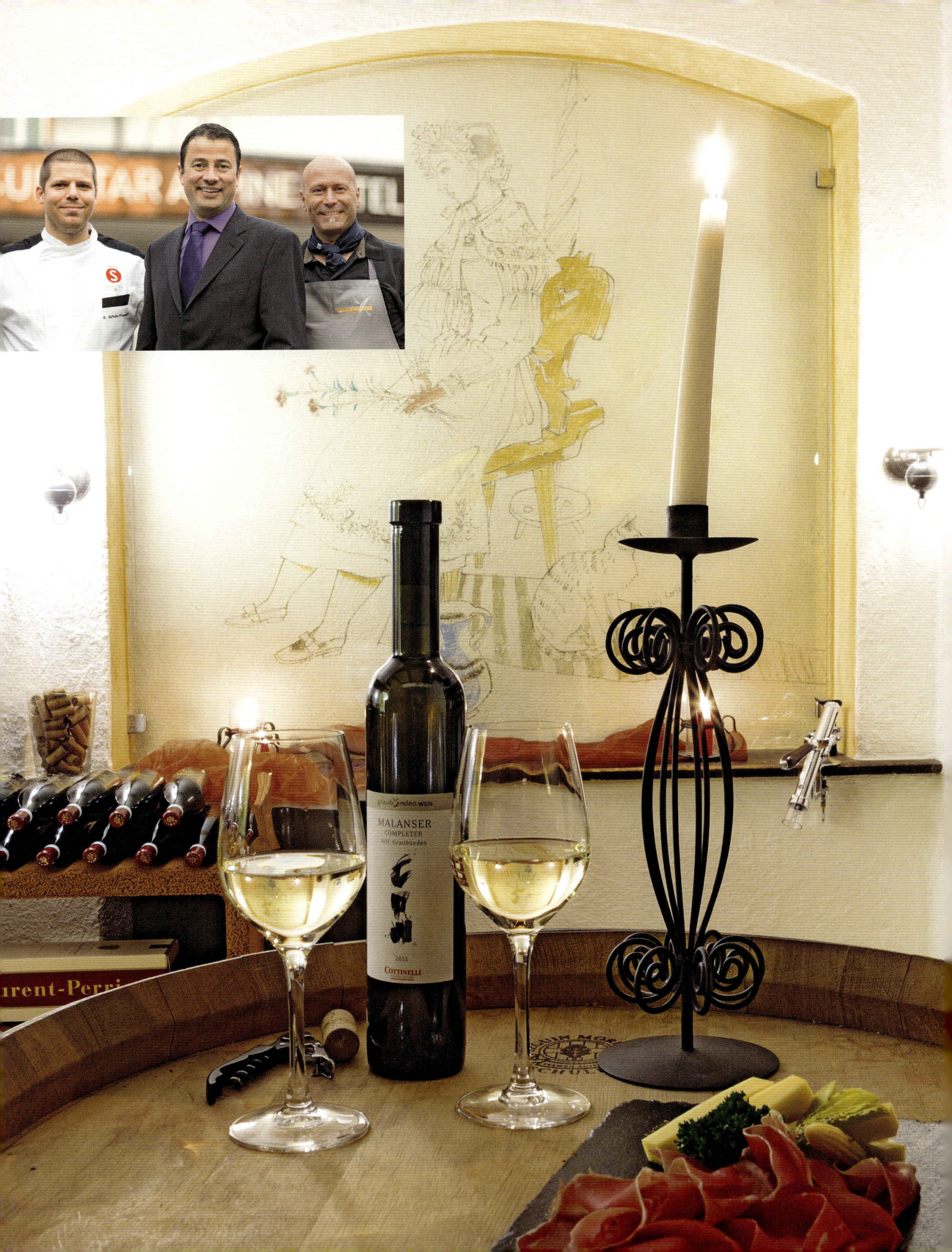
MALANSER
COMPLETER
AOC Graubünden
2011
COTTINELLI

Flims verdankt seine Lage dem Flimser Bergsturz, der vor etwa 10 000 Jahren rund 13 Kubikkilometer Kalkfels (12 – 13 Matterhörner) vom Flimserstein in die Tiefe riss und den Rhein zuschüttete. Die Gegend Flims-Laax-Falera besticht mit zahlreichen Naturschönheiten wie dem türkisgrünen Caumasee oder dem Crestasee, der zu den geschützten Naturdenkmälern des Kantons Graubünden gehört. Im Crestasee leben noch heute die sehr selten gewordenen Flusskrebse, die als lokale Delikatesse gelten. Ähnlich delikat vom Geschmack und aus frischesten Zutaten hergestellt ist die Kreation «Bündner Sushi», bei der eine Mischung aus sautiertem Gemüse, gekochter Gerste und Bündnerfleisch in Nori-Algenblätter eingearbeitet wird. Das wohl bekannteste Gericht aus der Surselva sind die sogenannten Capuns – eine mit Salsiz, Rohschinken und Landjäger gefüllte Teigmasse, eingewickelt in Mangoldblätter und in einer Milch-Bouillon-Mischung gekocht.

Die passende Atmosphäre zu einem typischen Flimser Menü können die Gäste des Sunstar Alpine Hotel Flims in der Carigiet-Stube geniessen. Ein Wandgemälde aus den vierziger Jahren, gemalt vom Schweizer Illustrator Alois Carigiet, erinnert an die Kinderbuchgeschichte vom Schellenursli, der mit seinen lauten Glockenschlägen den Winter vertreiben wollte. Zweimal im Jahr weicht die beschauliche Atmosphäre rund um das kleine Schloss oberhalb des Caumasees dem Surselva Unplugged, einem Lobby-Konzert mit rhythmischen Klängen von passionierten Musikern aus dem In- und Ausland.

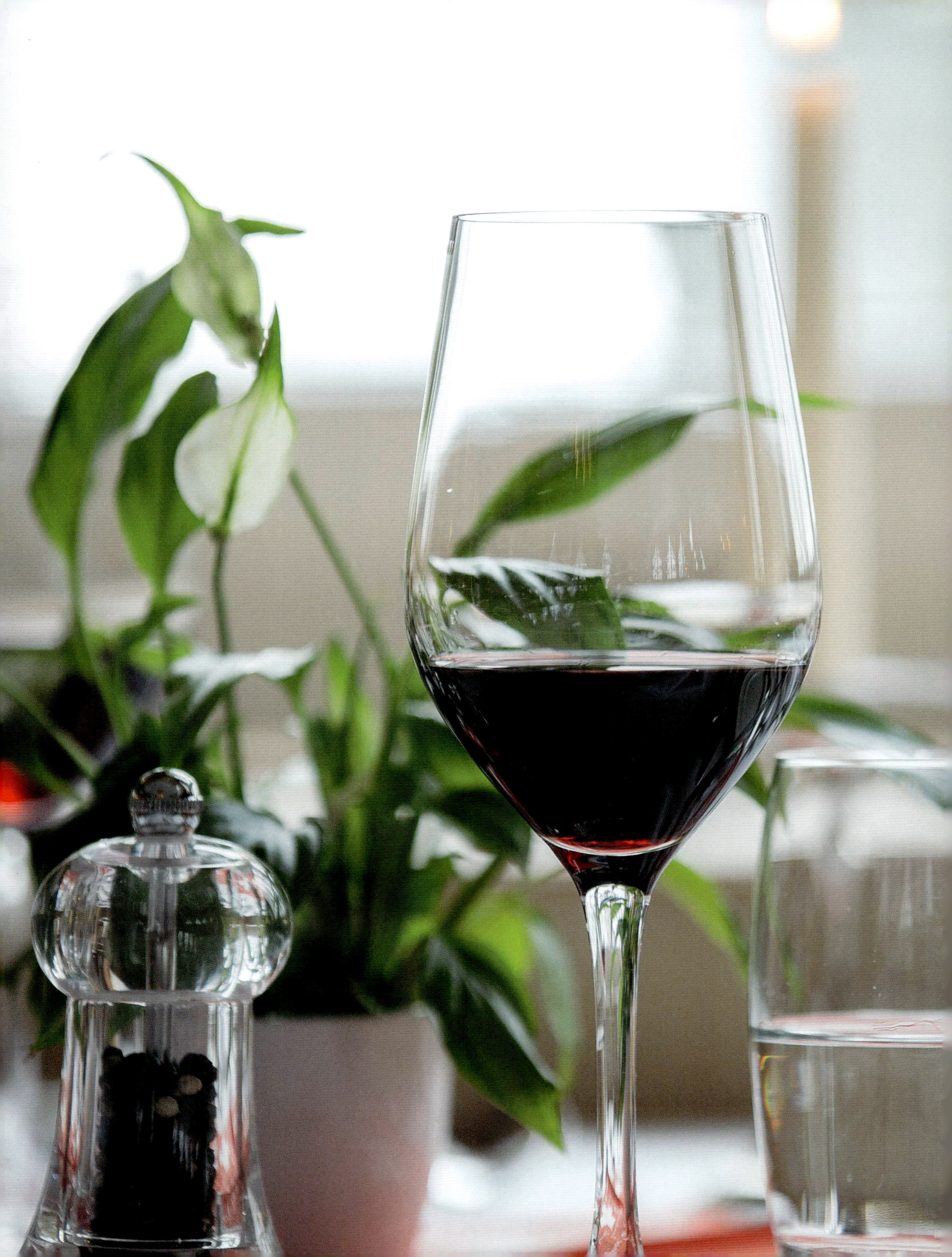

Das Menü

VON KÜCHENCHEF SEBASTIAN SCHULZ-FREYWALD

Vorspeise
Bündner Sushi auf Coppa-Carpaccio

Suppe
Most-Creme-Suppe vom Bündner Bioheu

Pasta-Zwischengang
Feine Tagliarini an Spinatschaum mit heimischen Flusskrebsen

Hauptgang
Rindsfilet mit Bergkräutern und buntem Pfeffer auf Mangoldgemüse und kleinen gebratenen Pizokeln, Röteli-Jus

Dessert
Quitten-Panna-Cotta mit Quittenkompott und Beeren-Rumtopf

Lokales Spezialitätengericht
Flimser Capuns

▶ REZEPTE FÜR 4 PERSONEN BERECHNET, FALLS NICHT ANDERWEITIG VERMERKT.

Vorspeise

Bündner Sushi auf Coppa-Carpaccio

Den Lauch, die Karotten, den Sellerie und die Zwiebeln schälen, waschen und in kleine Würfel schneiden. Das Bündnerfleisch und den Rohschinken ebenfalls in kleine Würfel schneiden. Alles Kleingeschnittene und die Gerste in der heissen Butter ca. 5 Minuten andünsten. Die Bouillon dazugeben und 2 Stunden leicht köcheln lassen. Salzen und pfeffern.

Nochmals eine Stunde (oder mehr) ohne Deckel köcheln lassen. Die Suppe muss richtig dick werden, um sie später in die Nori-Blätter füllen zu können. Die gefüllten Nori-Blätter kalt stellen. Die Nori-Gersten-Rollen in Stücke schneiden, auf den Coppa-Scheiben anrichten und mit etwas Olivenöl verfeinern. Kräutersalat anrichten.

Das Ganze mit Salz und Pfeffer würzen und zuletzt den Bergkäse darüber hobeln. Mit etwas Distelöl-Vinaigrette beträufeln.

50 g	Lauch
50 g	Karotten
50 g	Sellerie
50 g	Zwiebeln
50 g	Bündnerfleisch
50 g	Rohschinken
75 g	Gerste
800 ml	Rindsbouillon
½ Bund	Schnittlauch
	Salz und Pfeffer
3	Nori-Algenblätter
200 g	Bündner Coppa in Scheiben
100 ml	gutes Olivenöl
50 g	rezenter Bergkäse
80 g	feiner, bunter Kräuterblattsalat
4 EL	Distelöl-Vinaigrette

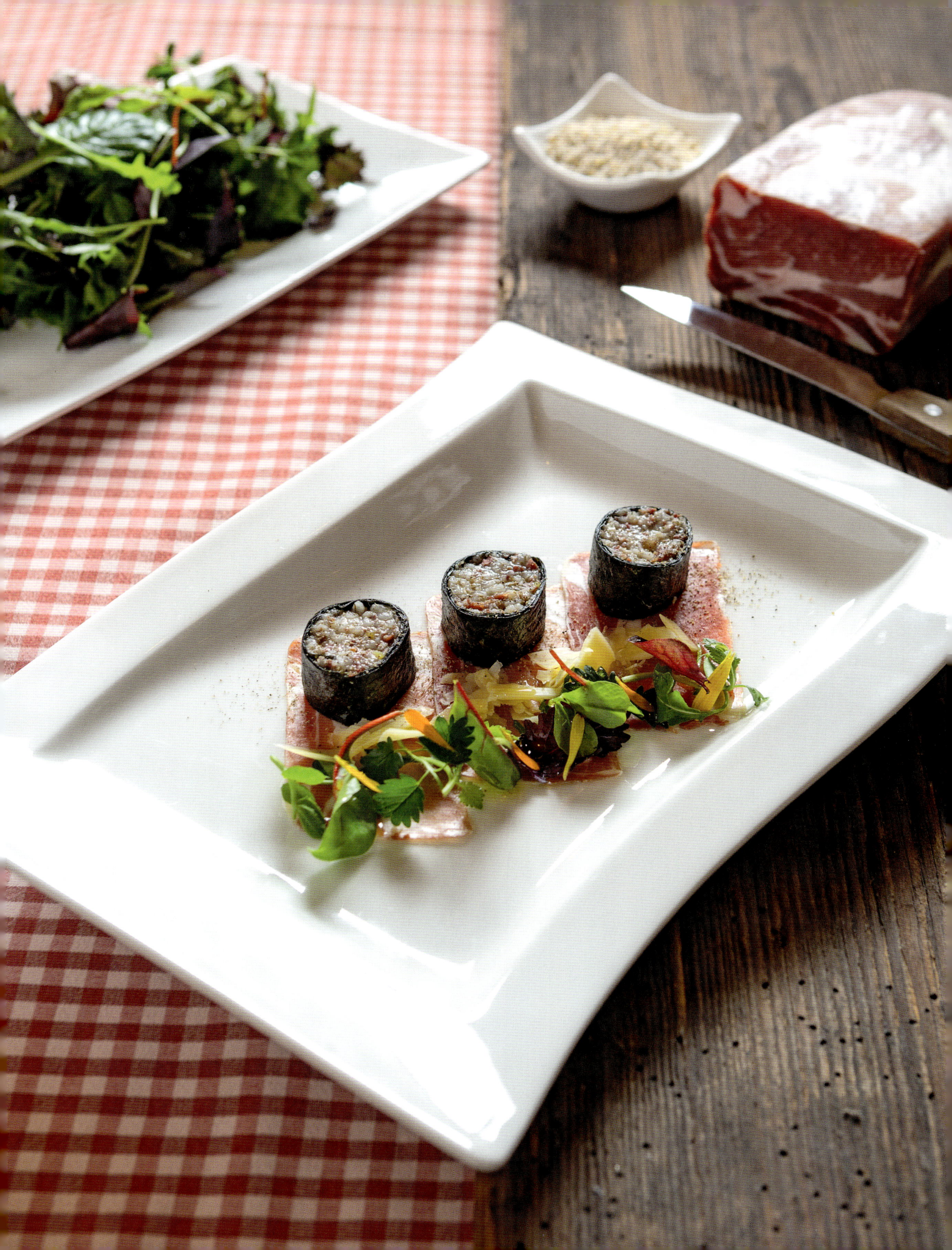

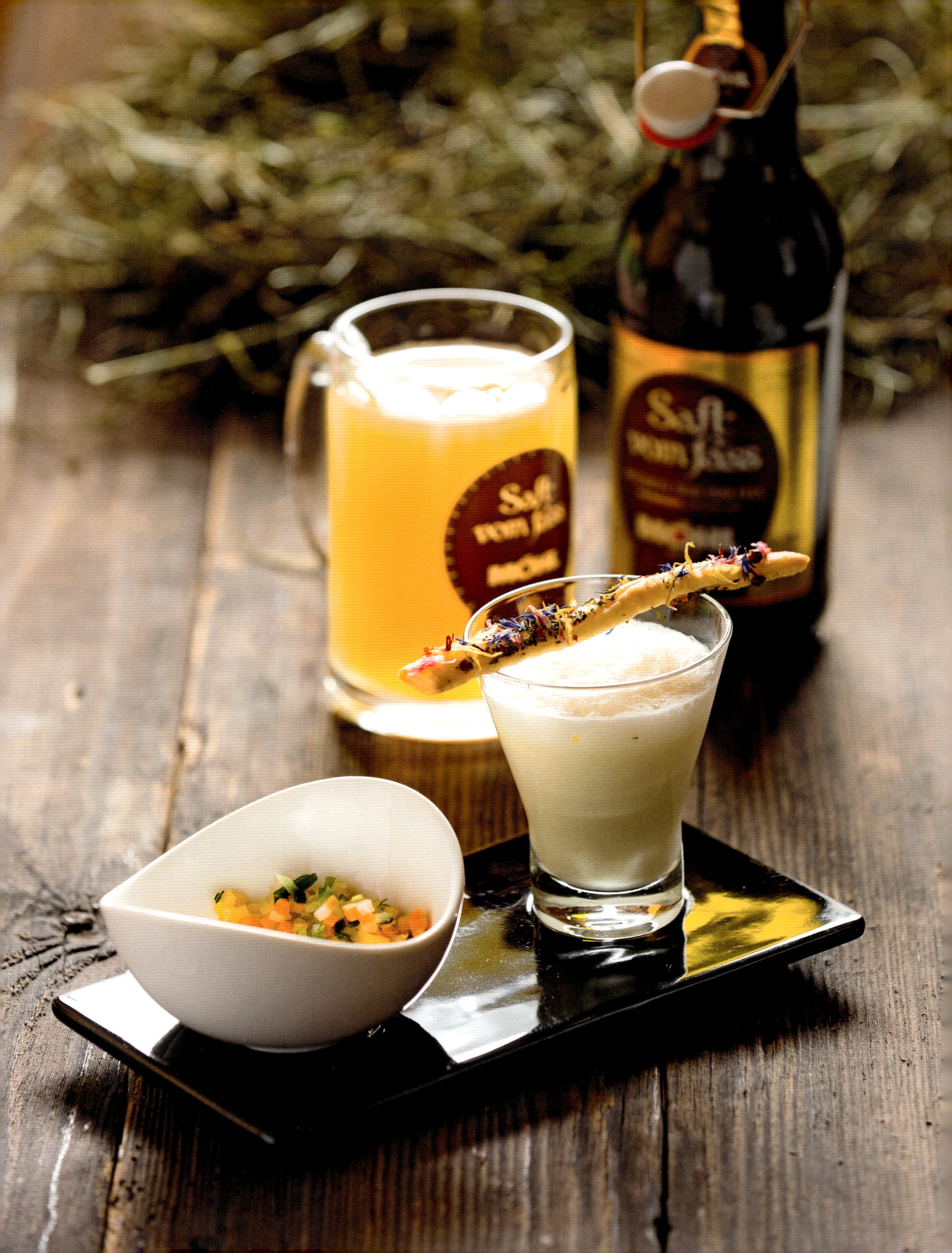
Saft vom Fass
Saft vom Fass

Suppe

Most-Creme-Suppe vom Bündner Bioheu

Die Karotten, Sellerie, Lauch und Zwiebeln waschen und in kleine Stücke schneiden.

Die Gemüsestücke in Butter anschwitzen und mit dem Geflügelfond und dem Most ablöschen. Die Suppe kann sofort nach dem Aufkochen ein 1. Mal passiert werden, um die Gemüsebrunoise aufzufangen und separat wie im Bild als farbige Garnitur serviert werden.

Anschliessend die Suppe aufkochen, Milch dazugeben und mit Roux abbinden. Ca. 30 Minuten leicht kochen lassen. Die Suppe vom Herd nehmen, das Heu in die Suppe geben und 5–10 Minuten ziehen lassen. Die Suppe durch ein Sieb abpassieren und zurück in den Topf geben. Mit Rahm verfeinern und mit Salz und Pfeffer abschmecken.

7 dl	Geflügelfond
3 dl	naturtrüber Most von Möhl
20 g	Butter
60 g	Karotten
60 g	Sellerie
60 g	Lauch
60 g	Zwiebel
1 dl	Milch
1 dl	Rahm
20 g	Roux
1	Handvoll Bioheu
	Salz und Pfeffer
4	Blätterteigstängel mit Gewürzen und Alpenkräuter-Bio-Blüten (Swiss Alpine Herbs) bestreut

Pasta-Zwischengang

Feine Tagliarini an Spinatschaum mit heimischen Flusskrebsen

Griess, Mehl und Ei mit dem Knethaken der Küchenmaschine zu streuselartigen Krümeln verrühren. In kleinsten Mengen teelöffelweise kaltes Wasser hinzugeben und weiter kneten, bis kein trockener Griess oder trockenes Mehl mehr zu sehen ist. Zum Schluss die Streusel mit der Hand zu einem festen Teig zusammenkneten. Eine Kugel formen und in Folie mindestens 1 Stunde kalt stellen.

Nach der Ruhezeit den Teig in kleinen Portionen (ca. 80–100 g) durch die Nudelwalze geben. Einmal falten und wieder durchlassen, dies insgesamt ca. 8–10 Mal. Der Teig hat die richtige Konsistenz, wenn er in den ersten Durchgängen noch reisst und erst nach dem vierten oder fünften Durchlauf geschmeidig wird. Der Teig darf sich nicht klebrig anfühlen.

Jetzt erst den Abstand der Walzen bis zur gewünschten Dicke (2–3 mm) verringern und nach Belieben schneiden oder formen. Die Pasta auf einem Ständer oder einem Küchentuch locker auslegen, bis sie verwendet wird. Die Nudeln in stark gesalzenem Wasser je nach Dicke ca. 2–3 Minuten kochen.

Die Flusskrebse mit dem Kopf voran ins kochende Wasser geben und kochen lassen. Die Krebse nach 1 Minute aus dem Wasser nehmen und in eiskaltem Wasser abschrecken. Das Krebsfleisch vom Panzer befreien, auf einen Teller geben und für später bereithalten.

Die Gemüsebrühe und die Milch auf ca. 50 °C erhitzen. Vom Spinat vier schöne, kleine Blättchen zur späteren Deko zur Seite legen. Zuerst den Knoblauch und die Zwiebeln anschwitzen, anschliessend auch den gut gewaschenen Spinat anschwitzen, bis dieser vollends zusammenfällt.

Den Spinat mit Pfeffer und Muskat würzen und mit der Rahmbouillon und der Petersilie in den Standmixer geben und bis zur schaumig-cremigen Konsistenz auf der höchsten Stufe mixen. Etwas Spinatschaum in eine Pfanne geben und mit den Tagliarini und Flusskrebsen vermischen. Die Pasta zum Anrichten auf den Teller geben. Den Spinatschaum nochmals mixen und zum Schluss die kalte Butter in kleinen Stücken dazugeben. Etwas Spinatschaum auf die Pasta geben und mit den kleinen Spinatblättern dekorieren.

NUDELTEIG

250 g	Mehl
250 g	Hartweizengriess
2	Eier
Etwas	Wasser
24	Flusskrebse

SPINATSCHAUM

150 g	frischer Blattspinat
150 g	Petersilie
½	Zwiebel gehackt
2 dl	Gemüsebouillon
1,5 dl	Vollrahm
20 g	Pfeffer
	Butter
1	Knoblauchzehe
	Muskatnuss

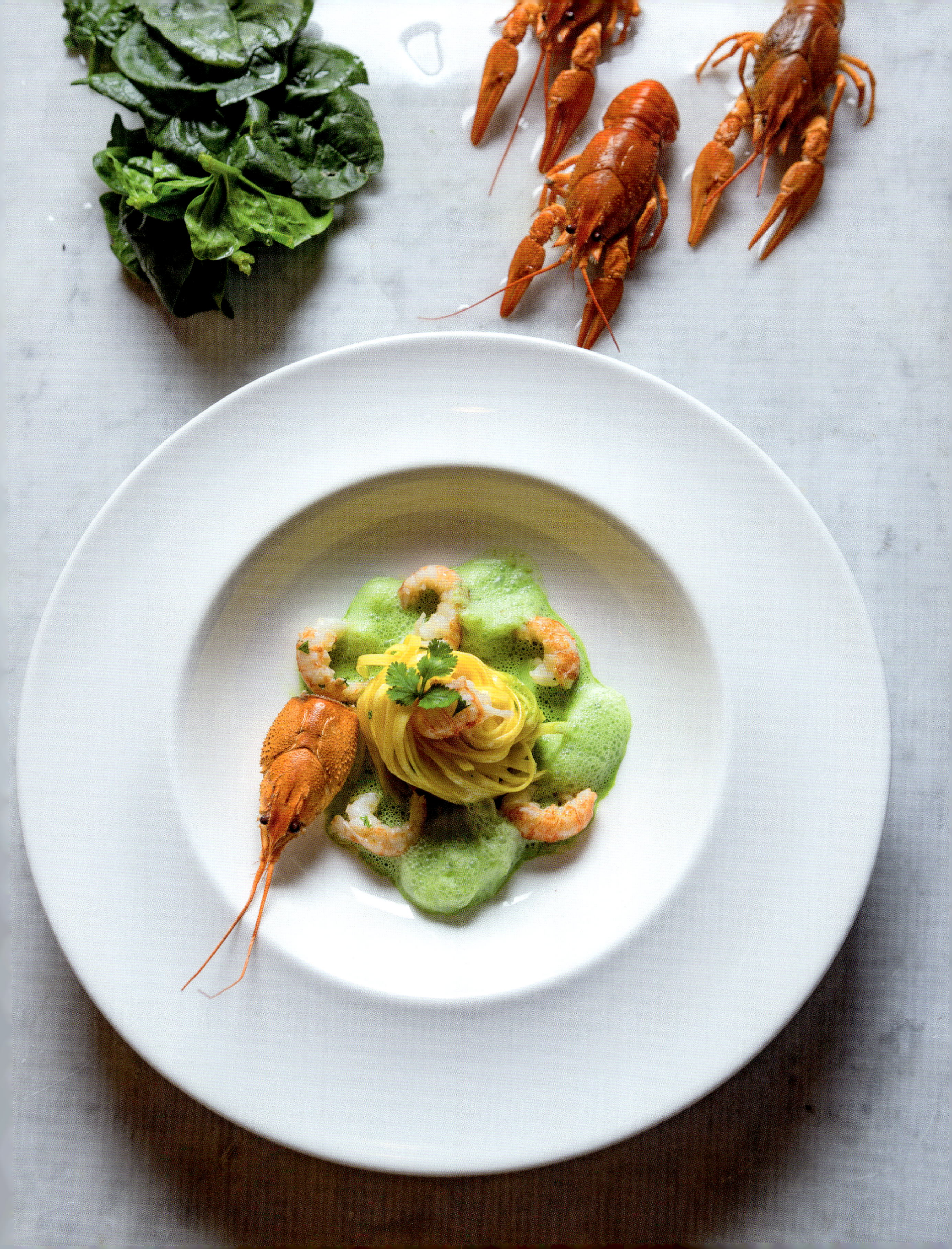

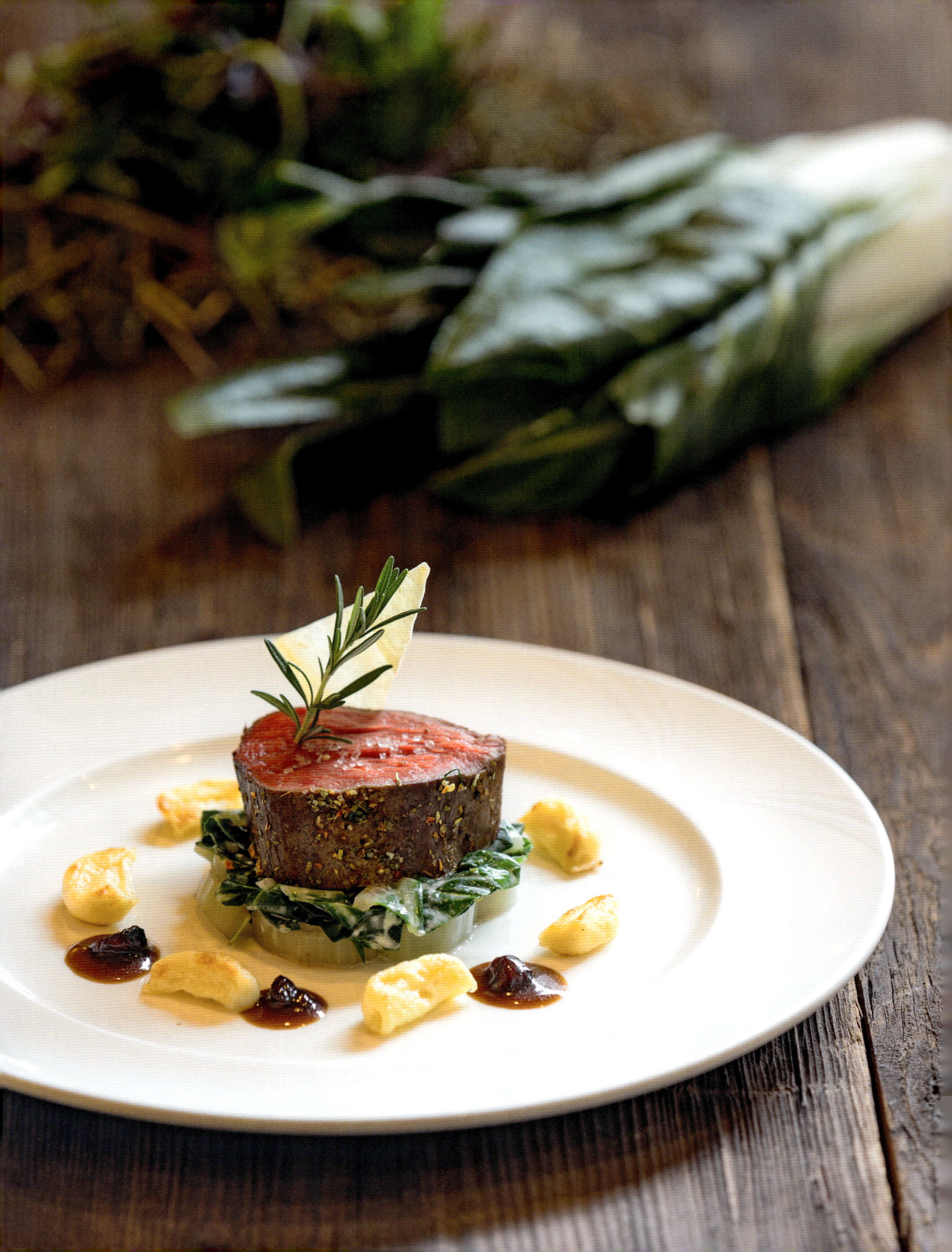

Hauptgang

Rindsfilet mit Bergkräutern und buntem Pfeffer auf Mangoldgemüse und kleinen gebratenen Pizokeln, Röteli-Jus

Für die Pizokel-Masse Mehl, Milch und Eier zu einem glatten Teig verrühren. Den Pizokel-Teig auf ein kalt abgespültes Brett geben. Mit einem Spachtel oder Messer feine Streifen ins siedende Salzwasser schaben. Pizokel an die Oberfläche steigen lassen, mit einer Schaumkelle herausnehmen und zum Abschrecken in Eiswasser geben. Die Pizokel herausholen und auf ein Küchentuch legen.

Die Mangoldblätter gründlich reinigen und vom Stiel trennen. Den Stiel in ca. 1 cm lange Stücke schneiden und 3 Minuten blanchieren. Die Blätter längs halbieren, ebenfalls in ca. 1 cm breite Streifen schneiden und zusammen mit den Stielen 4 Minuten sieden. Dann abgiessen, kalt abschrecken und abtropfen lassen.

In einer Pfanne etwas Butter erhitzen und die klein geschnittene Zwiebel darin dünsten. Nach kurzer Zeit den klein gehackten Knoblauch dazugeben und kurz mitdünsten. Nun den Mangold zugeben und kurz anbraten. Dann mit dem Orangensaft ablöschen und etwa 5 Minuten bei mittlerer Hitze einköcheln lassen. Mit einer Prise Zucker, Salz und Pfeffer abschmecken. Zum Schluss noch den Sauerrahm unterrühren.

Das Rindsfilet salzen, im bunten Pfeffer wälzen und anbraten. Den Backofen auf 110 °C vorheizen und das angebratene Rindsfilet für ca. 40–60 Minuten hineinlegen. Währenddessen im Bratsatz den klein geschnittenen Knoblauch und die klein geschnittenen Schalotten anschwitzen (evtl. noch etwas Fett beigeben), mit Röteli und Fond ablöschen, die getrockneten Kirschen beifügen und auf die Hälfte einkochen lassen. Mit Salz, Pfeffer und Zucker abschmecken.

Rindsfilet aufschneiden, mit Fleur de Sel bestreuen und alles zusammen anrichten.

PIZOKEL

200 g	Mehl
80 ml	Milch
2	Eier

MANGOLDGEMÜSE

15	Mangoldblätter
1	Zwiebel
2	Knoblauchzehen
200 ml	Orangensaft
	Zucker, Salz, Pfeffer
6 EL	Sauerrahm

RINDSFILET

520 g	küchenfertiges Rindsfilet
2	Knoblauchzehen
2	Schalotten
250 ml	Rinderfond
60 ml	Bündner Röteli
	Zucker, Salz, Pfeffer
30 g	bunter, geschroteter Pfeffer
40 g	getrocknete, entsteinte Kirschen
	Fleur de Sel

Dessert

Quitten-Panna-Cotta mit Quittenkompott und Beeren-Rumtopf

Die Gelatineblätter in reichlich kaltem Wasser einweichen. Rahm, Zucker und Quittengelee unter Rühren aufkochen. Die Pfanne vom Herd nehmen. Die Gelatine ausdrücken und unter Rühren zum Rahm geben und auflösen. Die Masse anschliessend in die Gläser füllen, für etwa 4 Stunden in den Kühlschrank stellen und fest werden lassen.

Im Zucker-Weisswein-Sirup eingemachte Quitten in kleine Würfel schneiden und kurz mit wenig Sirup und Lebkuchengewürz einkochen. Nach Belieben mit ein wenig Beeren-Rumtopf oder eingemachten Beeren garnieren.

Dazu passt ein Glas Quittenschnaps.

QUITTEN-PANNA-COTTA

4	Gelatineblätter
400 ml	Vollrahm
30 g	Zucker
5 EL	Quittengelee

GARNITUR
Beeren-Rumtopf
Quittenkompott
Schoko-Hüppen nach Belieben

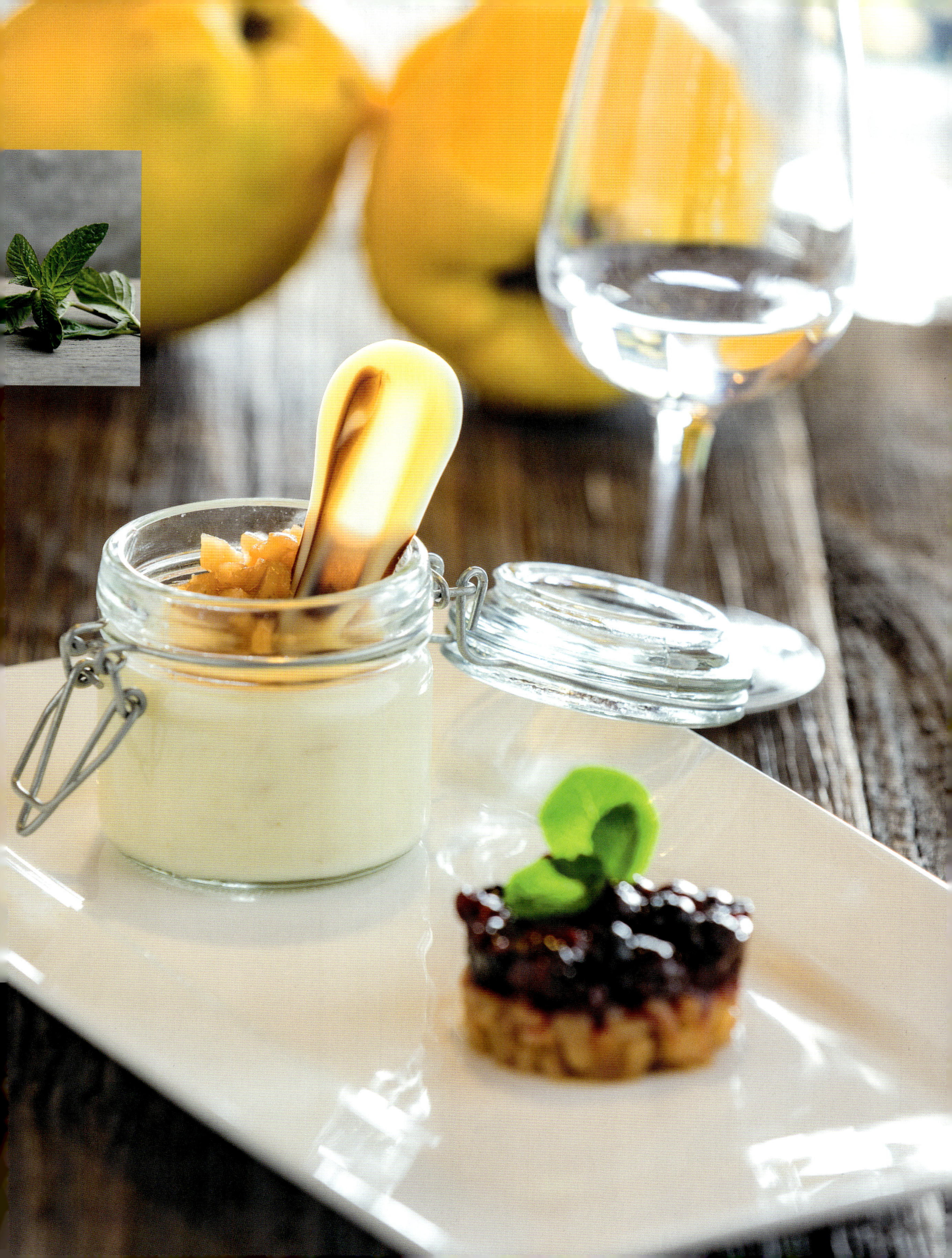

Lokales Spezialitätengericht

Flimser Capuns

Mehl in eine Schüssel geben. Eier, Wasser, Milch, Salz und Pfeffer hinzufügen. Alles schnell zu einem glatten Teig verarbeiten und abschmecken.

Landjäger, Salsiz und Rohschinken in kleine Würfel schneiden und zusammen mit Schnittlauch, Petersilie und Minze mit dem Teig vermischen.

Die Mangoldblätter waschen. Falls ein Stielansatz vorhanden ist, diesen komplett entfernen. Sehr grosse Blätter auf eine Grösse von ca. 20 x 20 cm zuschneiden. Die Mangoldblätter ganz kurz im kochenden Wasser blanchieren (5 – 10 Sekunden), dann rausholen und im eiskalten Wasser abkühlen. Die Blätter auf ein Tuch geben, abtrocknen und vorsichtig ausbreiten.

Von der Teigmasse einen Suppenlöffel in jedes Blatt geben und diese einwickeln. Milch und Brühe zusammen aufkochen, die Capuns beifügen und etwa 10 Minuten leicht kochen lassen. Die Capuns vorsichtig herausnehmen, auf einem Teller anrichten, mit etwas Milchbrühe übergiessen und mit Käse bestreuen. Nach Möglichkeit gratinieren.

Für 6 bis 8 Personen

TEIG
1 dl	Wasser
1 dl	Milch
400 g	Mehl
3	Eier
	Salz und Pfeffer
100 g	Landjäger
100 g	Salsiz
100 g	Rohschinken am Stück
40 g	Petersilie und Schnittlauch, gehackt
20 g	Minze, gehackt
ca. 50	Mangoldblätter (Capuns ca. 20 x 20 cm)
4 dl	Milch
4 dl	Fleischbouillon
150 g	geriebener Bergkäse
80 g	Bündnerfleisch julienne (Streifen), sautiert als Garnitur

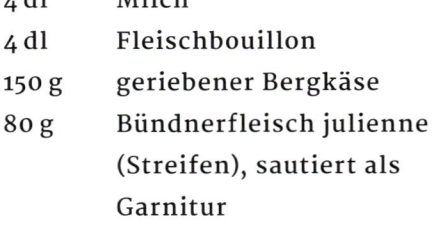

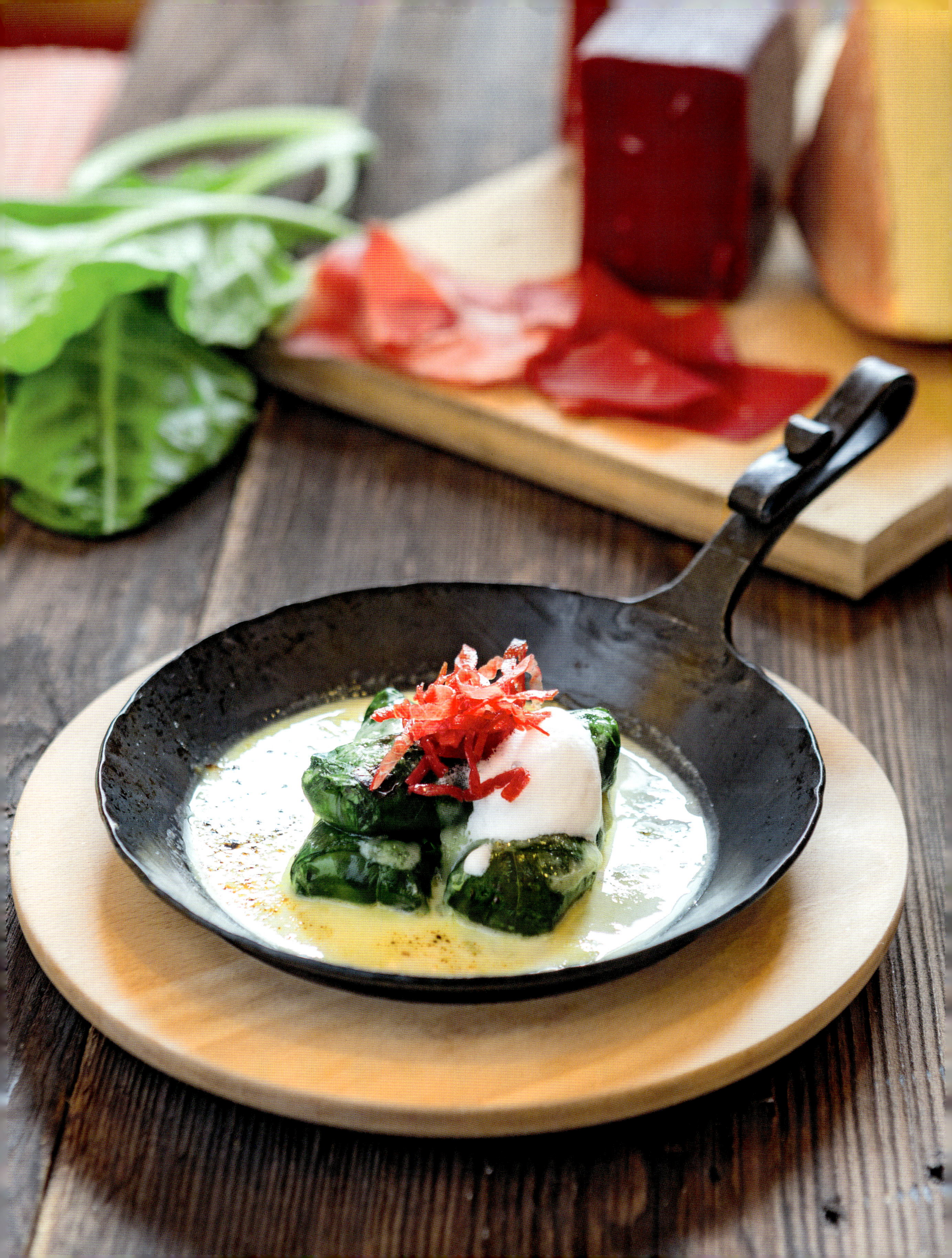

BÜNDNER BIENENHONIG

IMKEREI CADRUVI, SCHLUEIN

Wenn in der malerischen Surselva der Schnee schmilzt und die Wiesen sich von trüben Ockertönen in saftig grüne Flächen verwandeln, beginnen die ersten Pflanzen und Bäume zu blühen. Auf einer dieser Frühlingswiesen am Dorfrand von Schluein steht das schmucke Bienenhaus der Imkerfamilie Cadruvi.

Die Bienen haben sich seit Mitte März aus ihrer Wintertraube gelöst und tragen fleissig die Pollen der umliegenden Frühlingsblumen und Obstblüten ein. Die jeweiligen Trachtquellen charakterisieren den Honig, den die Bienen als flüssigen Nektar sammeln. So hat der Frühjahrshonig beispielsweise einen hohen Anteil an Löwenzahnnektar und wird in kandiertem Zustand eher grobkörnig in seiner Konsistenz. Bienen agieren nicht nur als wichtigste Bestäuber unseres Breitengrades, sie sind auch hochintelligente Insekten, die Wetterumschwünge spüren. Durch den abgesonderten Duftstoff ihrer Königin finden sie den Rückweg in ihre Beute. Das mit durchschnittlich 30 Tagen relativ kurze Leben einer Biene durchläuft verschiedene Stadien: Eine frisch geschlüpfte Biene beginnt mit dem Putzen ihrer Zelle, funktioniert anschliessend als Wächterin am Eingang der Bienenbeute, später sammelt sie Pollen, Nektar und Propolis. Das Versorgen der Königin übernehmen einzelne Bienen, welche diese rund um die Uhr betreuen. Für den Bau der Waben schwitzen die Bienen kleine Wachsplättchen. Auf ihrem Hochzeitsflug wird die Königin von mehreren Drohnen, den männlichen Bienen, begattet. Somit ist die Königin in der Lage, im Sommer pro Tag bis zu 1000 Eilein zu legen, um so den Fortbestand ihres Volkes zu sichern. Den vorzüglichen Honig aus der Imkerei Cadruvi gibt es im Sunstar Alpine Hotel Flims zum Frühstück oder als kleines Souvenir zum Mitnehmen.

Lenzerheide – das idyllische Hochtal

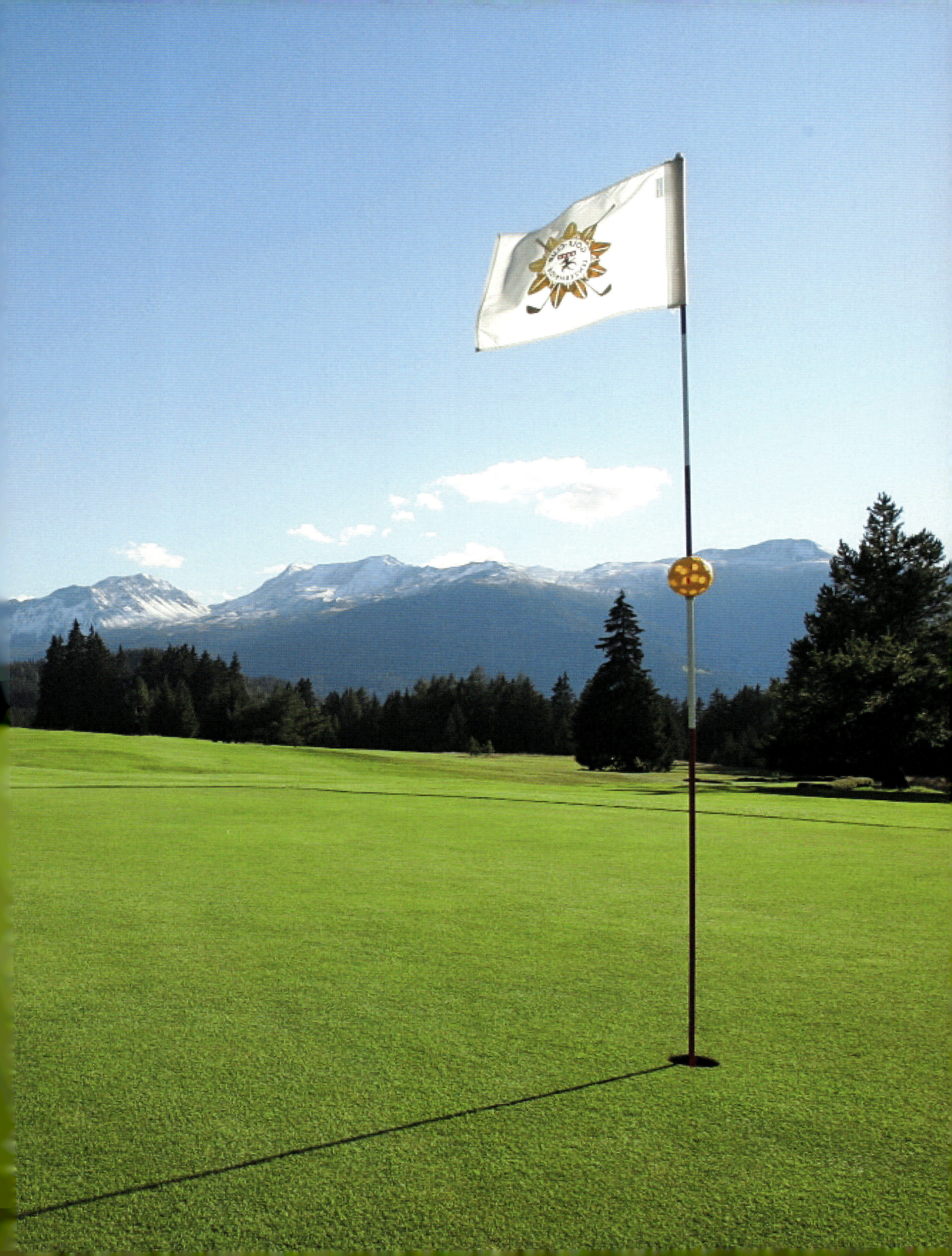

Wenn die Tage langsam kürzer werden und sich der Alpsommer dem Ende neigt, rufen die Sennen und Alpbesitzer der Alp Scharmoin zur «Älplerchilbi» auf. Die lokalen Traditionen, vereint mit einem feierlichen Gottesdienst und einem geselligen Fest mit Speis, Trank und Tanz, vereinigen die Dorfbevölkerung, welche die Ferienregion Lenzerheide bekannt gemacht und das Interesse am idyllischen Hochtal mit dem funkelnden Heidsee angekurbelt hat.

Während die sanften Bergflanken ein ideales Terrain für unzählige Aktivitäten bieten, lockt das Dorfzentrum mit attraktiven Geschäften, angesagten Bars und ausgezeichneten Restaurants. Bündner Spezialitäten wie Maluns mit Apfelmus oder Hirschschnitzel an Wacholderjus, Bramata mit Bündner Frischkäsequark und Saisongemüse sowie die Lenzerheidner Käsespätzli werden mit viel Liebe zubereitet und gekonnt angerichtet. Ein fruchtiger Himbeer-Limes-Schaum mit Pistazienglace deckt das Verlangen nach der süssen Nachspeise. Den Absacker nach dem Abendessen trinken viele Gäste des Sunstar Alpine Hotels Lenzerheide in der hauseigenen und auch unter den Einheimischen bekannten und geschätzten «Chämi Bar». Bei regelmässiger Livemusik mit Bands aus der Region und fruchtigen Drinks werden alte Kontakte gepflegt und neue geknüpft.

89

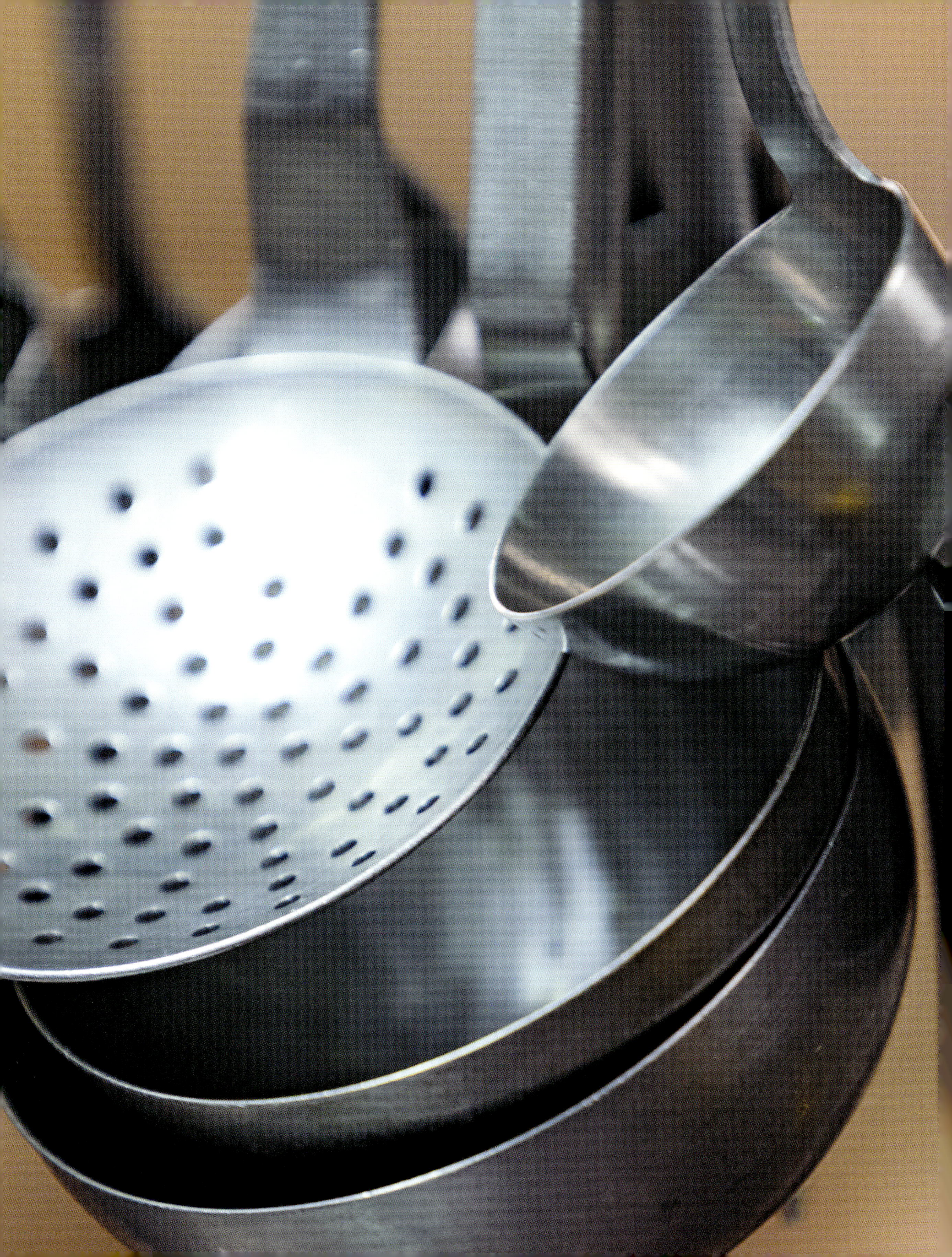

Das Menü

VON KÜCHENCHEF UWE SCHLOMANN

Vorspeise
Lenzerheider Rindstatar garniert mit buntem Salatbouquet

Suppe
Tomaten-Basilikum-Rahmsuppe

Zwischengang
Bündner Maluns mit Apfelmus

Hauptgang
Rosa Hirschschnitzel an Wacholderjus, Bramata mit Bündner Frischkäsequark, Saisongemüse

Dessert
Fruchtiger Himbeer-Limes-Schaum mit Pistazienglace

Lokales Spezialitätengericht
Lenzerheidner Käsespätzli

▶ REZEPTE FÜR 4 PERSONEN BERECHNET, FALLS NICHT ANDERWEITIG VERMERKT.

Vorspeise

Lenzerheidner Rindstatar garniert mit buntem Salatbouquet

Das Rindsfilet mit einem scharfen Messer in Würfelchen schneiden. Die Schalotten fein hacken. Die Essiggurken, Kapern und Sardellen ebenfalls hacken. Die Petersilie waschen, zupfen, trocken tupfen und fein hacken.

320 g	Rindsfilet, 1. Qualität, dressiert
35 g	Schalotten, geschält
40 g	Essiggurken, abgetropft
20 g	Kapern, abgetropft
8 g	Sardellenfilets, abgetropft
8 g	glattblättrige, frische Petersilie
40 g	Eigelb, pasteurisiert
10 g	Dijon-Senf
20 g	kaltgepresstes Olivenöl
60 g	Tomaten-Ketchup
4 g	Paprika, delikatess
20 g	Cognac
5 g	frischer Zitronensaft
	Salz, weisser Pfeffer aus der Mühle, roter Tabasco
60 g	frisch geriebener Sbrinz
	Kräuter- und Blattsalat nach Belieben

Das Eigelb mit dem Dijon-Senf und dem Olivenöl gut verrühren. Das Fleisch, die gehackten Zutaten, den Tomaten-Ketchup, Paprika, den Cognac und Zitronensaft beigeben und vermischen. Mit Salz, Pfeffer und Tabasco pikant abschmecken. Die Fleischmasse zu Tatar formen und servieren.

Tipps: Bei der Herstellung von Tatar die Hygieneregeln peinlichst beachten und Tatar nur für den unmittelbaren Gebrauch herstellen. Für Tatar ausschliesslich pasteurisiertes Eigelb verwenden. Als Beilagen werden Toastbrotscheiben und Butter serviert.

Die Dreiecksgarnitur im Bild ist ein Sbrinzkäse-Cracker. Dazu wird geriebener Sbrinz mithilfe einer Dreieckschablone auf ein Backblech mit Backpapier gestreut und im Ofen bei 180 °C gebacken. Nach dem Erkalten kann die Garnitur vom Papier gelöst und verwendet werden.

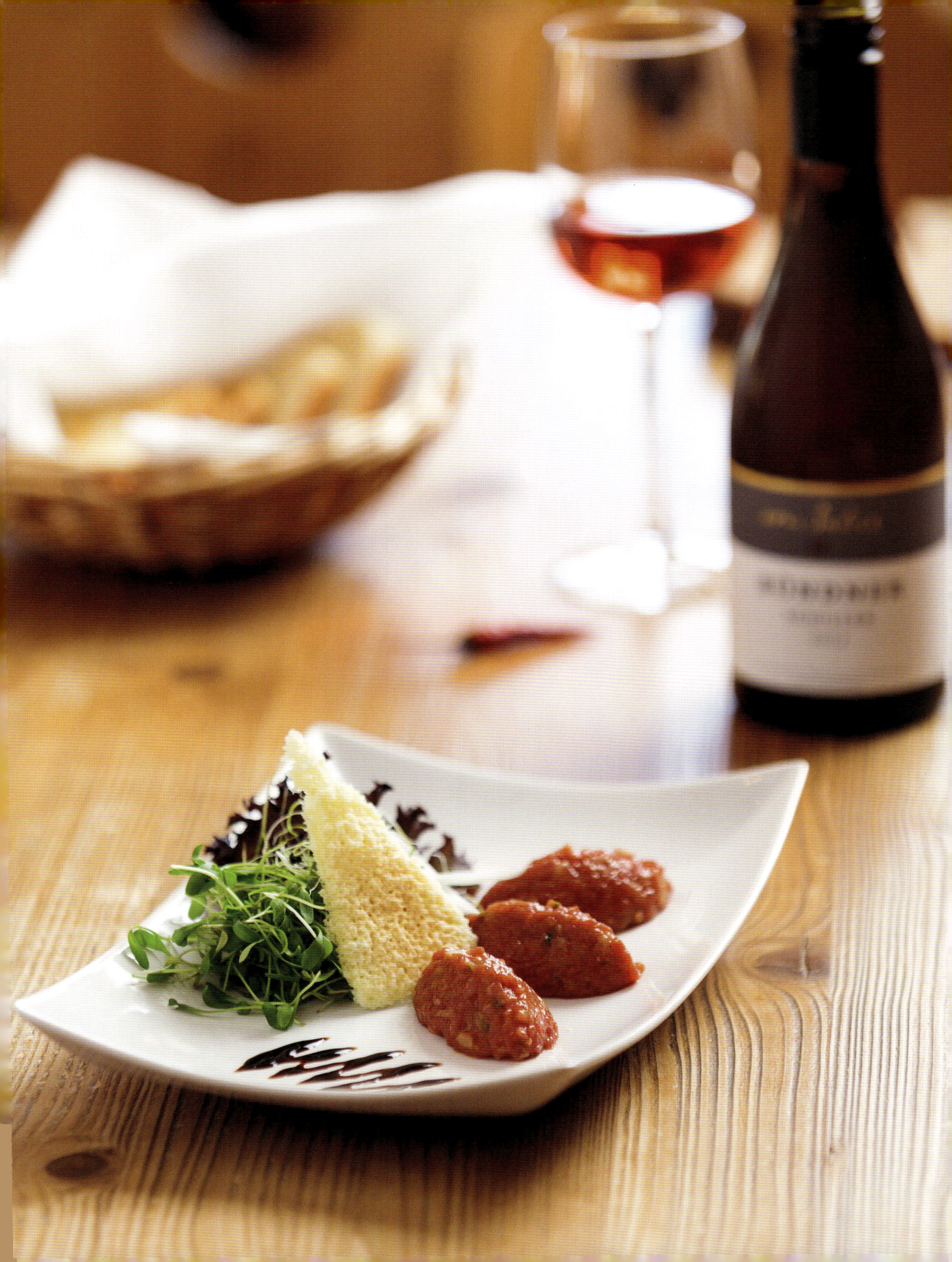

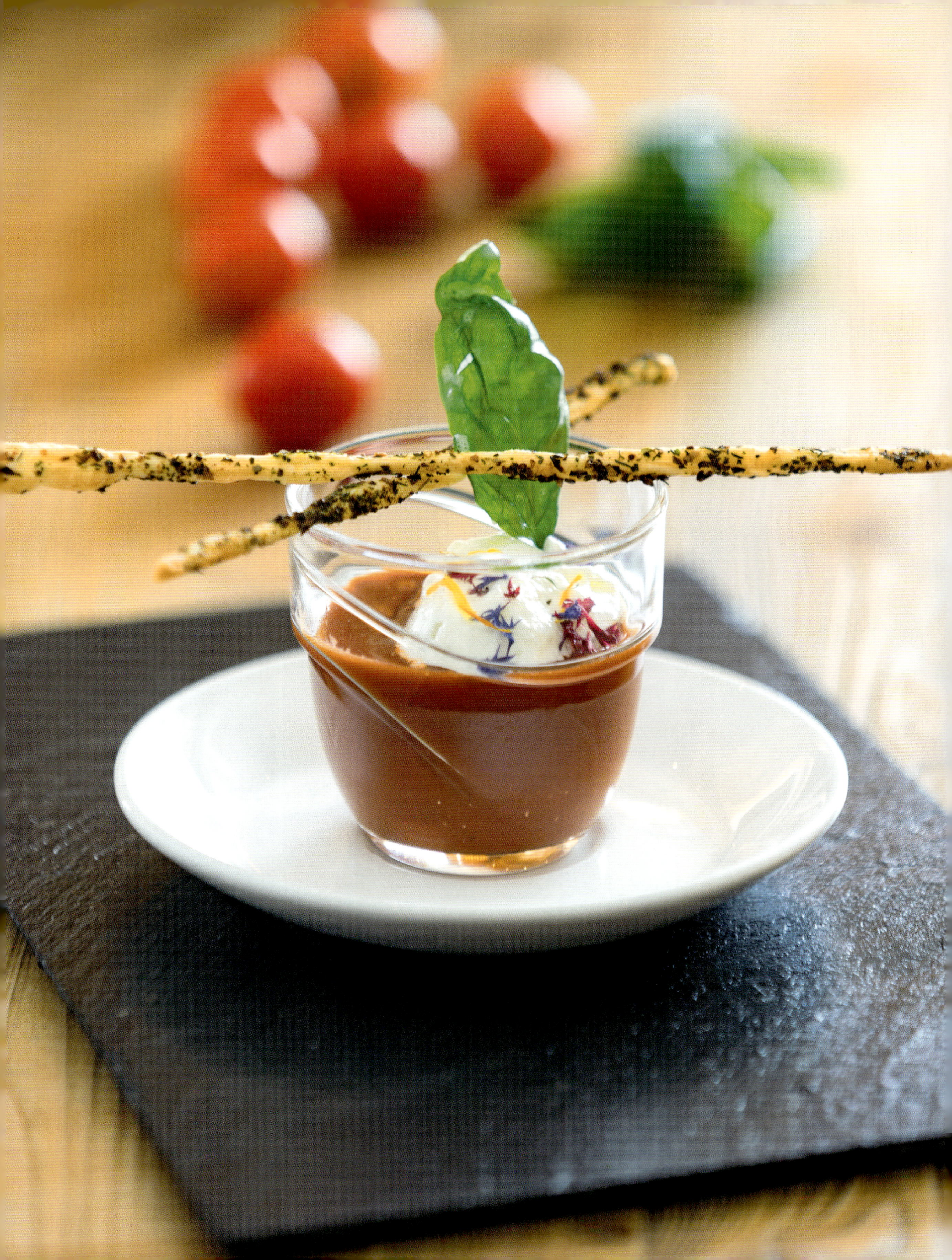

Suppe

Tomaten-Basilikum-Rahmsuppe

Den Lauch längs halbieren und waschen. Zwiebeln, Lauch, Knollensellerie und Karotten in Matignon (kleinblättrig) schneiden. Den Knoblauch hacken und die Tomaten vierteln. Den Gemüsefond aufkochen. Ein Kräuterbündel aus Rosmarin, Thymian, Majoran und Basilikum bereitstellen. Geschälte und entkernte Tomaten für die Einlage in kleine Würfel schneiden. Die Basilikumblätter waschen, trocken tupfen und hacken.

Die Gemüsewürfel in Butter dünsten, den Knoblauch beigeben. Die Tomatenstücke beigeben und mitdünsten, etwas Zucker beigeben. Das Tomatenpüree beigeben und kurz mitdünsten. Mit Weissmehl bestäuben und etwas abkühlen lassen. Mit heisser Bouillon auffüllen und unter Rühren aufkochen. Mit Salz und Pfeffer abschmecken, des Öfteren abschäumen. 30 Minuten sieden, das Kräuterbündel beigeben und nochmals 10 Minuten sieden. Das Kräuterbündel herausnehmen. Die Suppe mit einem Stabmixer mixen und durch ein Drahtspitzsieb passieren. Nochmals aufkochen, mit einem Teil Vollrahm verfeinern und abschmecken. Die Tomatenwürfel kurz in Butter dünsten und in vorgewärmten Suppentassen oder Suppentellern anrichten, mit heisser Suppe übergiessen, mit geschlagenem Rahm garnieren und mit gehacktem Basilikum bestreuen.

Ergibt 2,5 Liter

30 g	Butter
80 g	Zwiebeln, geschält
60 g	grüner Lauch, gerüstet
30 g	Knollensellerie, geschält
50 g	Karotten, geschält
4 g	Knoblauch, geschält
700 g	Tomaten, entkernt
15 g	Zucker
250 g	Tomatenpüree
50 g	Weissmehl
1800 g	Gemüsefond
1	Kräuterbündel
160 g	Vollrahm, 35 %
	Salz, weisser Pfeffer aus der Mühle

EINLAGE

200 g	Tomaten, geschält, entkernt
2 g	frische Basilikumblätter

GARNITUR
Feine Blätterteigstängel mit Gewürzen (Oregano, Bohnenkraut und Pfeffer aus der Mühle)

4	in Olivenöl frittierte Basilikumblätter

Zwischengang

Bündner Maluns mit Apfelmus

Bissfest gekochte, geschälte Kartoffeln zweimal raffeln, am besten in der Maschine. Das Weissmehl zugeben, mischen und sofort in der warmen Butter rösten.

Mit einem Spatel die Maluns locker halten. Aus den Äpfeln, Zucker und Zimt das Apfelmus bereiten. Schön anrichten und sofort servieren.

320 g	Kartoffeln, festkochend
80 g	Weissmehl
60 g	Butter
2	Kochäpfel
	Zimt, Zucker

GARNITUR
Apfelschnitze mit Zimt
Dillblüte

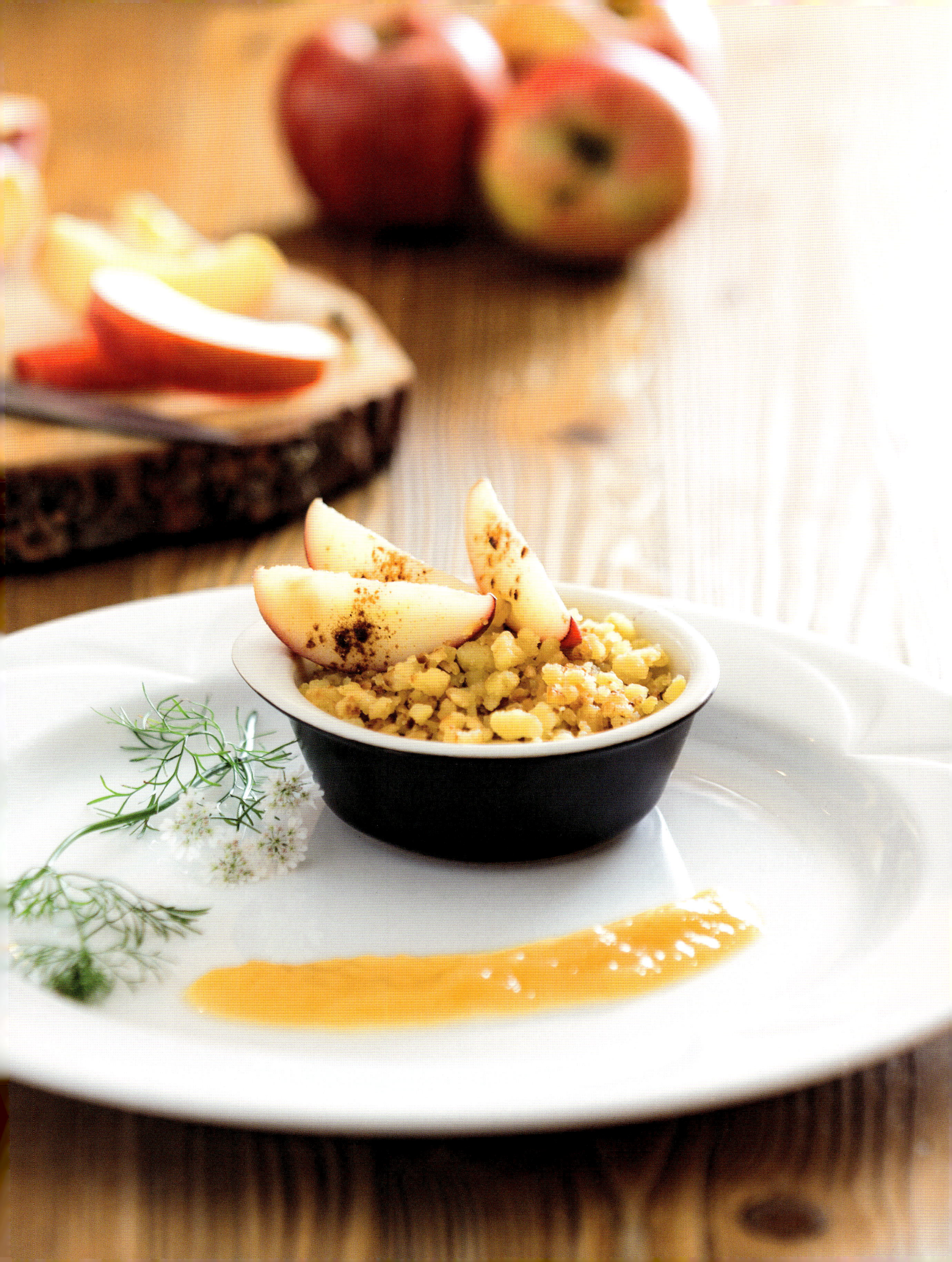

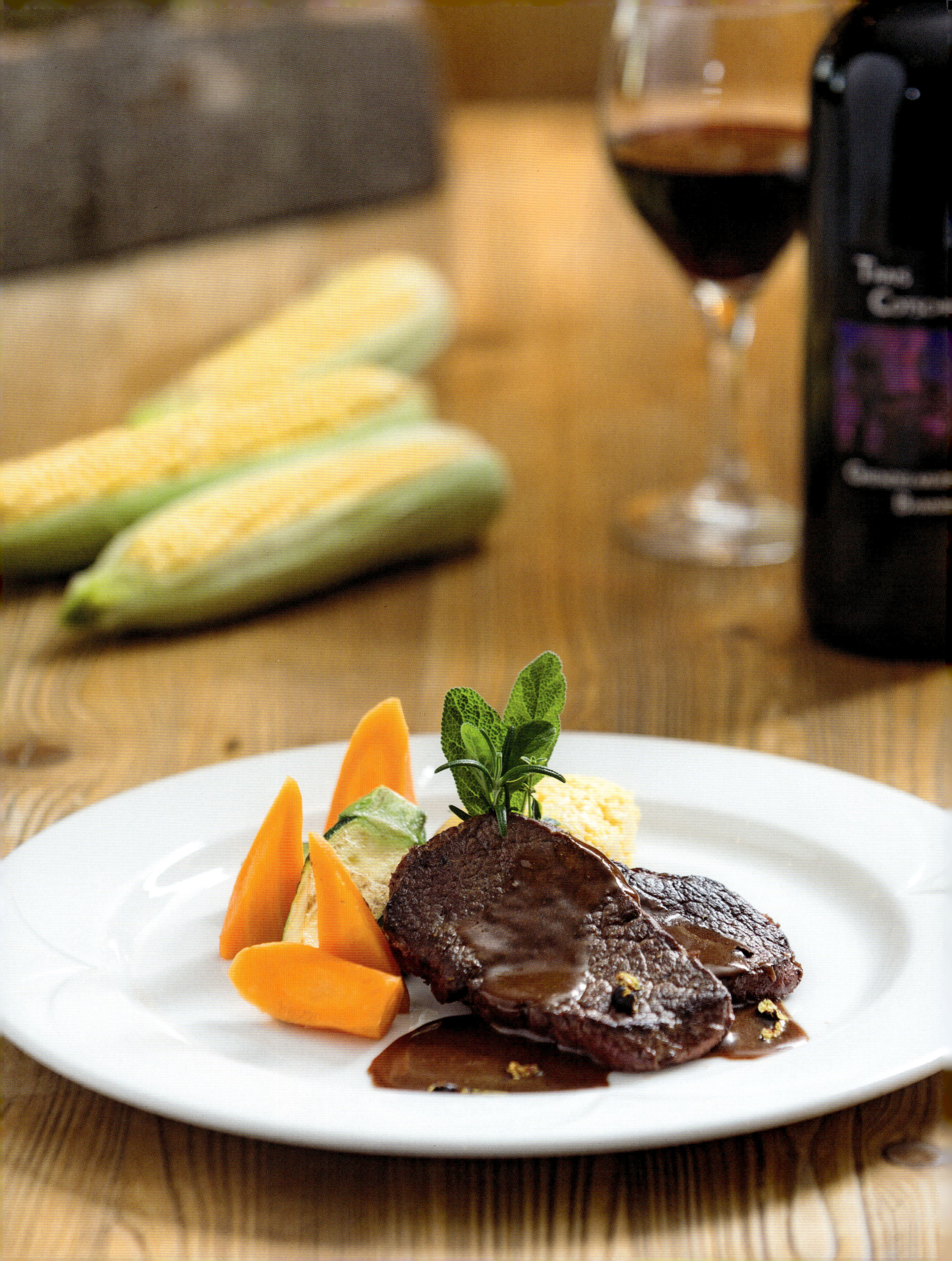

Hauptgang

Rosa Hirschschnitzel an Wacholderjus, Bramata mit Bündner Frischkäsequark, Saisongemüse

Die Hirschschnitzel parieren und würzen, beidseitig bei 200 °C anbraten und rosa servieren. Passendes Saisongemüse kurz blanchieren. In Butter geschwenkt servieren. Garnieren mit kurz frittierten blauen Kartoffelchips.

Die Demi-Glace mit den zerstossenen Wacholderbeeren 5 Minuten leicht köcheln, passieren und nappieren.

Die Zwiebeln und den Knoblauch fein hacken und in Butter glasig dünsten. Die helle Bouillon und die Vollmilch beigeben und zum Siedepunkt bringen. Das Lorbeerblatt beigeben und mit Salz und Pfeffer würzen. Den groben Mais unter Rühren mit dem Schwingbesen einrieseln lassen. Bei schwacher Hitze im Ofen bei ca. 130 °C zugedeckt etwa 1½ Stunden garen lassen. Das Lorbeerblatt entfernen, den Frischkäse unter die Polenta mischen und nochmals erhitzen.

Tipp: Je nach Gartemperatur und Qualität des Maisgriesses muss allenfalls noch Bouillon zugegeben werden. Der Bramata-Mais benötigt genügend Zeit zum Aufquellen und sollte deshalb sehr langsam gegart werden.

FLEISCH
8	Hirschschnitzel à je 60 g

WACHOLDERJUS
0,5 dl	Rotwein
2 dl	Demi-Glace
6	Wacholderbeeren

GEMÜSE
Saisongemüse

Kartoffelchips
blaue, dünne Kartoffelscheiben wie Chips verwenden

BRAMATA MIT BÜNDNER FRISCHKÄSEQUARK
25 g	Butter
40 g	Zwiebeln, geschält
5 g	Knoblauch, geschält
400 g	Bouillon
100 g	Vollmilch
110 g	grober Maisgriess (Bramata)
½	Lorbeerblatt
	Salz, weisser Pfeffer aus der Mühle
80 g	Bündner Frischkäse, Quark vollfett

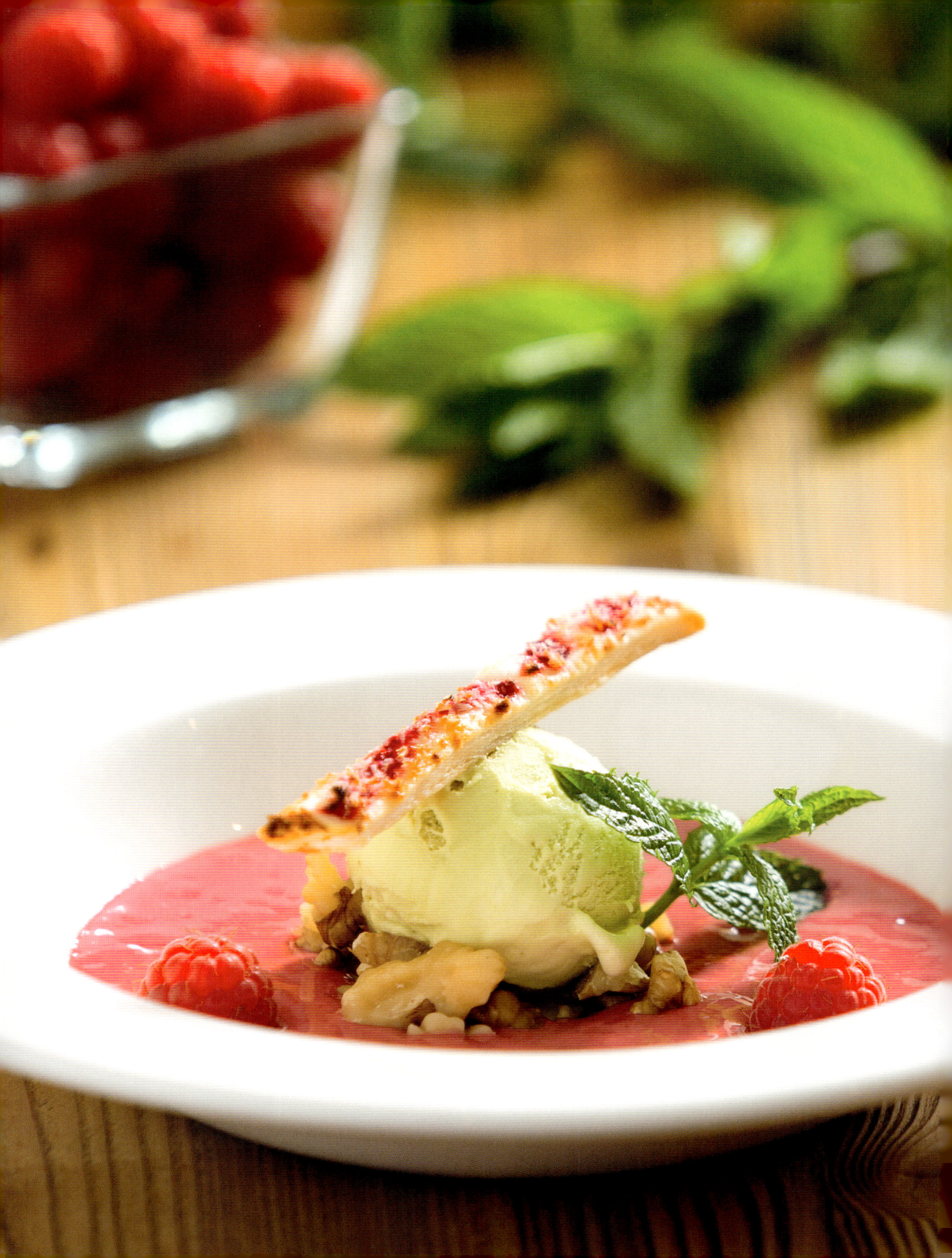

Dessert

Fruchtiger Himbeer-Limes-Schaum mit Pistazienglace

Alle Zutaten mit dem Stabmixer mixen. In einem tiefen Teller anrichten und sofort servieren.

Glace auf gerösteten Baumnüssen servieren.

270 g	Himbeeren, frisch oder tiefgekühlt
3 cl	Kirsch
2,3 dl	Lenzerheidner Pastmilch
40 g	Zucker
1 TL	Vanillezucker
1	Limette, Saft
4 Kugeln	Pistazienglace
4	Blätterteigstängel mit Zucker, Himbeeren und Kokosraps als Garnitur

Lokales Spezialitätengericht

Lenzerheidner Käsespätzli

Das Weissmehl sieben und zusammen mit dem Hartweizendunst in eine Schüssel geben. Eier, Vollmilch, Wasser, Salz und Muskatnuss verrühren und beigeben. Rasch zusammenarbeiten und zu einem sehr glatten, nicht zu dünnen Teig schlagen, bis er Blasen wirft. Durch ein Spätzlisieb in siedendes Salzwasser drücken oder von einem Brett schaben. Sobald die Spätzli an die Oberfläche steigen, herausnehmen, im Eiswasser abkühlen und abtropfen lassen.

Spätzli in Butter in einer Lyoner Pfanne mit oder ohne Farbgebung schwenken und abschmecken.

Rahm und Käse beigeben und sofort anrichten und bei Bedarf gratinieren. Die Käsespätzli können mit gerösteten Zwiebeln garniert werden.

160 g	Weissmehl, Typ 550
40 g	Hartweizendunst
110 g	frisches Vollei
30 g	Vollmilch
30 g	Wasser
4 g	Salz
	Muskatnuss, gerieben
30 g	Butter
	Salz
1,5 dl	Vollrahm
120 g	Bergkäse, geraffelt oder in kleine Würfel geschnitten

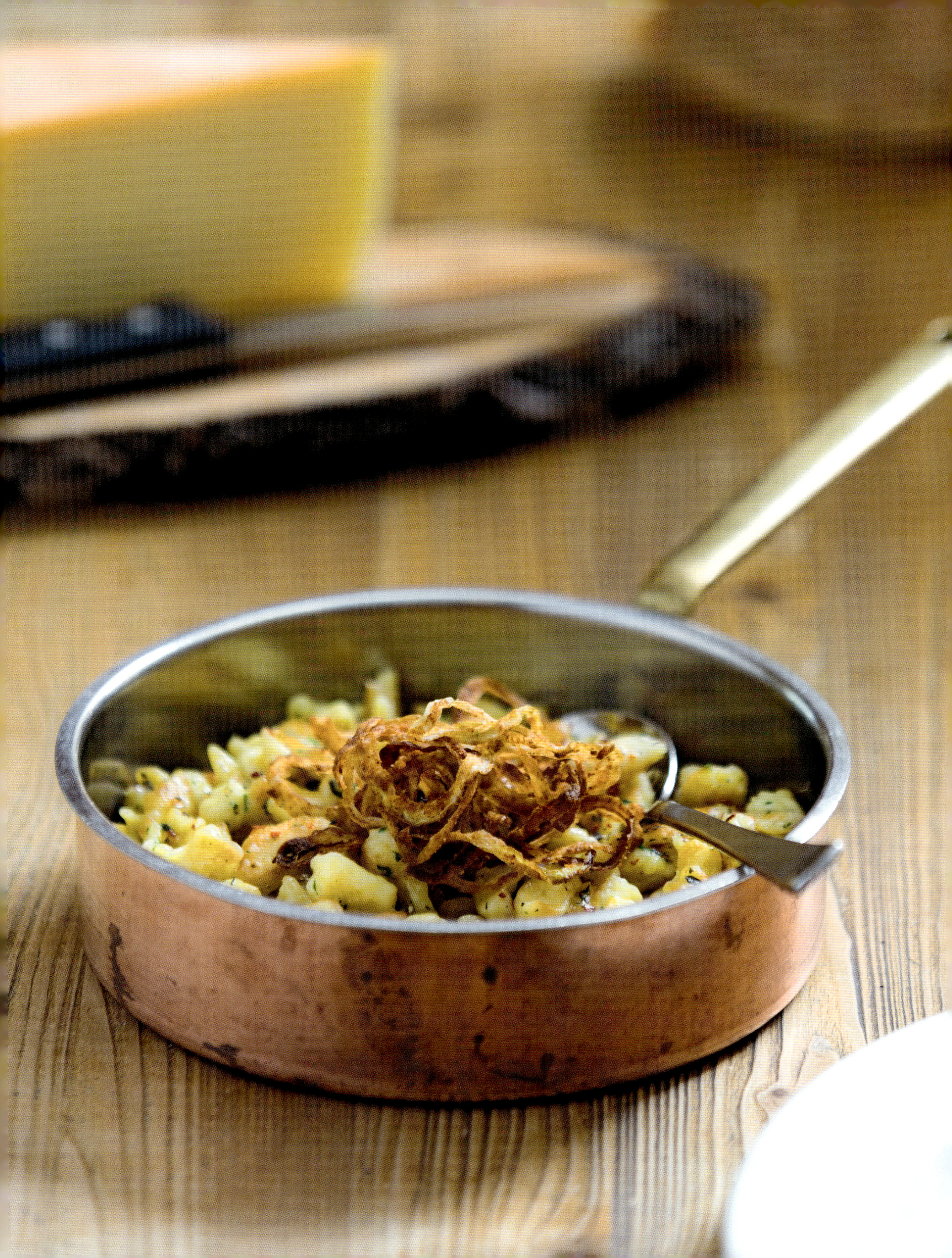

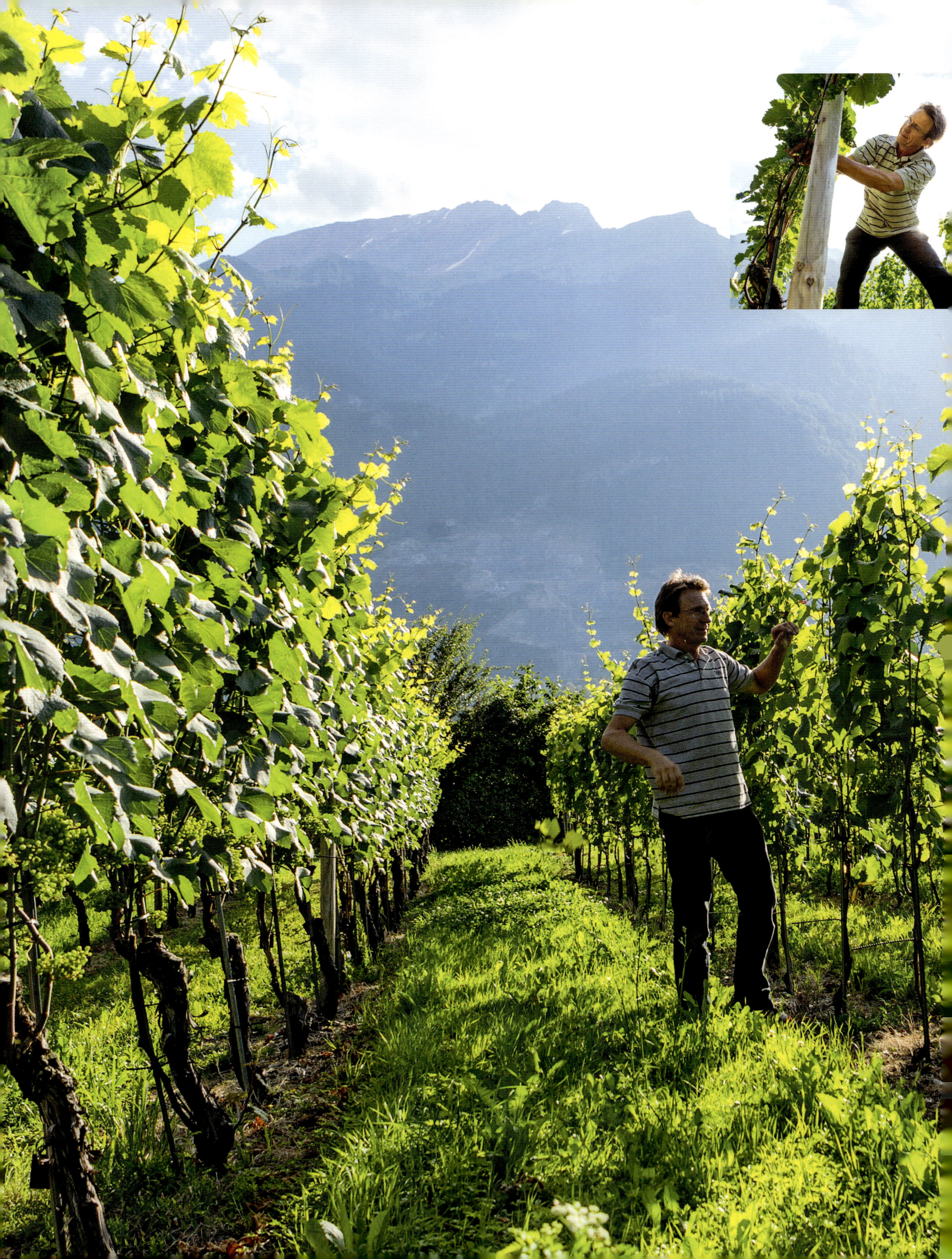

WEINGUT GRENDELMEIER, ZIZERS

Im Bündner Rheintal – der Hochburg des Pinot Noir – hat Philipp Grendelmeier, als Pionier unter den Winzern, für seine Cuvée Trais Cotschens auf die Pinot-Noir-Traube verzichtet und auf eine Zusammensetzung aus Merlot, Cabernet Dorsa und Zweigelt-Trauben gesetzt.

Das Klima im Rheintal ist trocken, das Calandamassiv fängt den meisten Regen ab, der Wind braust an den Talflanken entlang, wo die Trauben an Südwesthängen auf kalkhaltigen, porösen Böden mit schiefrigem Untergrund prächtig gedeihen. Doch Philipp Grendelmeier ist davon überzeugt, dass nur Reben mit knappem Nährstoff- und Wasserangebot, dafür aber hingebungsvoller Pflege, wirklich guten Wein ergeben und nur Früchte, die langsam wachsen, ihr volles Aroma entwickeln.

Das oberste Gebot auf dem Weingut «Im Tschalär» in Zizers ist die qualitativ hochstehende Fertigung, Lagerung und Auslieferung der Produkte. Den Kontakt zu seinen Kunden pflegt Philipp Grendelmeier akribisch, indem er drei Viertel seiner Lieferungen persönlich zu seinen Kunden bringt. Zum Sunstar Alpine Hotel in der Lenzerheide pflegt er seit Jahren den persönlichen Kontakt und freut sich, die Auslieferungen zu tätigen. Sein Konzept steht im Einklang mit der Natur, die edlen Tropfen werden in Mehrweggebinden ausgeliefert und das Leergut eingesammelt, ausgewaschen und neu befüllt.

Neben den vorzüglichen Weinen werden auf dem Weingut auch Früchte und Beeren angepflanzt, die als kreative Säfte, Konfitüren, Spirituosen und Essige ihren Weg in die Küchen finden. Philipp Grendelmeier bezeichnet sich selbst als Tüftler, der vor neuen Ideen strotzt und sich immer wieder selber bremsen muss. Seine Kunden loben aber genau diese Eigenschaft an ihm, gepaart mit der zu spürenden Leidenschaft und Freude sowie der Ehrlichkeit und der Verlässlichkeit.

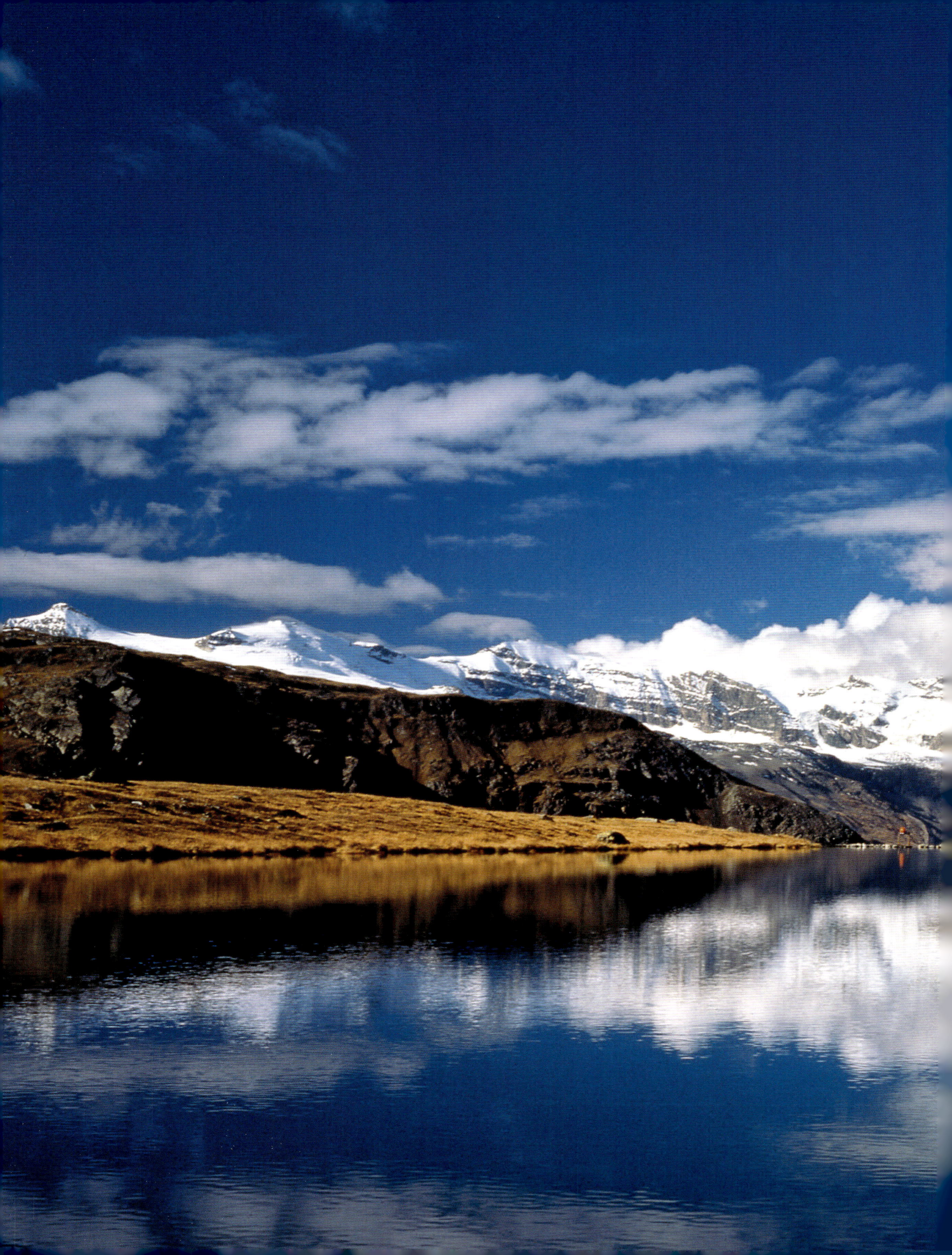

Zermatt mit dem berühmtesten Berg der Welt

Das weltbekannte Feriendorf Zermatt ist von 38 Viertausendern umgeben. Ein ganz besonderes Merkmal ist die freie Sicht auf das Matterhorn sowie den höchsten Gipfel der Schweiz: die Dufourspitze, welche auf 4634 m ü. M. thront. Zermatt ist autofrei und durch die Erstbesteigung des Matterhorns in der Mitte des 19. Jahrhunderts zu Ruhm gekommen und wird noch heute von passionierten Bergsteigern aus aller Welt besucht.

Das einzigartige Aktivitätenangebot und die 300 Sonnentage im Jahr machen die steilste Destination der Welt zum wahren Bergerlebnis für jedermann. Zahlreiche Hotels, Restaurants und Cafés trumpfen mit viel Gemütlichkeit, purem Genuss und zuvorkommend freundlicher Gastfreundschaft. Die alpine Gastronomie verkörpert zum einen die enorme Frische der Bergwelt und zum anderen die Schwere der Speisen, die helfen sollen, die Energiespeicher fürs Bergsteigen zu füllen.

Als leichter Snack für zwischendurch oder als Wärmequelle für eisige Wintertage servieren die Walliser Wirte gerne eine Gerstensuppe mit Trockenfleisch. Zum Hauptessen stehen ein Knöpfli-Töpfli mit Lauchheu oder geschmorte Lammhaxen nach Grossmutterart mit Wurzelgemüse und Kartoffelstampf auf der Speisekarte. Unkompliziert und in einem besonders herzlichen Ambiente werden die Gäste des Sunstar Style Hotel in Zermatt bewirtet und die Alpenküche in geselligem Rahmen zelebriert.

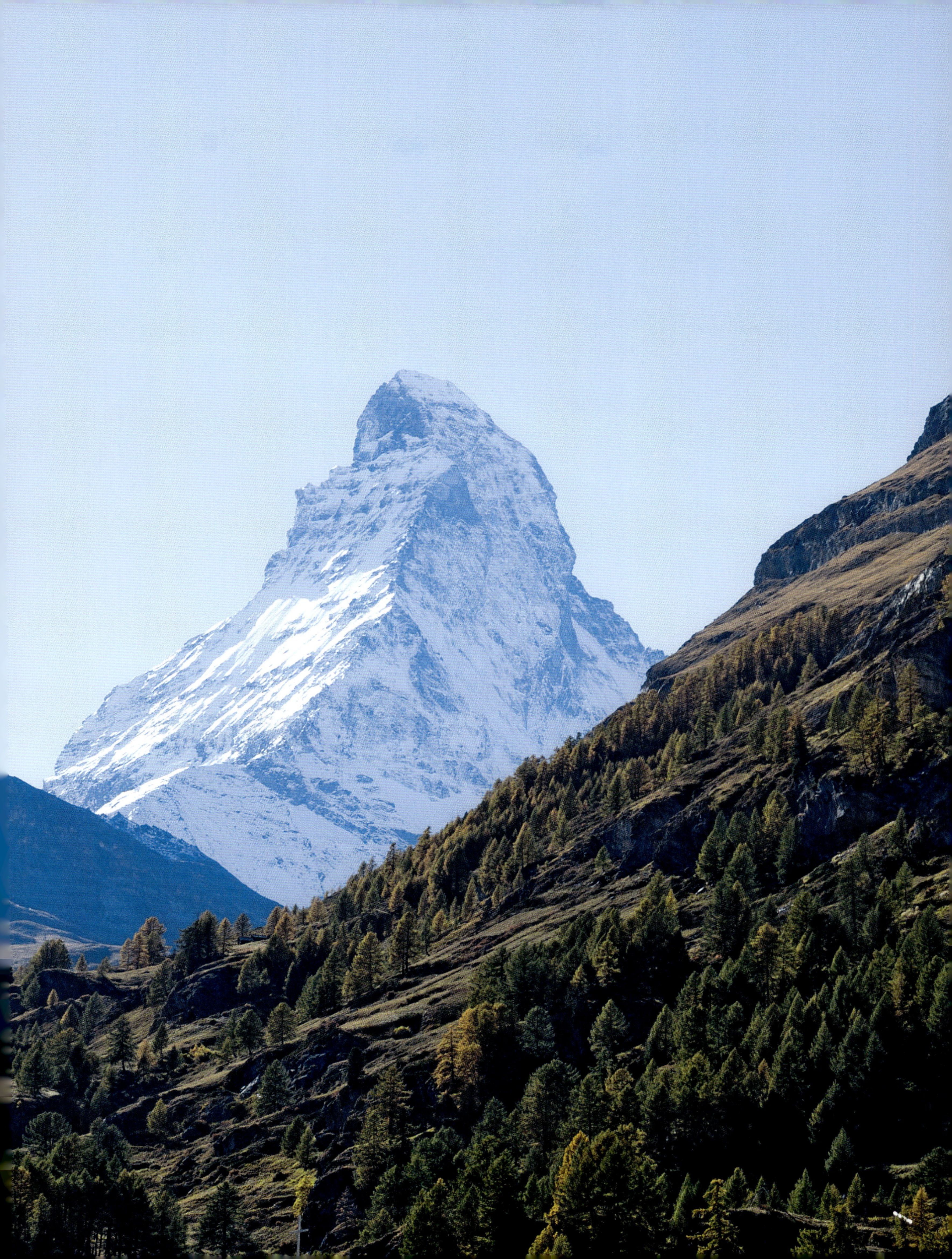

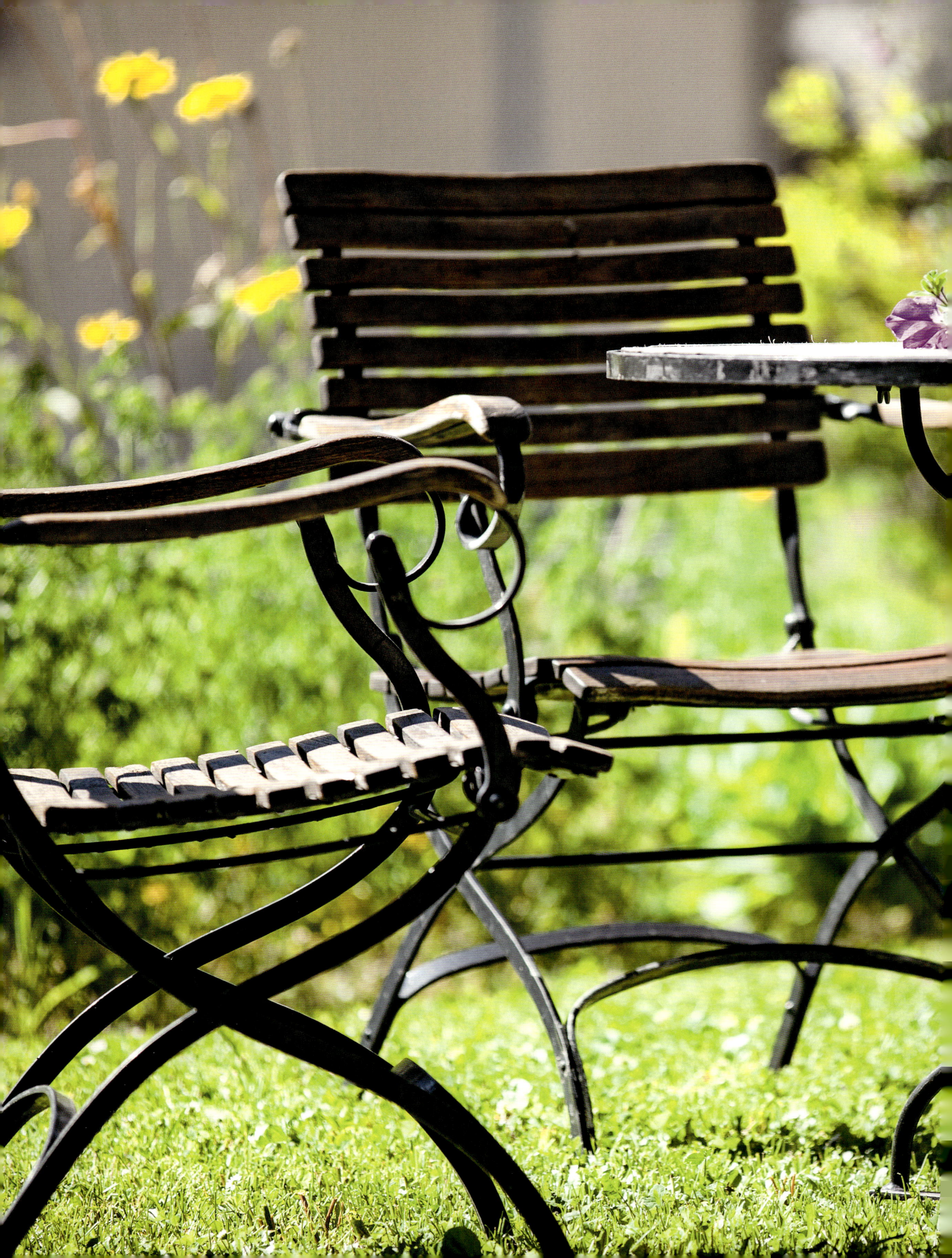

Das Menü

VON URS MESSERLI

Vorspeise
Raron-Alpen-Eglifilet auf Karotten, Alpenkräutersalat

Salatschüssel
Wintersalat aus der Zermatter Alpenküche

Pasta-Zwischengang
Knöpfli-Töpfli mit Lauchheu

Hauptgang
Geschmorte Lammhaxen Grossmutterart, Wurzelgemüse, Kartoffelstampf

Dessert
Walliser Apfel-Dörraprikosen-Festival (Apfelrapée, Apfelküchlein, Aprikosenkompott, Aprikosensorbet)

Lokales Spezialitätengericht
Walliser Gerstensuppe mit Trockenfleisch

▶ REZEPTE FÜR 4 PERSONEN BERECHNET, FALLS NICHT ANDERWEITIG VERMERKT.

Vorspeise

Raron-Alpen-Eglifilet auf Karotten, Alpenkräutersalat

Etwa 80 g gelbe Karotten und den Ingwer in winzige Würfel schneiden. Von einer Zitrone die Schale ebenfalls sehr fein würfeln. Den Saft beider Zitronen auspressen und mit dem Zucker aufkochen. Karotten- und Ingwerwürfel dazugeben, erkalten lassen, mit Salz und Pfeffer abschmecken.

6 rote Karotten beiseitelegen. Die übrigen Karotten im 160 °C heissen Ofen backen, bis sie weich sind. Samt dem Honig pürieren und durch ein Haarsieb streichen. Mit Salz und Pfeffer abschmecken, nötigenfalls mit ein wenig Geflügelfond verdünnen und warm halten.

500 g	**Karotten (rot, gelb und orangefarben)**	Die roten Karotten längs halbieren und in Salzwasser bissfest kochen. Kurz vor dem Anrichten eine Mischung aus einem Drittel Butter und zwei Drittel Geflügelfond aufkochen, mit Salz und Zucker würzen und die Karotten darin glasieren.
50 g	**frischer Ingwer, fein gewürfelt**	
2	**Zitronen**	
40 g	**Zucker**	
	Salz, weisser Pfeffer aus der Mühle	Die Eglifilets in 4 Portionen teilen, leicht salzen, pfeffern und auf der Hautseite in der heissen Olivenöl-Butter-Mischung braten, bis die Haut knusprig ist.
20 g	**Honig**	
30 g	**Olivenöl (sizilianisches Ravida Olivenöl)**	
	Butter	Das Karottenpüree seitlich und in der Mitte auf die Teller streichen, die roten Karotten darauf anrichten. Die Eglifilets darauf setzen und die lauwarme Karotten-Ingwer-Mischung darauf verteilen. Mit Schnittlauchspitzen, Frühzwiebeln und Kräutern garnieren.
	Geflügelfond	
300 g	**Eglifilets, Raron**	
	Salz, weisser Pfeffer aus der Mühle	
60 g	**Butter**	
	Schnittlauchspitzen	
	junge Zwiebeln, Kräuter	

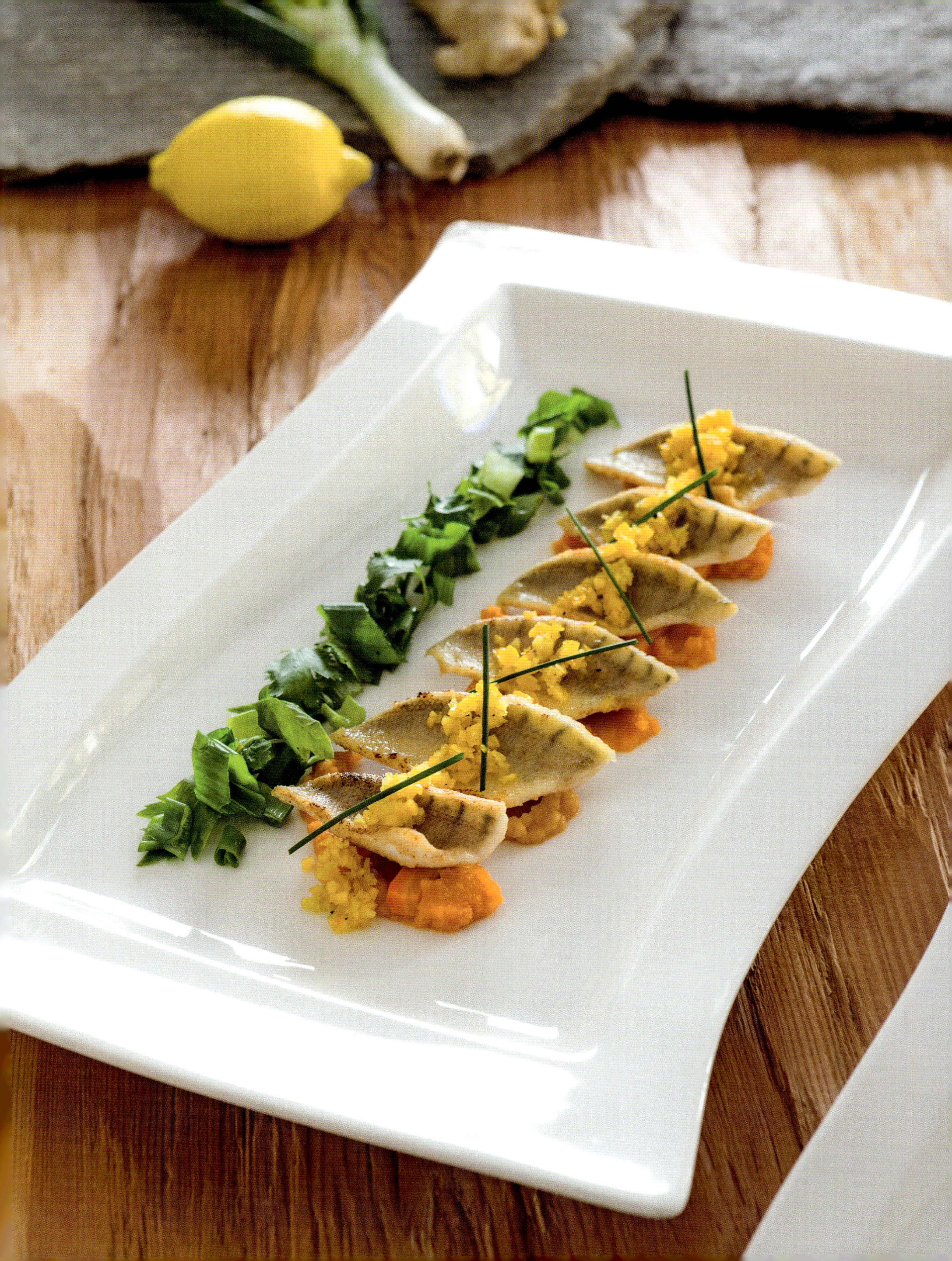

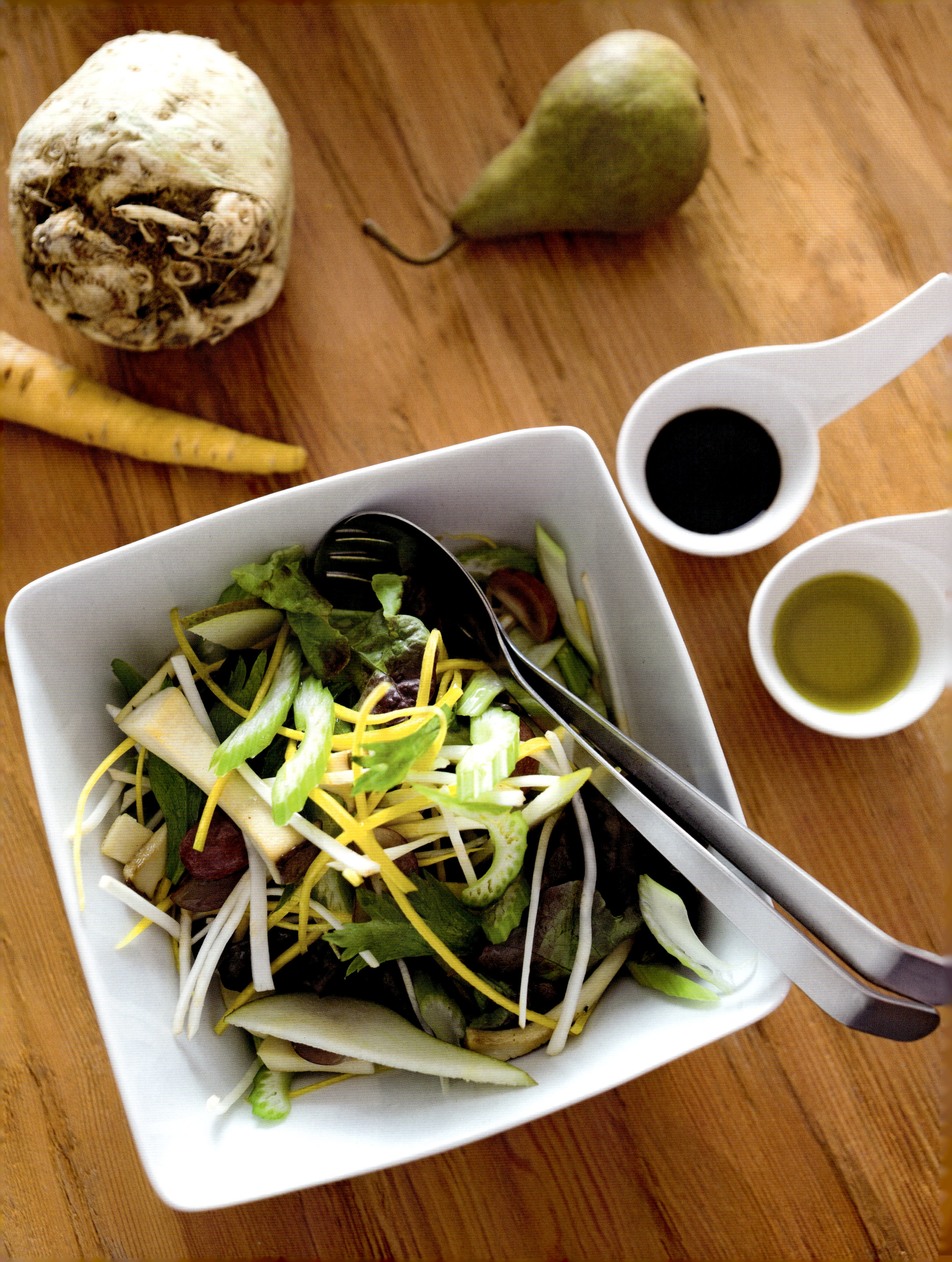

Salatschüssel

Wintersalat aus der Zermatter Alpenküche

Die verschiedenen Gemüse schälen, fein schneiden oder hobeln und ins Eiswasser legen, damit sie knackig frisch werden.

Die gerüsteten und gewaschenen Salatblätter mit dem Gemüse und den Birnen und Trauben in einer Schüssel anrichten.

Das Dressing nach Belieben und Garnituren à part servieren.

Für ca. 1 Schüssel

200 g	verschiedene Winterblattsalate
20 g	Trauben
50 g	Birnen
40 g	Karotten
40 g	Knollensellerie
30 g	grüner Lauch
30 g	gemischte Nüsse, geröstet
10 g	Kürbiskerne und Sonnenblumenkerne, geröstet
2	weisse Pfefferkörner
	Salz und Pfeffer zum Abschmecken
1 dl	gemischte Alpenkräuter Dressing nach Belieben (Nussöl, Distelöl, Apfelessig oder Ähnliches)

Pasta-Zwischengang

Knöpfli-Töpfli mit Lauchheu

Den Knöpfliteig mit allen Zutaten inkl. Ziegenfrischkäse herstellen. Kurze, kleine Knöpfli durchs Sieb streichen und gut aufkochen, abschrecken und abtropfen. Die Knöpfli hell in Butter und Olivenöl sautieren (fast ohne Farbe), gut abschmecken. Die Knöpfli mit der blanchierten Lauch-Brunoise und den gehackten Trüffeln mischen und in Töpfchen einfüllen. Die Trüffel-Emulsion darüber nappieren. Den Lauch hell in Erdnussöl frittieren. Die Knöpfli mit Ziegenfrischkäse, Lauchheu, Trüffel-Julienne und Schnittlauch garnieren.

Das Gericht ist sowohl mit als auch ohne Wintertrüffel ein schmackhafter Zwischengang.

Für 4 bis 10 Personen

KNÖPFLI-TEIG

220 g	Mehl
80 g	pasteurisiertes Vollei
20 g	Vollmilch
30 g	Mineralwasser mit Kohlensäure
50 g	Ziegenfrischkäse
20 g	Olivenöl
	Salz, Pfeffer, Muskat
100 g	heller Lauch
	Schnittlauch

SAUCE

1 dl	kräftiger Geflügelfond
1 dl	Vollrahm
1	Trüffel und wenig natürliches Trüffelöl
	Olivenöl Ravida

LAUCHHEU

Lauch

GARNITUR

Ziegenfrischkäse
Trüffel-Julienne
Olivenöl
Lauchheu

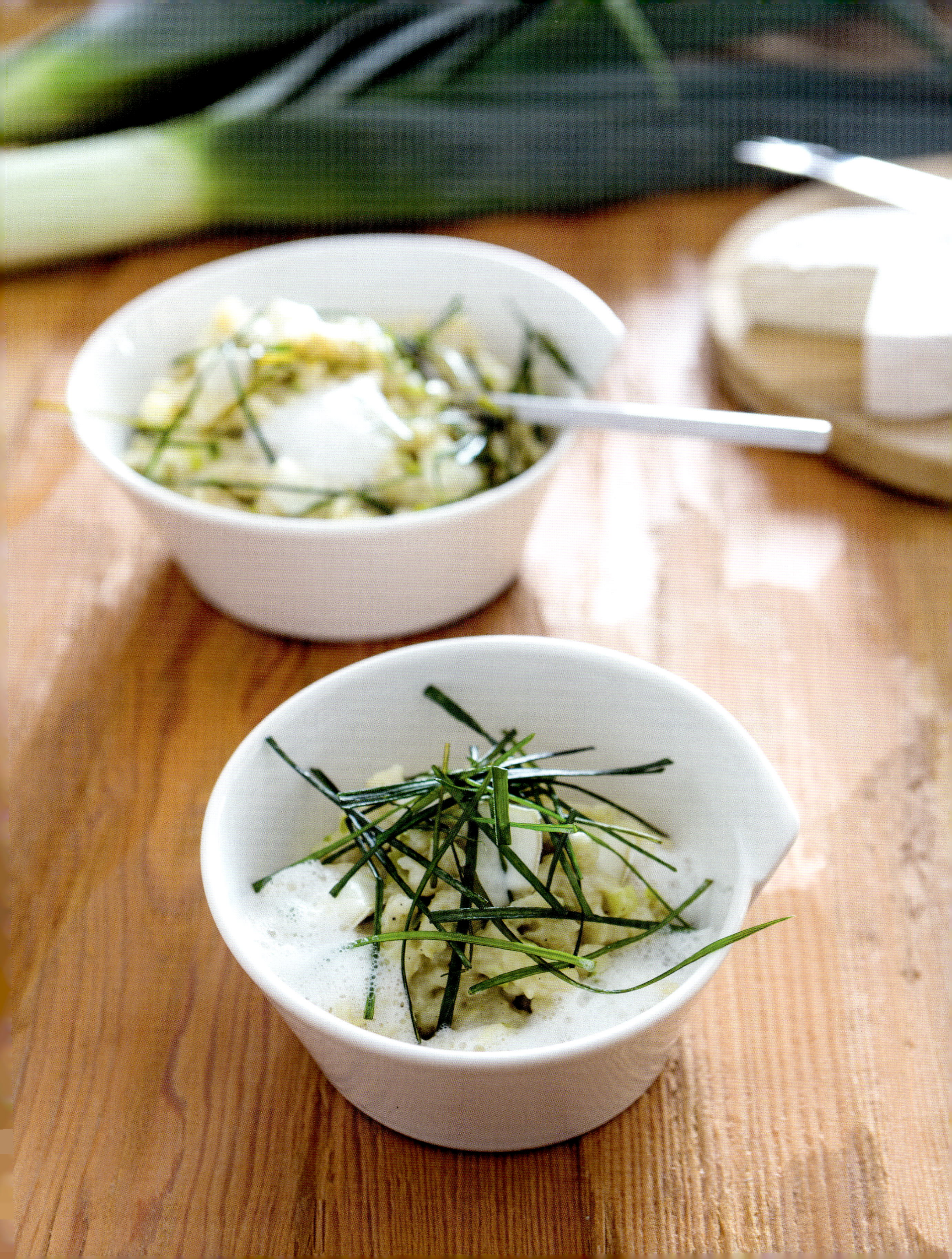

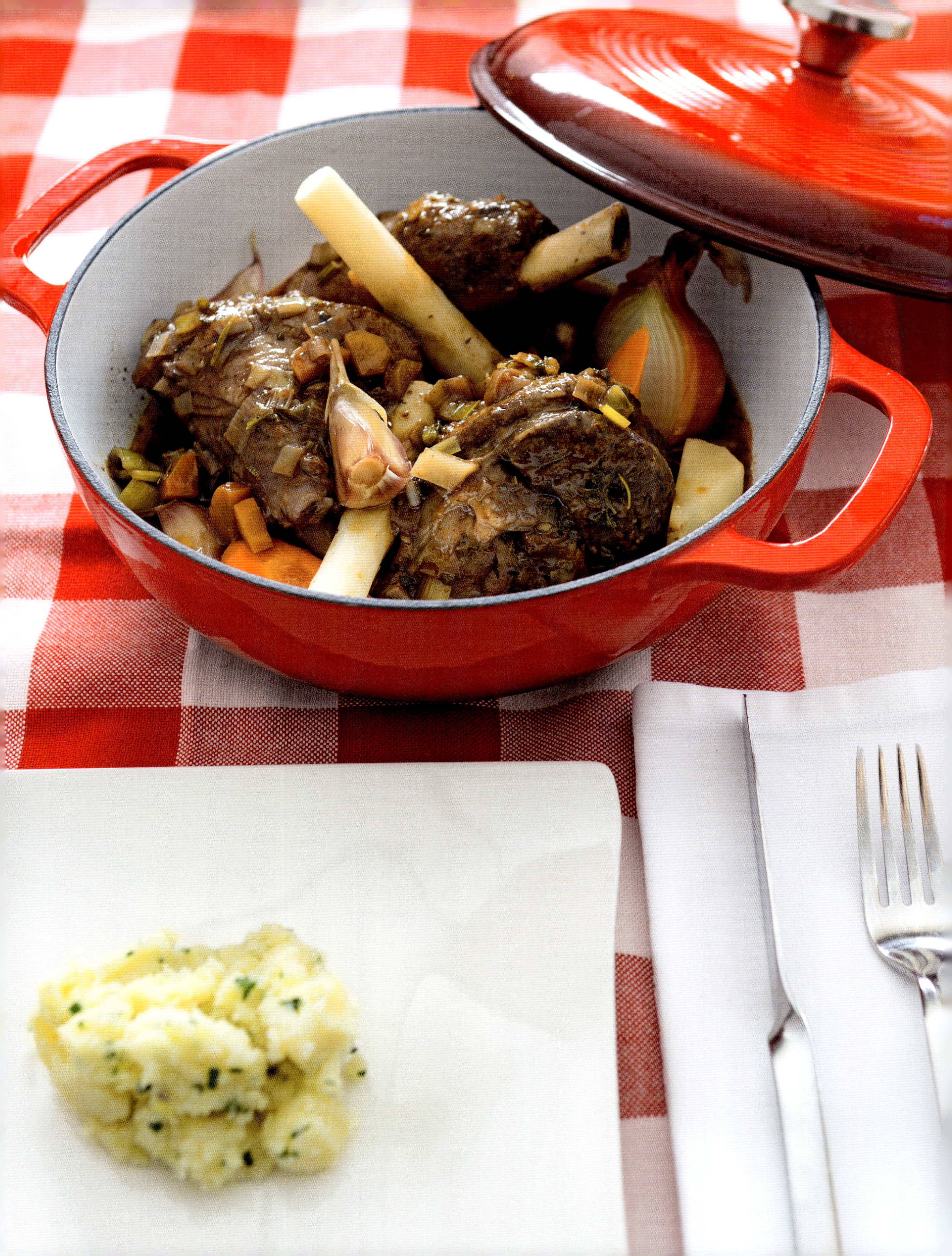

Hauptgang

Geschmorte Lammhaxen Grossmutterart, Wurzelgemüse, Kartoffelstampf

Das Lammfleisch mit Salz, Pfeffer und Mehl würzen, auf grosser Hitze anbraten, bis es goldbraun ist. Das Mirepoix zugeben – das verleiht den Schenkeln noch mehr Farbe.

Die Bouillon zum Kochen bringen, Lamm und Gemüse beigeben, mit Rotwein ablöschen. Alles noch einmal kurz köcheln lassen. Für 40 bis 50 Minuten in den Ofen stellen (180 °C).

Das Wurzelgemüse waschen und schälen, im Lammsud dünsten. Mit der Butter glasieren und den Rosmarin dazugeben.

Die Schwarzwurzel in Streifen schälen, frittieren, bis sie trocken und goldbraun ist. Mit Meersalz bestreuen.

Den Bratenjus und Sud köcheln lassen, Mountain Pepper zugeben und Lammschenkel glasieren. Butter einmontieren und Rosmarin beifügen.

Die Kartoffeln weich kochen. Milch, Rahm und Butter aufkochen, die Kartoffeln zerstampfen und dazugeben, zuletzt Schnittlauch und Sauerrahm beigeben und abschmecken.

Anrichten: die Lammhaxen direkt aus der Schmorpfanne servieren oder alles in der Küche anrichten und die Schwarzwurzelchips (nicht im Bild) als Garnitur verwenden.

LAMMHAXEN
- 4 Lammschenkel
- 50 g Mirepoix (Schalotten, Sellerie, Karotten, Knoblauch)
- frische Kräuter (Thymian, Rosmarin, Lorbeerblatt, Pfeffer)
- 1 l Rinderbouillon
- 100 ml Walliser Rotwein
- Salz und Pfeffer
- Mehl und Öl
- 20 g Butter

GEMÜSE
- 400 g Wurzelgemüse (z.B. Petersilienwurzel, rote Karotten, Stachys, Gelbranden, Lauch)
- 20 g gehackter Rosmarin
- 1 TL Butter
- Salz und Pfeffer

SCHWARZWURZELCHIPS
- 1 Schwarzwurzel

KARTOFFELSTAMPF
- 500 g Kartoffeln, geschält und in Würfel geschnitten
- 20 g Butter
- 0,5 dl Rahm
- 50 g Sauerrahm
- 0,5 dl Milch
- Pfeffer, Muskat, VitaSal-Salz

Dessert

Walliser Apfel-Dörraprikosen-Festival

Apfelrapée/Pommes râpées

Die getrockneten Aprikosen klein schneiden, mit der Röstiraffel die Äpfel raffeln, die Butter in heisser Pfanne schmelzen. Die Aprikosen und den Zucker beifügen, die Äpfel mit dem Zitronensaft kurz darauf dazugeben. Unter starker Hitze rühren (ohne Farbgebung) und abtropfen. Die eingeweichte Gelatine im Kochfond auflösen, alle Zutaten zusammenmischen und abkühlen.

Apfelküchlein und Backteig

Die Äpfel schälen, das Kerngehäuse ausstechen und in etwa 5–8 mm dicke Scheiben schneiden. Mit Zitronensaft, Zucker und Kirsch marinieren. Den Zucker mit dem Zimt vermischen. Die Apfelscheiben im Backteig wenden und bei ca. 160 °C in der Fritteuse ausbacken. Auf einem Küchenpapier gut abtropfen lassen. In Zimtzucker wälzen und mit Vanilleglace servieren.

Das Mehl und das Bier zu einer knollenfreien Masse vermischen. Mit Öl abdecken und mindestens 1 Stunde an der Wärme stehen lassen. Das Eiweiss kurz vor Gebrauch schlagen und mit dem Salz vorsichtig unter die Mehl-Bier-Masse ziehen.

Aprikosenkompott

Alle Zutaten (bis auf die Aprikosen) aufkochen und zu einem Sirup reduzieren. Die Aprikosen dazugeben und ziehen lassen.

Aprikosensorbet

Alle Zutaten zusammenmischen und pürieren. Für 48 Stunden gefrieren lassen, anschliessend pacossieren.

Für 8 bis 10 Portionen

APFELRAPÉE/POMMES RÂPÉES

0,6 kg	Äpfel zum Kochen
75 g	getrocknete Aprikosen
1	Gelatineblatt
10 g	Butter
25 g	Griesszucker
1	Zitrone, Saft

APFELKÜCHLEIN

500 g	Spartan-Äpfel
2,5 cl	Zitronensaft
25 g	Griesszucker
1,3 cl	Kirsch
3 dl	Backteig
0,8 dl	Ölverlust Frittieren (10 %)
50 g	Griesszucker mit wenig Zimt, gemahlen
2,5 dl	Vanillesauce

BACKTEIG (Zutaten für 0,8 Liter)

250 g	Weissmehl
2.5 dl	Bier
4 cl	Erdnussöl
100 g	pasteurisiertes Eiweiss
10 g	Gresil-Salz, streufähig

APRIKOSENKOMPOTT

8	Aprikosen
¼	Vanilleschote
3 EL	Apricotine
5 cl	Wasser
30 g	Zucker
¼	Zimtstange

APRIKOSENSORBET
(für 1 Liter Sorbet)

500 g	Aprikosen, entsteint
60 g	Zucker
300 g	Wasser

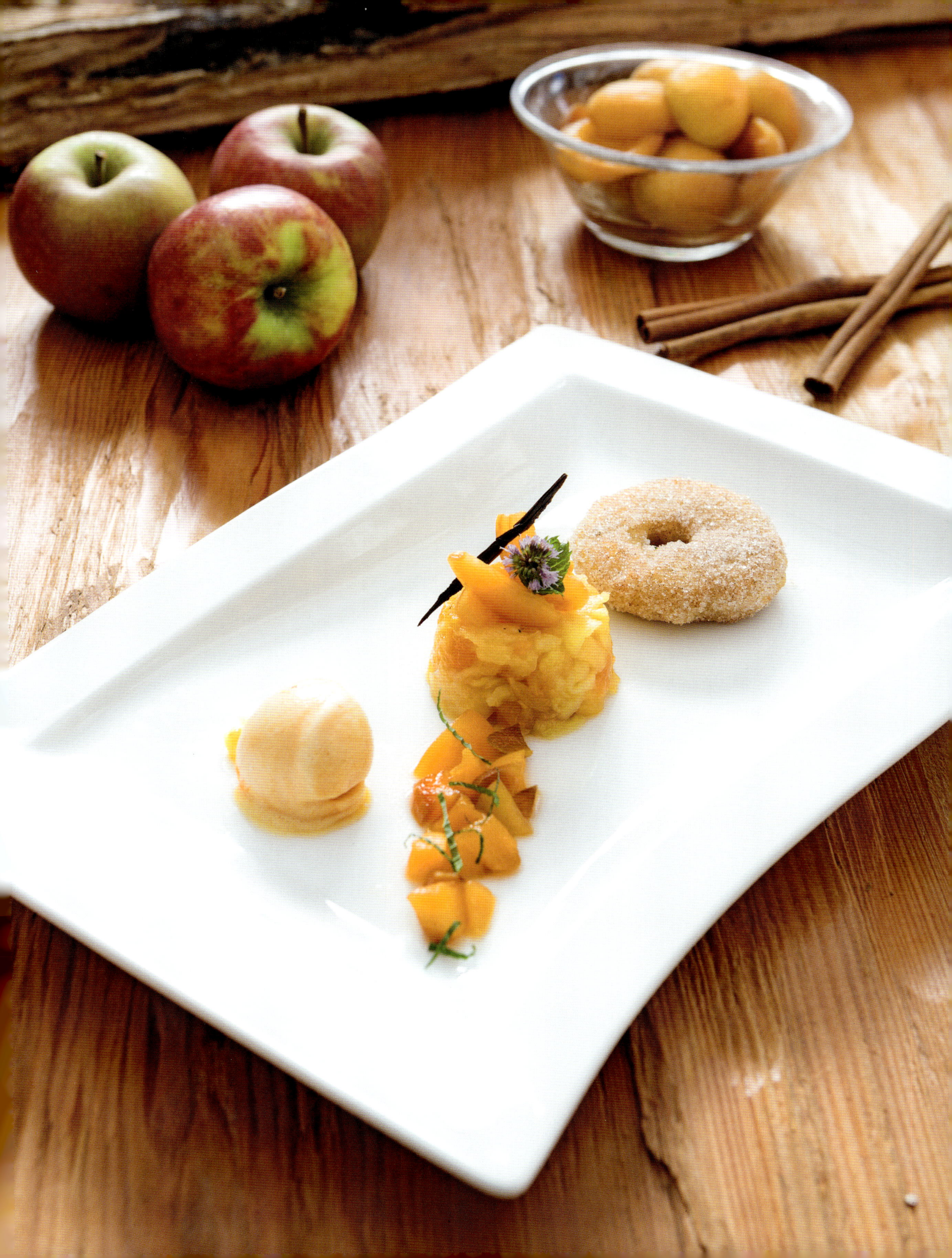

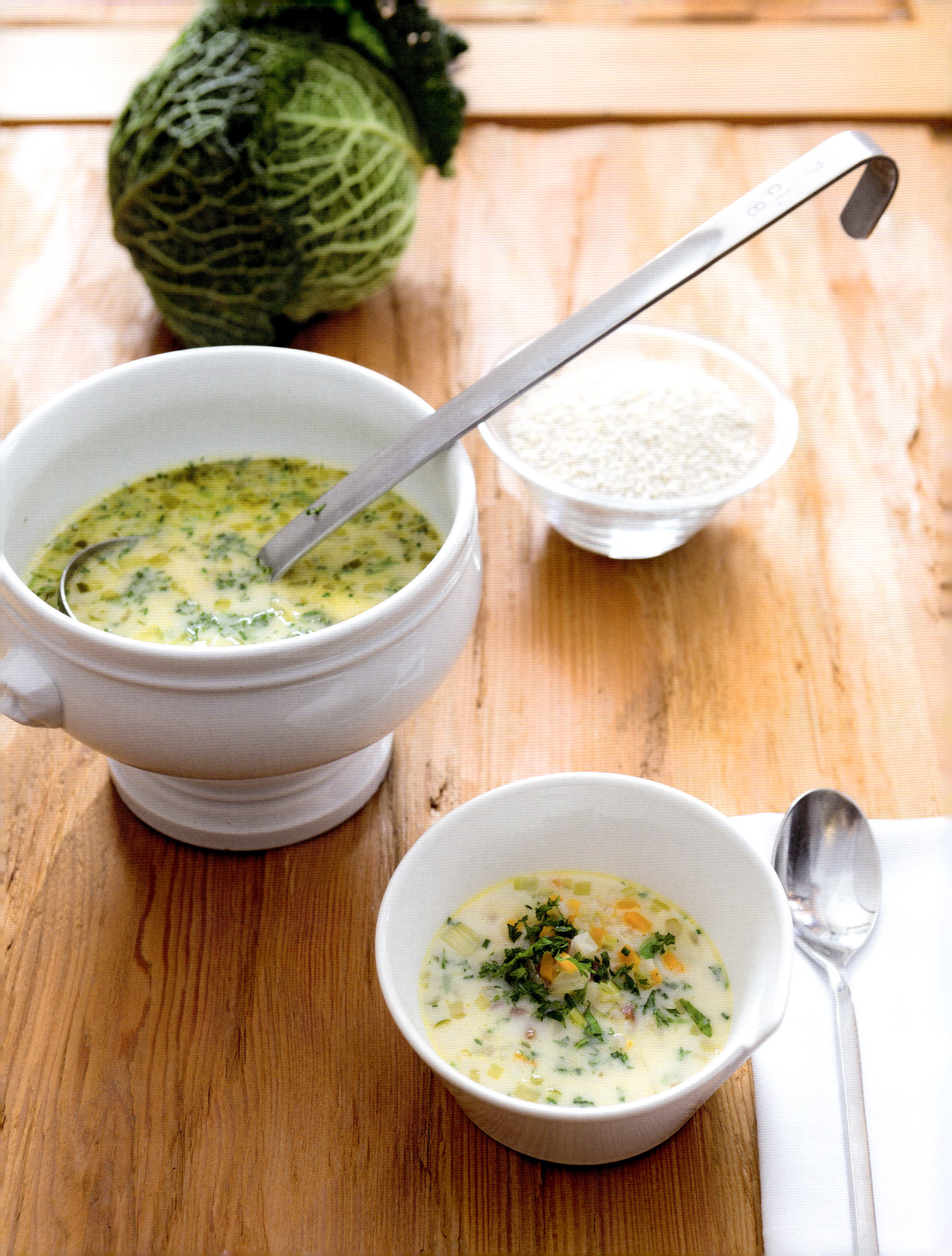

Lokales Spezialitätengericht

Walliser Gerstensuppe mit Trockenfleisch

Die Perlbohnen 4–6 Stunden in kaltem Wasser einweichen. Die Zwiebeln schälen und fein hacken. Das Gemüse rüsten, in kleine Würfelchen (Brunoise) schneiden. Den Rohschinken und das Walliser Trockenfleisch ebenfalls in Brunoise schneiden. Die Petersilie waschen, zupfen und fein hacken.

Das Gemüse in Butter andünsten. Die Gerste und die abgetropften Perlbohnen zufügen und mitdünsten. Das Walliser Trockenfleisch und den Rohschinken beifügen. Mit heisser Bouillon auffüllen und würzen. Die Masse sieden lassen, bis die Gerste und die weissen Perlbohnen weich sind. Abschmecken und mit Rahm verfeinern und mit Petersilie bestreuen.

Für 1 Liter

15 g	Butter
50 g	Zwiebeln
30 g	Karotten
50 g	grüner Lauch
15 g	Knollensellerie
50 g	Gerste, mittel
30 g	Perlbohnen
40 g	Walliser Trockenfleisch
1 l	Bouillon
1 dl	Vollrahm
4 g	frische gekrauste Petersilie

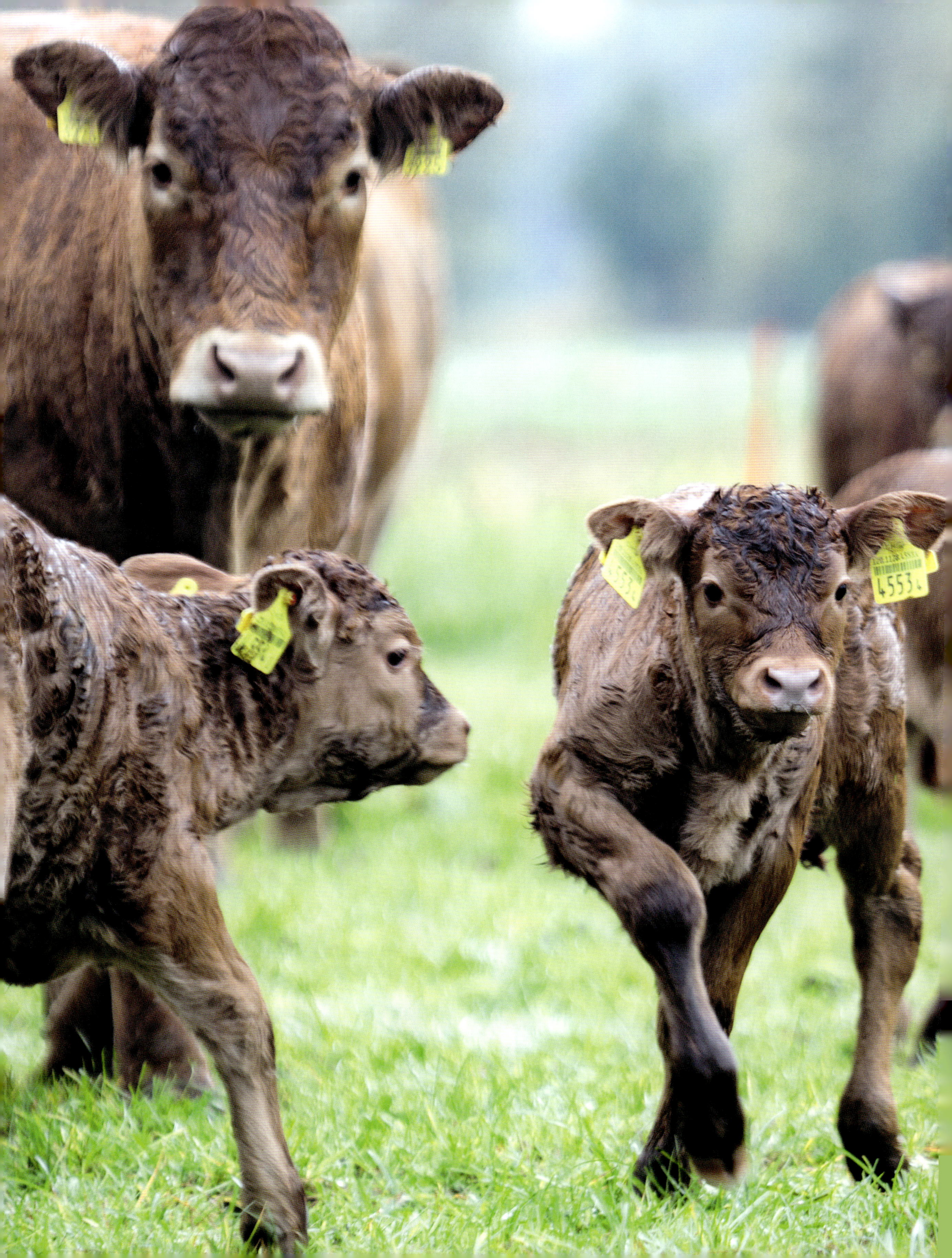

BIOBAUER EDGAR IMHOF, RARON

«Die beste Kuh ist die Kuh, die am meisten Milch produziert – sind diese Vorgaben erfüllt, gibt es zu 90% ein schönes Natura-Beef.» Es klingt einfach, wenn der passionierte Biobauer Edgar Imhof den Grundsatz seines Mutterkuhbetriebs erklärt. Doch entscheidend sind nicht nur die Gene, auch die Haltung und Pflege der Tiere unterstehen strengen Richtlinien. Eine besonders tierfreundliche Stallhaltung (BTS), bei der die Tiere unangebunden im Tiefstroh liegen, sich zurückziehen und jederzeit von der Mutterkuh gesäugt werden können, kombiniert mit regelmässigem Auslauf (RAUS) im betonierten Aussengehege, sind Pflicht für mit Natura-Beef zertifiziertes Fleisch.

Im zarten Alter von 10 Monaten werden die Kälber von den Mutterkühen abgesetzt und vermarktet. In der Regel wächst zu diesem Zeitpunkt bereits ein neues Kalb in der Mutterkuh heran. Alle Muttertiere und Kälber aus dem Betrieb in Raron sind bei der «Mutterkuh Schweiz» in einer Tierverkehrsdatenbank eingetragen. Pro Herde wird jeweils 1 Stier, der sogenannte Herdenbuchstier, registriert, der seinen Blutanteil an die Kälber weitergibt und für die Reinheit der Zucht verantwortlich ist.

Die Arbeit des Stiers beginnt kurz nach Weihnachten, wenn er zur Mutterkuhherde kommt. Etwa 10 Monate später, nach dem Alpabzug, beginnen die Mutterkühe im Winterbetrieb mit dem Kalben und Säugen der Nachkömmlinge. Das zarte Natura-Beef-Fleisch eignet sich für Ragouts, Geschnetzeltes oder Steaks und steht regelmässig auf dem Speiseplan des Sunstar Style Hotels in Zermatt.

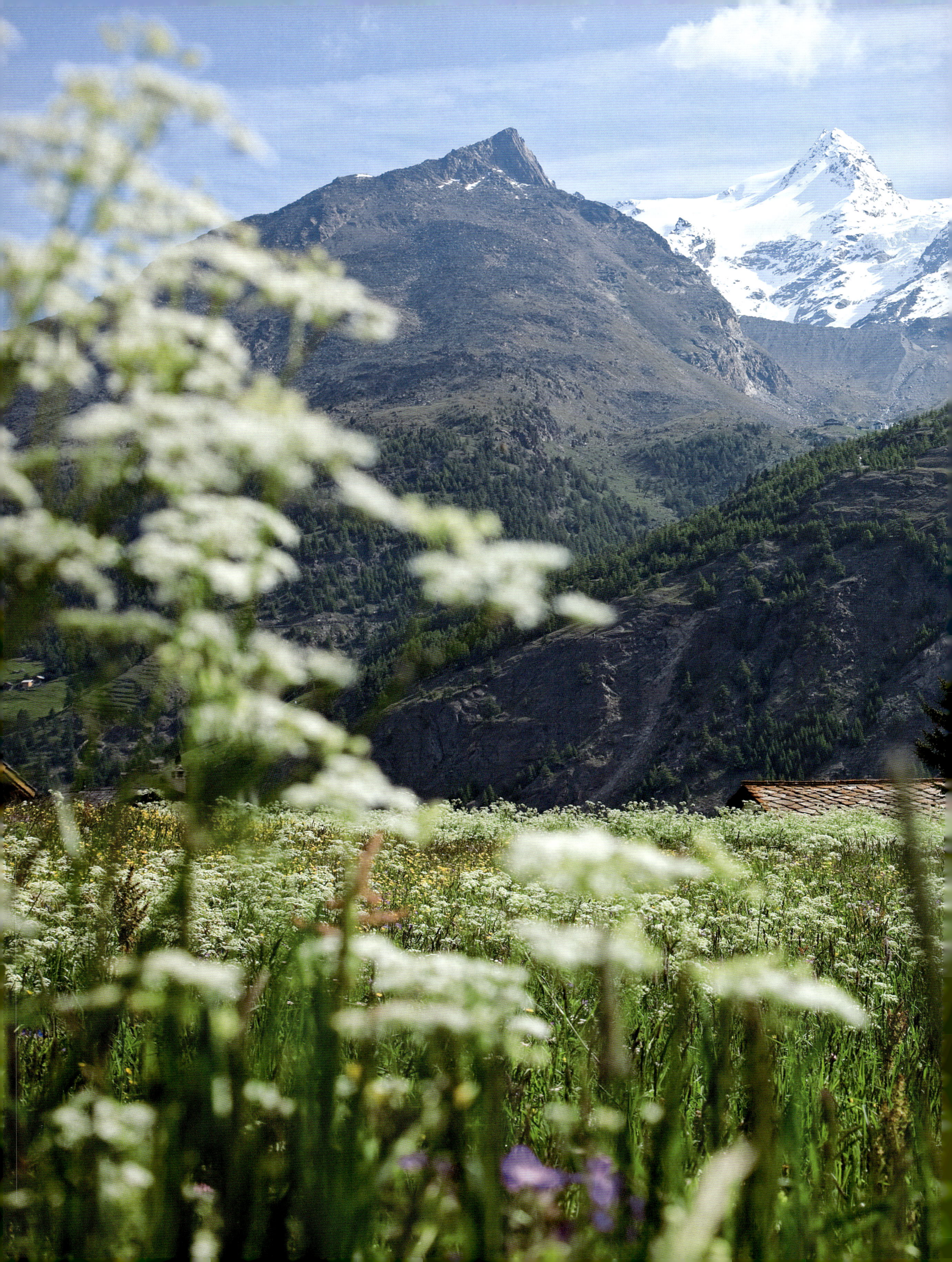

Saas-Fee umgeben von 13 Viertausendern

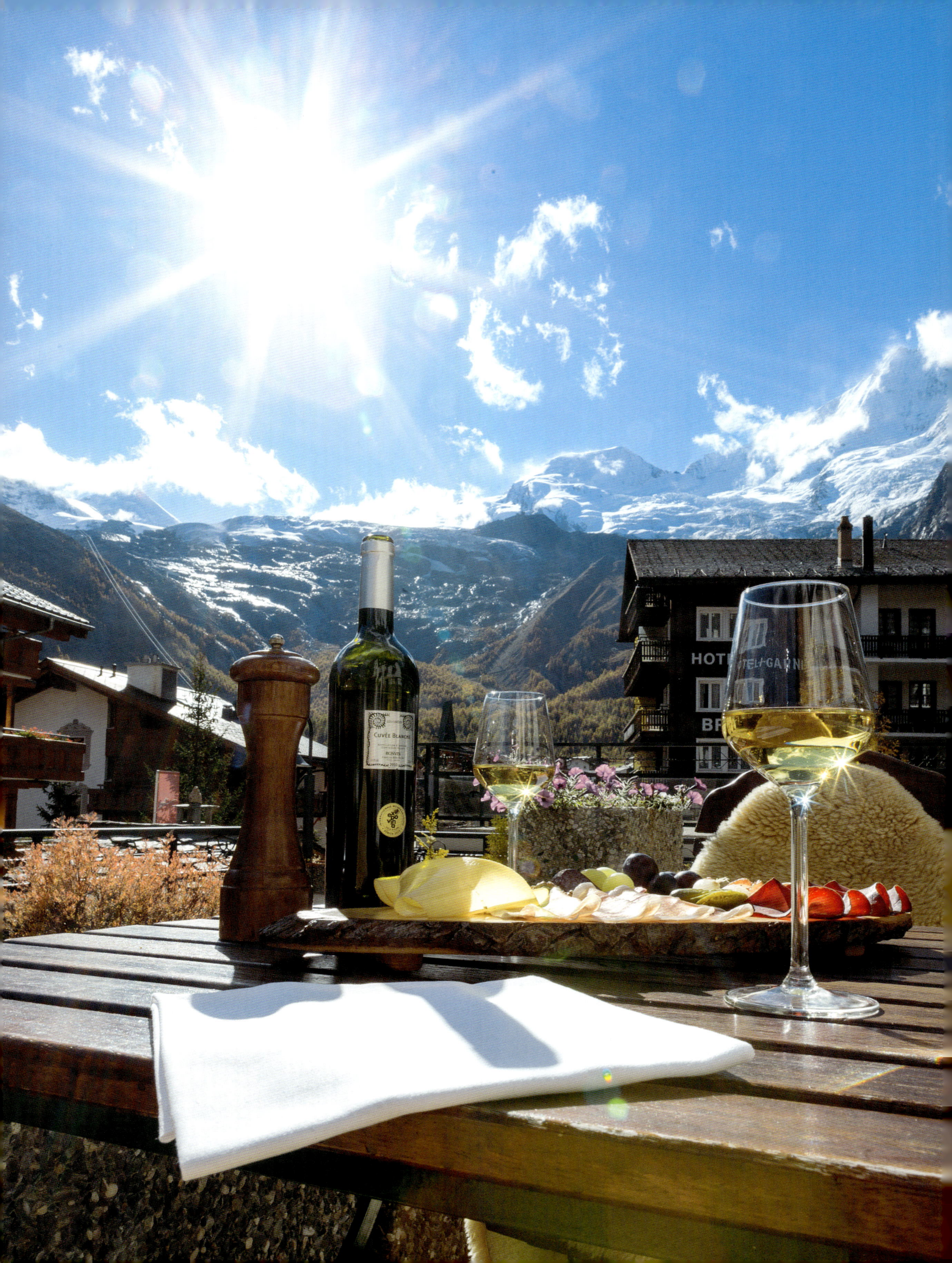
CUVÉE BLANCHE

Saas-Fee, die Perle der Alpen, geschützt von 13 Viertausendern, deren Gipfel in die Höhe ragen und die imposante Bergkulisse auf die Besucher des autofreien Dorfes am Ende des Saastales wirken lassen. Der romantische Dorfcharakter, hervorgerufen durch die authentischen Chalets und Promenaden, lädt zum Flanieren, Staunen und gemütlichen Einkehren ein. Die einheitliche Saaser Bauweise unterliegt heutzutage sogar einem Gesetz, das vorschreibt, welche Baumaterialien verarbeitet werden müssen. Die Fassaden der im Dorfkern stehenden Chalets bestehen fast ausschliesslich aus Holz und haben eine genaue Vorgabe, wie viele Fenster eingebaut werden dürfen. Die Dächer sind mit Schieferplatten aus der Region gedeckt.

Rustikal, heimelig und authentisch integrieren sich auch die beiden Restaurants des Sunstar Boutique Hotels Saas-Fee, Fee Challer und La Ferme, in das märchenhafte Dorfbild von Saas-Fee. Der Fee Challer entzückt mit seiner unkomplizierten Atmosphäre und den typischen Walliser Spezialitäten wie der Saaser Fleischsuppe oder dem Gemüsekuchen «Cholera». Für besondere Anlässe ist der begehbare Weinkeller die perfekte Adresse, um ein unvergessliches Abendessen in einem intimen Rahmen zu geniessen. Das La Ferme hingegen ist der generationenübergreifende Treffpunkt, der zum Kaffee, zu einem gemütlichen Schwatz, zum Aperitif mit Freunden oder einem gediegenen Abendessen einlädt. Die Sonnenterrasse mit herrlichem Blick auf den Feegletscher und das quirlige Treiben auf der Dorfpromenade verführt die Gäste mit traditionell einfachen Köstlichkeiten für den kleinen und grossen Hunger.

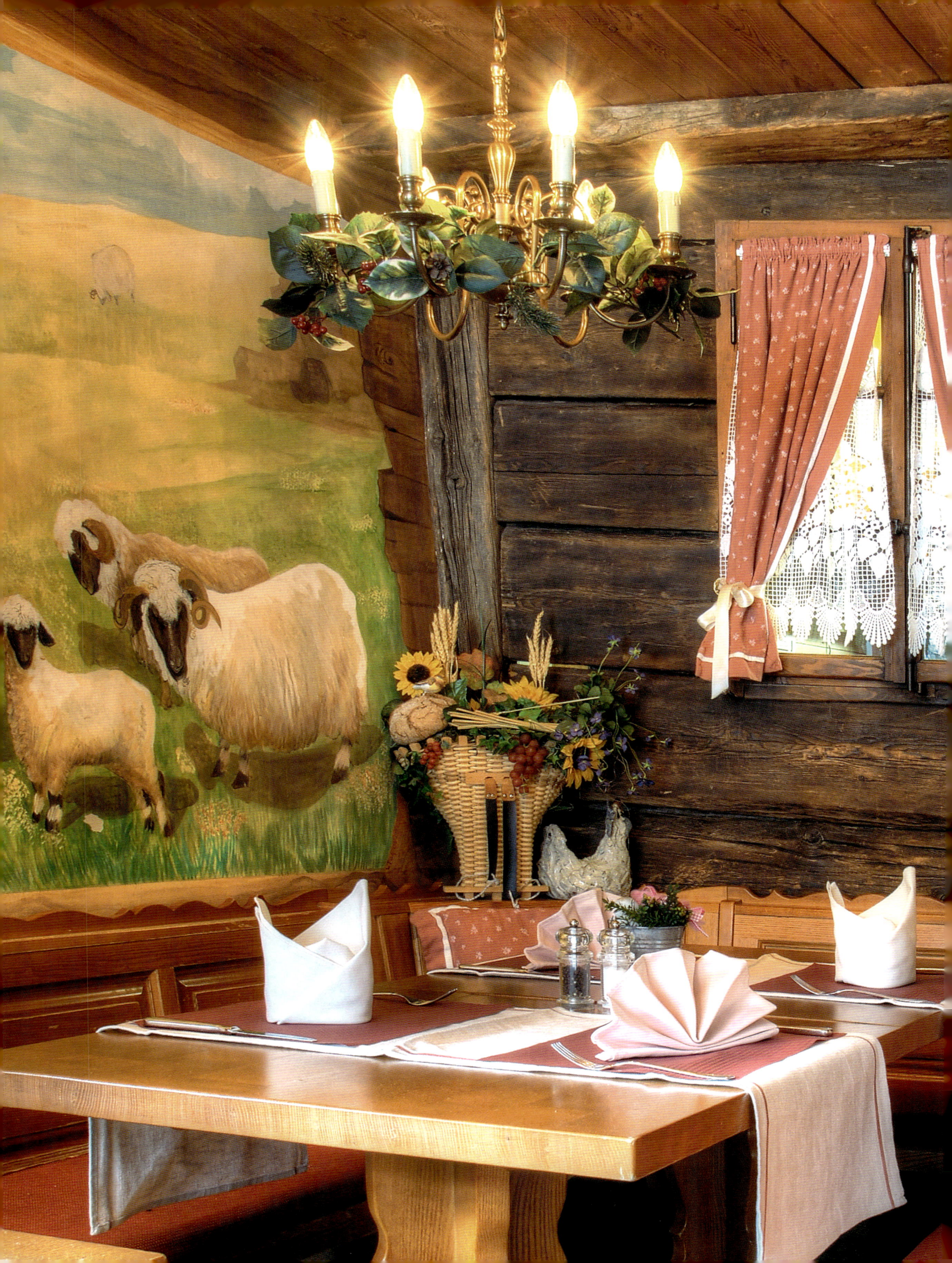

Das Menü

VON KÜCHENCHEF TONI JURAKIC

Vorspeise
Kalbscarpaccio mit Alpkäsespänen

Suppe
Saaser Fleischsuppe

Pasta-Zwischengang
Hausgemachte Bandnudeln
mit Waldpilzen

Hauptgang
Gebratenes Bachforellenfilet
mit Johannisbergschaum,
Munder Safranreis, junger
Spinat

Dessert
Aprikosenmousse mit getrockneten Aprikosen

Lokales Spezialitätengericht
Cholera

▶ REZEPTE FÜR 4 PERSONEN BERECHNET,
FALLS NICHT ANDERWEITIG VERMERKT.

Vorspeise

Kalbscarpaccio mit Alpkäsespänen

Kalbsfilet aus der Mitte in Scheiben schneiden und zwischen 2 Lagen Frischhaltefolie flach klopfen. Auf 4 Teller verteilen. 3 EL Olivenöl und Zitronensaft verrühren, mit Pfeffer würzen. 1 EL Olivenöl in einer beschichteten Pfanne erhitzen. Geputzte Champignons darin 4 Minuten braten, mit Salz und Pfeffer würzen und Thymianzweig und Tomaten dazugeben. Das Fleisch salzen und pfeffern, Oliven-Vinaigrette auf das Fleisch träufeln. Mit dem Schnittlauch, den Tomaten, den Champignons, dem Thymianzweig und dem gehobelten Käse bestreut servieren.

320 g	Kalbsfilet
30 ml	Olivenöl
15 ml	Zitronensaft
	Salz und Cayennepfeffer
200 g	weisse Champignons
1	Thymianzweig
30 g	Hobelkäse
8	Rispentomaten
	Pfeffer aus der Mühle

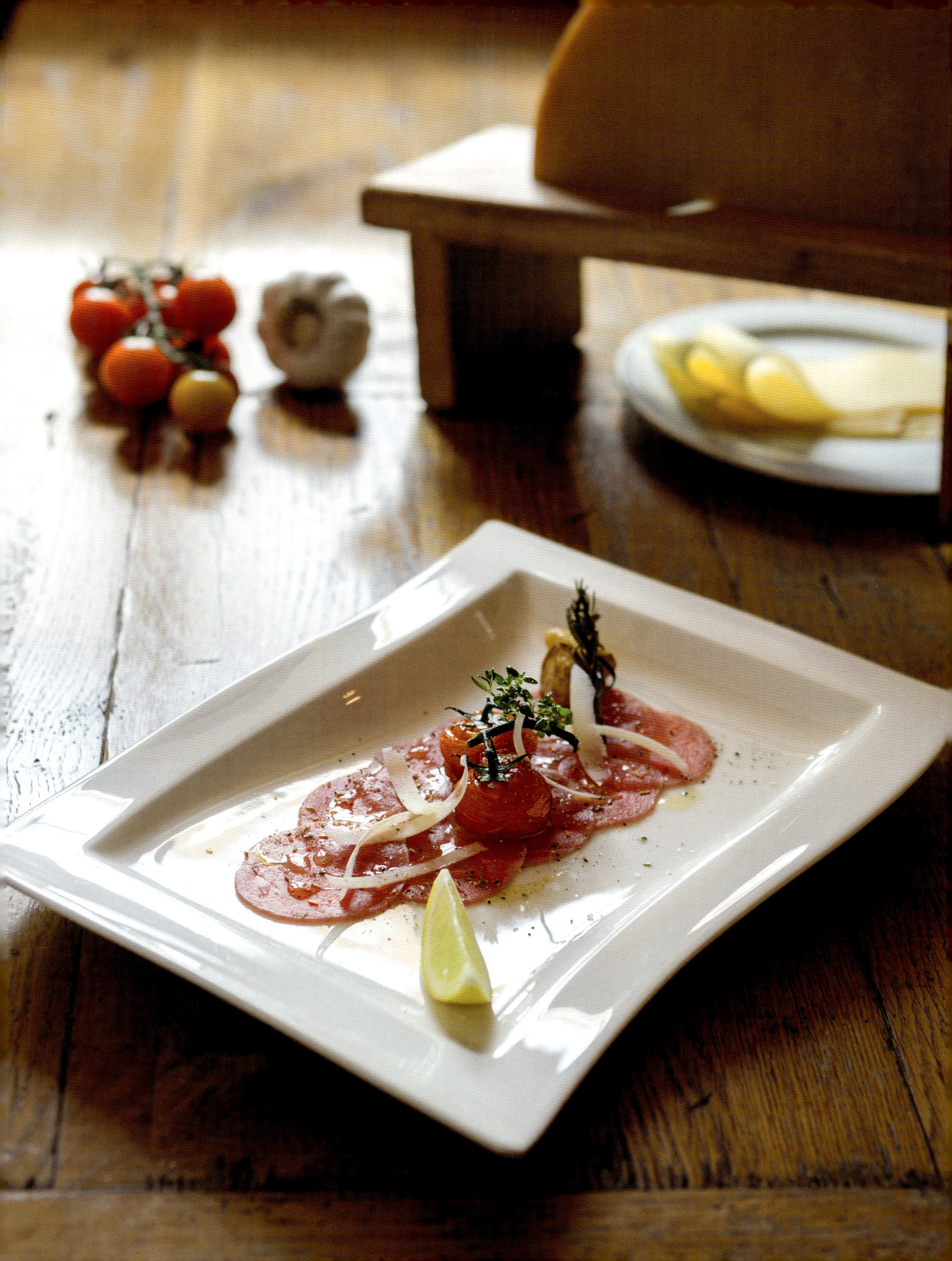

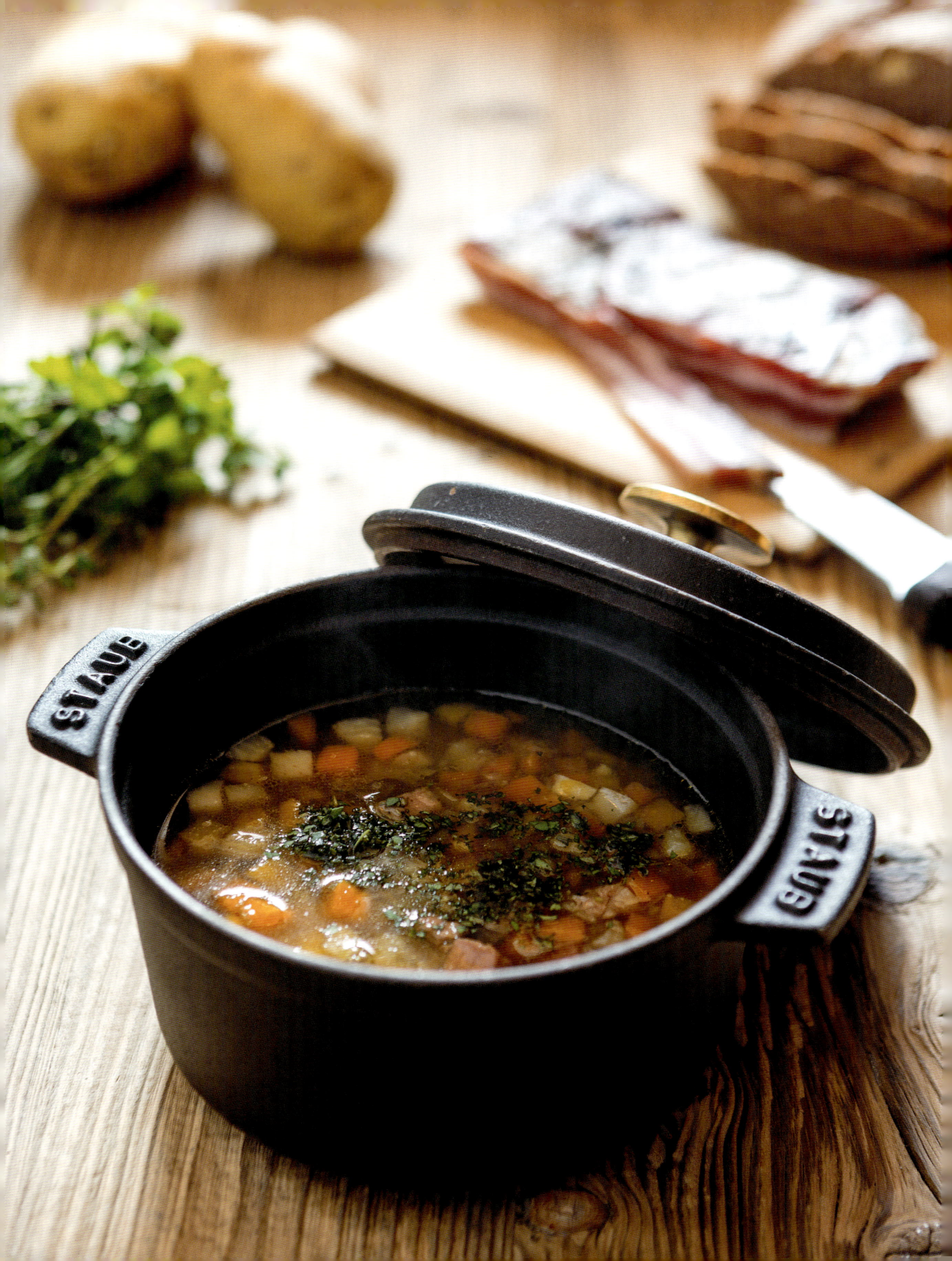
STAUB
STAUB

Suppe

Saaser Fleischsuppe

Die fein gehackte Zwiebel in Fett andämpfen. Die gewürfelten und gesottenen Kartoffeln beigeben und miteinander braten. Weiss- und Roggenbrot in die Suppentassen einbrocken und die gesottenen Wurzelgemüsewürfel beigeben. Den fein gescheibelten Käse und die gebratenen Kartoffeln hinzugeben und mit der heissen Suppe übergiessen und so servieren.

Tipp: Als zusätzliche Suppeneinlagen kann man ein paar Rindfleischstreifen verwenden.

Alpenkräuter oder gehackte Petersilie als Garnitur verwenden.

200 g	Kartoffeln, Raclette (A)
200 g	Zwiebeln
8 dl	Fleischbrühe von luftgetrocknetem Fleisch
50 g	Walliser Roggenbrot
50 g	Weissbrot
100 g	Alpkäse
25 g	Schweinefett
	Petersilie gehackt
200 g	Wurzelgemüsewürfel gekocht

Pasta-Zwischengang

Hausgemachte Bandnudeln mit Waldpilzen

Mehl und Eier gut verkneten, bis der Teig nicht mehr klebrig ist. Teig zu einer Kugel formen, mit Klarsichtfolie abdecken und etwa 30–40 Minuten ruhen lassen. Den Teig ganz dünn ausrollen und zu breiten Streifen schneiden. In kochendem Wasser 2–4 Minuten ziehen lassen und anschliessend abtropfen lassen.

Pilze gut reinigen und klein schneiden. Zwiebeln grob hacken und in eine Pfanne mit Butter geben. Gemischte Waldpilze dazugeben und andünsten. Abschmecken, mit der Sahne ablöschen und etwa 10 Minuten kochen lassen. Gehackte Petersilie mit der Pilzmasse vermischen.

Die Nudeln zur Waldpilzmasse geben. Alles vorsichtig verrühren und auf vorgeheizten, tiefen Tellern servieren. Mit Kräutern und fein geschnittenen Chilischotenringen garnieren.

500 g	Ruchmehl
5	Eier
500 g	frische Mischpilze / Waldpilze
25 g	Kochbutter
4 dl	Saucenhalbrahm
200 g	Zwiebeln
20 g	Knoblauch
1	Bund Frühlingszwiebeln
	Salz und Pfeffer
1	Bund Petersilie
1–3	Chilischoten

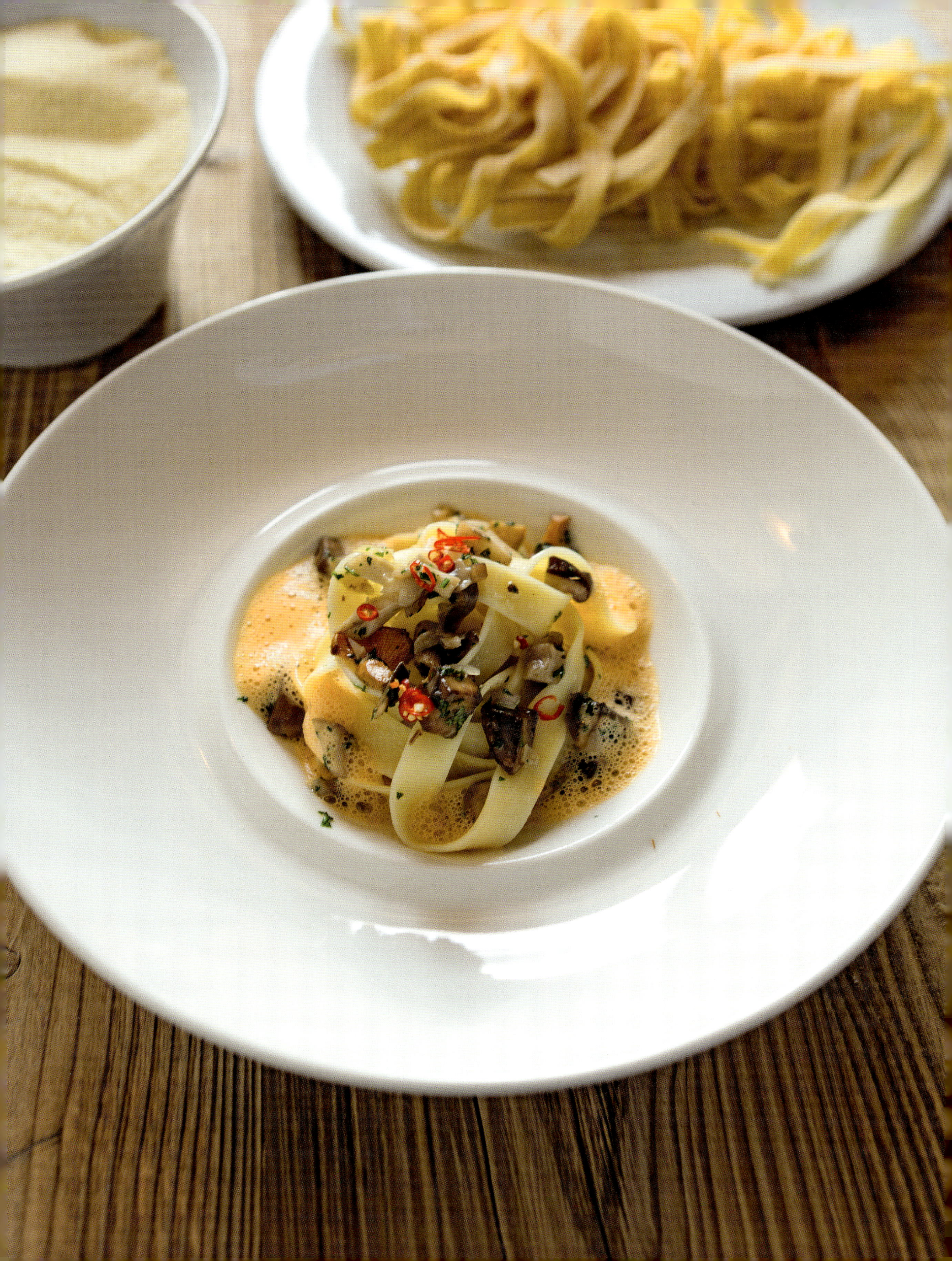

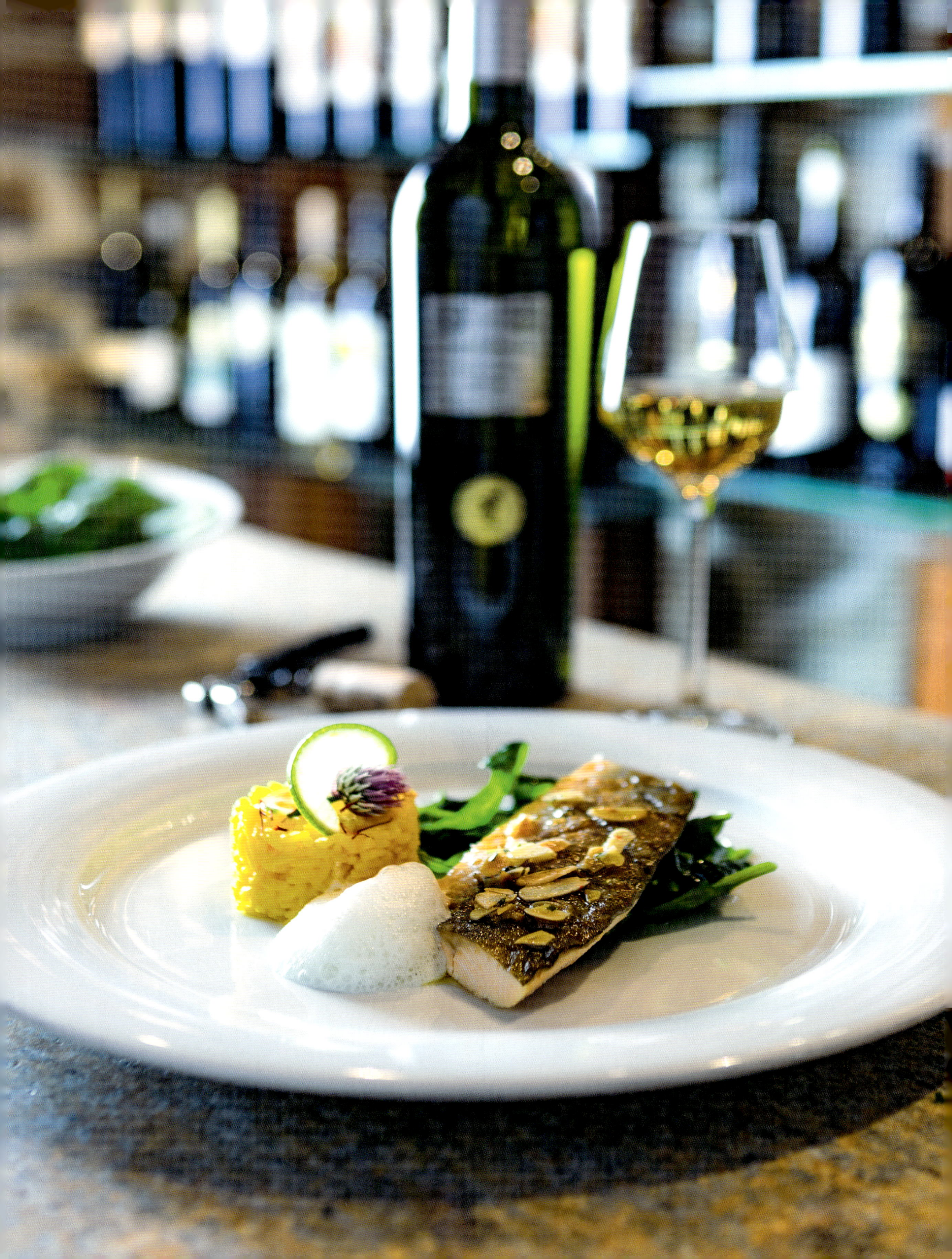

Hauptgang

Gebratenes Bachforellenfilet mit Johannisbergschaum, Munder Safranreis und junger Spinat

Forellenfilets waschen, trocken tupfen und mit Cayennepfeffer, Salz und Zitronensaft würzen. Im Mehlgemisch wenden und in Butter beidseitig goldbraun braten.

Für die Sauce: Schalotte in ½ Butter bei milder Hitze dünsten, den Johannisberg-Wein, Zucker und Salz zufügen, aufkochen und 5 Minuten köcheln lassen. Die Sauce mit ca. 20 g kalter Butter aufmixen und mit Honig und Salz abschmecken.

In eine vorgeheizte Pfanne Butter, feingehackte Zwiebeln und Knoblauch geben und goldgelb anbraten. Reis dazugeben und verrühren. Senf beigeben und gut vermischen und dann mit Wasser, Gemüse- und Geflügelbouillon ablöschen. Ca. 15 Minuten al dente kochen. 2 Minuten vor Schluss den Safran beigeben und fertig garen lassen. Anschliessend mit Butter und Käse verfeinern, untermischen und mit frischen Kräutern garnieren.

Den frischen Spinat sehr gründlich waschen, falls notwendig mehrmals. Strunk herausschneiden und den Spinat grob schneiden. In eine grosse Schüssel geben, mit einem Teelöffel Salz bestreuen und mit heissem Wasser übergiessen. Dann etwa 10 Minuten stehen lassen. Spinat abgiessen, abkühlen und ausdrücken. Den abgekühlten Spinat nach Wunsch zerhacken. Geschälte und fein gewürfelte Zwiebel in einem Topf mit Fett erhitzen und glasig andünsten. Den Spinat beigeben und mit Pfeffer, Salz und Muskat abschmecken. Dann etwa 10 Minuten leise köcheln lassen, bis das ganze Wasser aus dem Spinat verdampft ist.

Nach Belieben kann man auch mit Rahm verfeinern.

Die gehobelten Mandeln im Honig rösten und kurz stehen lassen. Butter und Paniermehl beifügen, alles mischen und leicht schaumig über das Fischfilet geben.

FISCH

700 g	Bachforellenfilet
100 g	Butter
	Salz und Cayennepfeffer
	Zitronensaft
20 g	Paniermehl
50 g	Weissmehl
2 dl	Johannisberg-Wein
50 g	Schalotten
50 g	Zucker, etwas Salz und Pfeffer
10 g	Bienenhonig

REIS

40 g	Butter
100 g	Zwiebeln
20 g	Knoblauch
240 g	Reis, Arborio
50 g	Senf
4 dl	Gemüsebouillon
4 dl	Wasser
4 dl	Hühnerbouillon
0,4 g	Safran
25 g	Bergkäse
40 g	Butter
1	Thymianzweig
	Salz und Pfeffer

SPINAT

600 g	Spinat
4 l	Wasser
200 g	Margarine
200 g	Zwiebeln
	Salz, Pfeffer, Muskatnuss

GARNITUR

60 g	gehobelte Mandeln
60 g	Butter
1 EL	Honig, etwas Pfeffer

Dessert

Aprikosenmousse mit getrockneten Aprikosen

Frische Aprikosen, zwei Drittel Aprikosen eingemacht, Aprikosenbrand, Vanillezucker und Zucker pürieren und dann zusammen aufkochen. Eigelb und Zucker warm kalt rühren. Gelatine in kaltem Wasser einweichen und dann gut abtropfen/auspressen. Die Gelatine mit der warmen Aprikosenmasse zusammen verrühren.

Weisse Schokoladencouverture vorsichtig auf Dampf schmelzen lassen. Die Kuvertüre das verrührte Eigelb untermischen und dann alles mit der warmen Aprikosenmasse vermischen. Gut abkühlen lassen. Den geschlagenen Rahm unterheben. Ein Drittel eingemachte Aprikosen in kleine Würfel schneiden und vorsichtig mit der Masse vermengen. Fein gewürfelte getrocknete Aprikosen in Aprikosenbrand eingelegt zur Mousse servieren. Nach Belieben mit frischer Minze, frischen Aprikosen und Johannisbeeren garnieren.

400 g	Aprikosen
300 g	eingemachte Aprikosen mit Saft
20 ml	Aprikosenbrand
40 g	Zucker
8 g	Gelatine
5 dl	Vollrahm
100 g	weisse Couverture (swiss top ivoire)
50 g	Eigelb
20 g	Vanillinzucker
100 g	getrocknete Aprikosen
50 g	Johannisbeeren

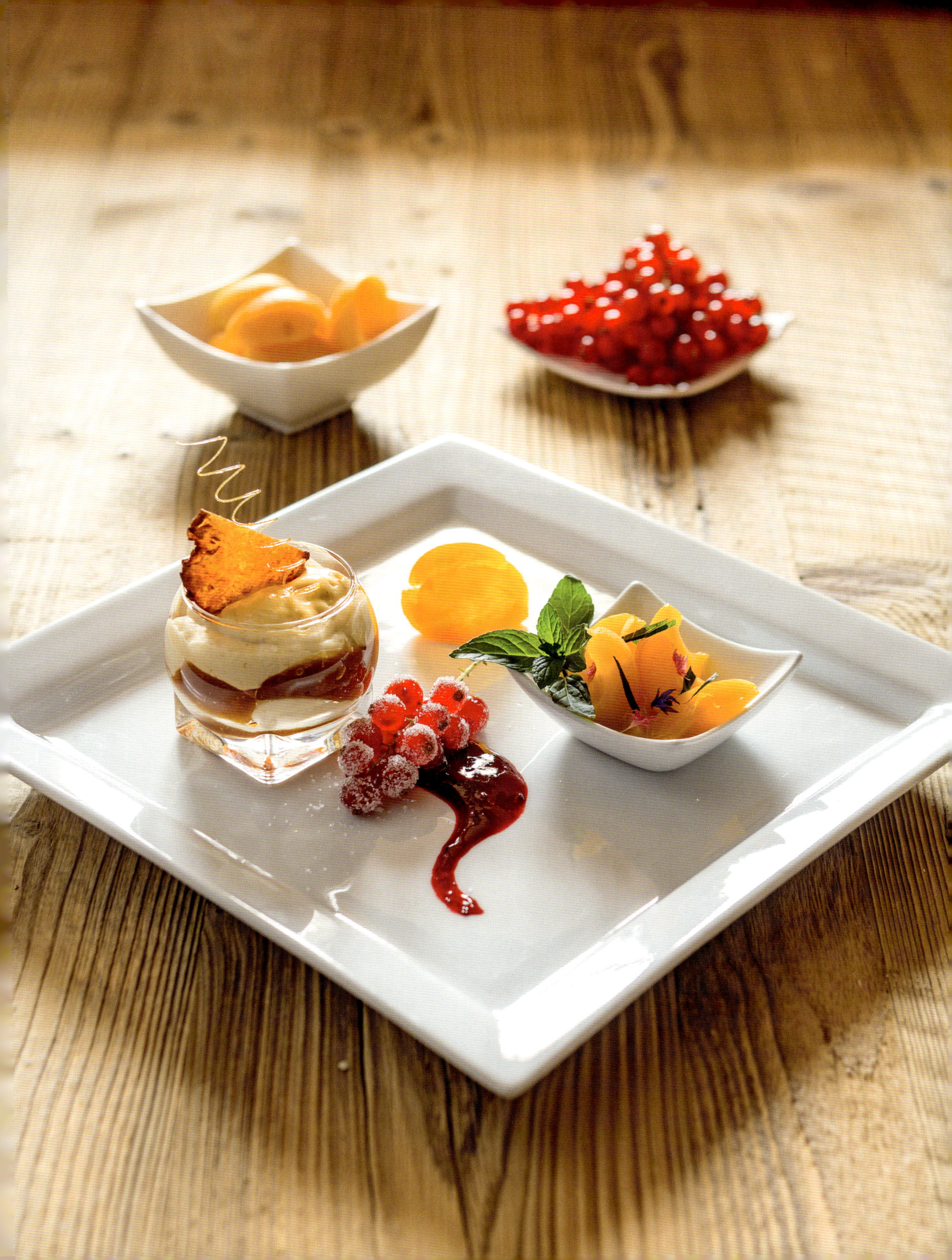

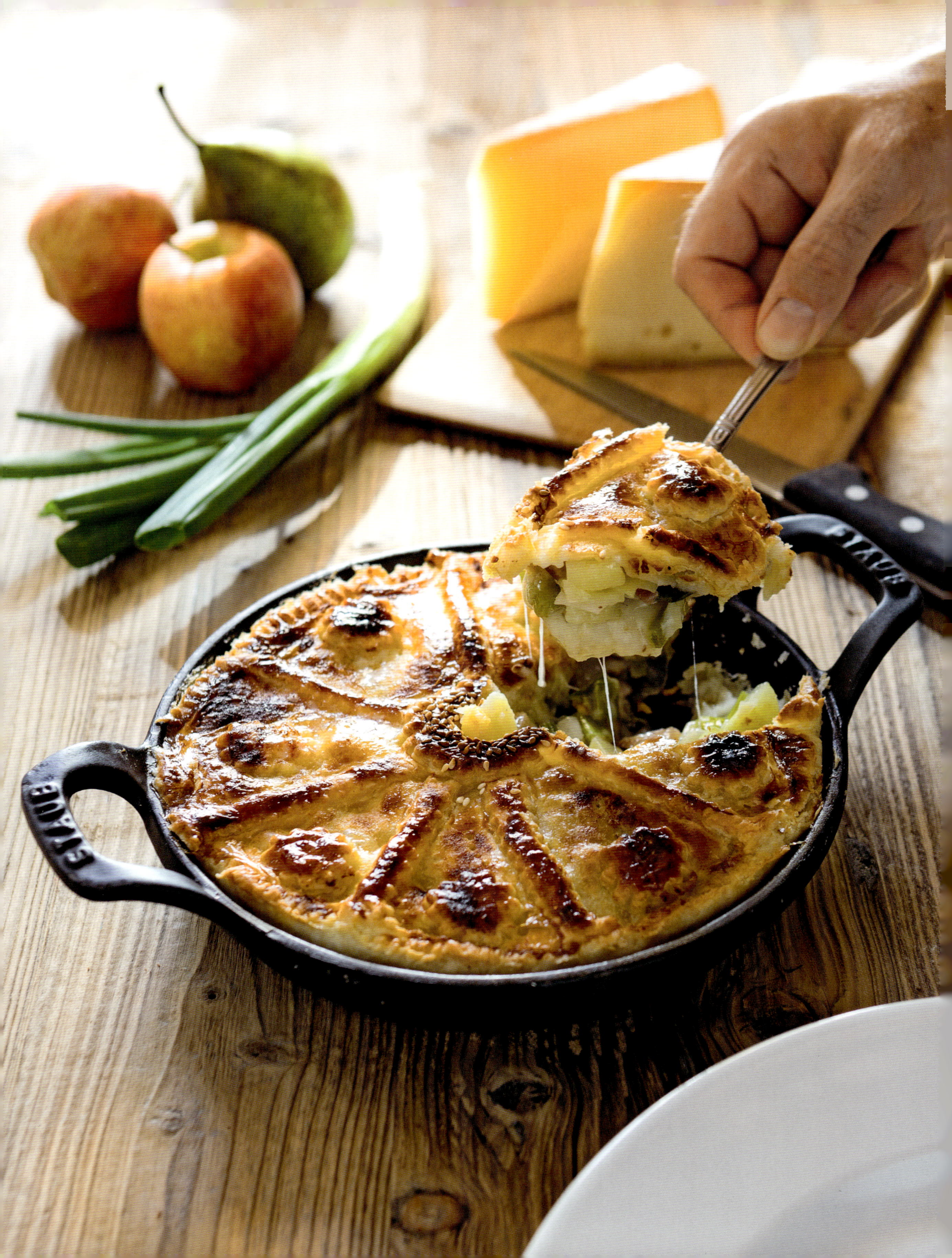
STAUB
STAUB

Lokales Spezialitätengericht

Cholera

125 g	Butter
275 g	Mehl
	Salz
2 dl	Wasser
100 g	Zwiebeln
250 g	Kartoffeln, geschält (Charlotte, festkochend)
200 g	Lauch
300 g	Äpfel
300 g	Bergkäse
20 g	Butter
50 g	Halbrahm
60 g	Eigelb, flüssig
	Salz, Pfeffer, Muskatnuss

Für den Teig Mehl und Salz mischen. Butter dazugeben und mit den Händen feinkrümelig reiben. Wasser beigeben und rasch zu einem Teig kneten. Mit Klarsichtfolie abdecken, dann etwa 30 Minuten kühl stellen.

²⁄₃ des Teiges 3 mm dick auswallen. Den Teig auf die mit Backpapier belegte Form auslegen, sodass er ca. 2 cm über dem Rand bleibt. Teigboden mit einer Gabel einstechen.

Für die Füllung Pellkartoffeln schälen und in etwa ½ cm dicke Scheiben schneiden. Die Zwiebeln halbieren und in feine Scheiben schneiden. Den Lauch ebenfalls fein schneiden. Äpfel schälen, halbieren, entkernen und klein würfeln. Zwiebeln, Lauch und Äpfel in warmer Butter andünsten, herausnehmen und abkühlen lassen. Den Käse mit einer Röstiraffel reiben.

Lagenweise Pellkartoffeln, Zwiebeln, Lauch, Äpfel und Käse einschichten. Mit abgeschmecktem Halbrahm übergiessen. Teigränder auf die Füllung legen und mit Eigelb bestreichen. Den restlichen Teig 3 mm dick auswallen, in Streifen schneiden und gitterartig über den Kuchen legen. Die Ränder gut andrücken und mit dem restlichen Eigelb bestreichen.

Den Ofen auf 200 °C vorheizen. Die Cholera in den vorgeheizten Ofen geben und 30–40 Minuten backen.

Tipp: Dazu passen verschiedene Blattsalate wie Rucola oder Kresse.

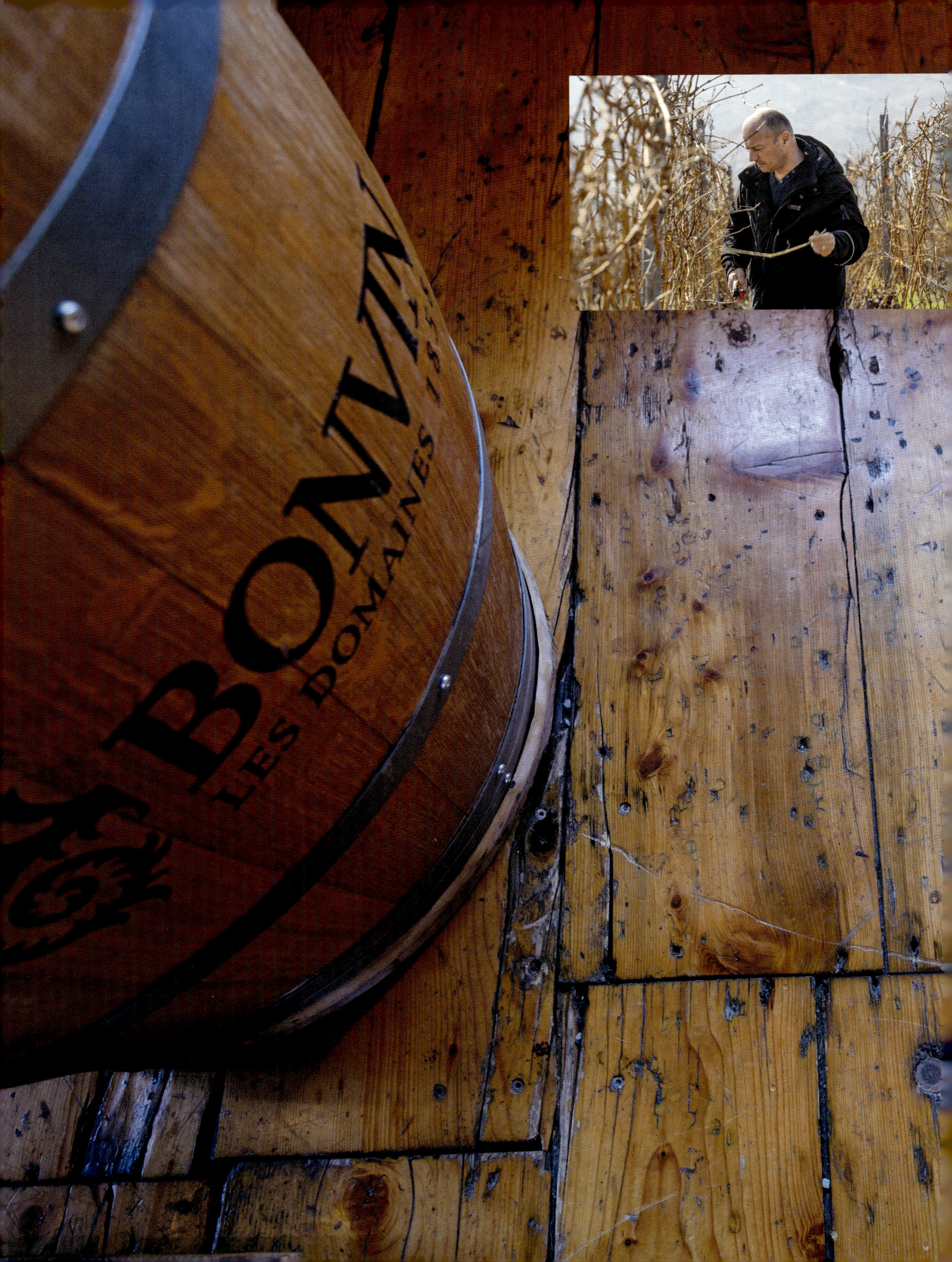
BONVIN
LES DOMAINES

BONVIN 1858, SION

Als älteste Weinkellerei des Kantons Wallis gilt Bonvin 1858 als Pionier im Walliser Weinbau. Der seit 1858 in Sion sesshaften Firma ist es im Verlauf der Generationen gelungen, ihre auf den schönsten Rebterrassen des Wallis gelegenen Weingüter zu erhalten und eindrucksvoll auszubauen. Die ausserordentlichen Lagen der Bonvin-Domänen, verbunden mit dem Know-how sowohl im Weinberg, der nach den Richtlinien der integrierten Produktion bearbeitet wird, wie auch im Keller, der über modernste technische Installationen verfügt, erklären den Erfolg der Weine, die einen prädestinierten Namen tragen.

Charles Bonvin bewirtschaftet 23 Hektar nach Süden ausgerichtete Terrassenparzellen auf kargen Kalkschieferböden, die den Weinen eine unverkennbare Mineralität verleihen. Als Nachfolger der Generationen mit grossem Pioniergeist vereinen André Darbellay, Thierry Delalay und Christophe Bonvin ihre Kompetenzen, um den Betrieb erfolgreich und den Gegebenheiten angepasst weiterzuführen. Das Streben nach qualitativ hochstehenden Weinen sowie die Nähe zum Konsumenten und das Erlebnis am Weinberg stehen bei Bonvin im Vordergrund. Die Mazots des Clos du Château gelten als magischer Ort. Nicht nur die atemberaubende Aussicht über die fruchtbaren Reben und die Stadt Sion, sondern auch das Erlebnis beim Wandern zwischen den kleinen Terrassen am Weinberg und die Möglichkeit, sich an einer «Buvette» zu verpflegen, bieten einen unvergesslichen Ausflug. Die Weine entfalten aber auch bei einem gemütlichen Abendessen im Sunstar Boutique Hotel Saas-Fee ihren kostbaren Geschmack.

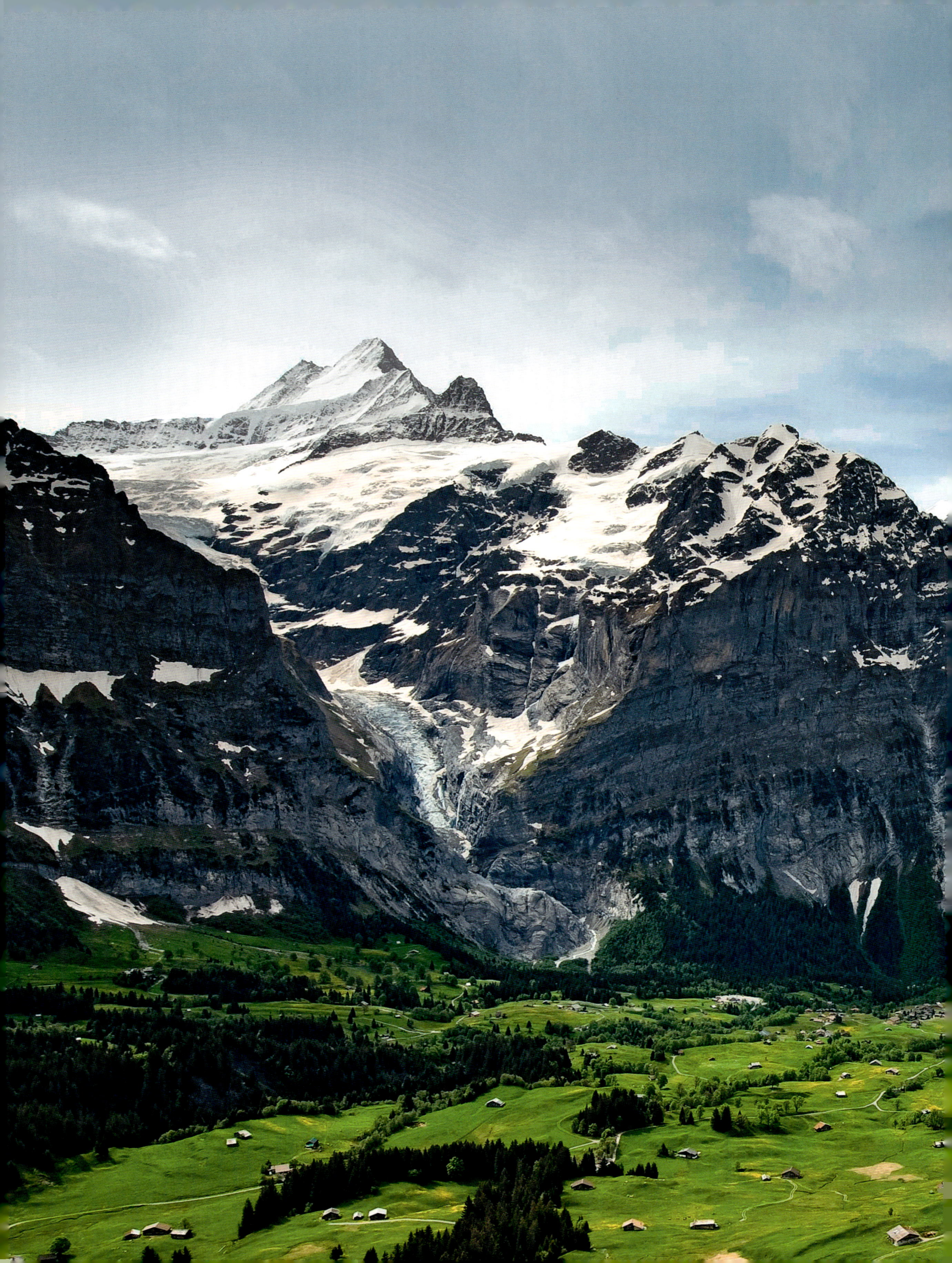

Grindelwald – das gastliche Gletscherdorf

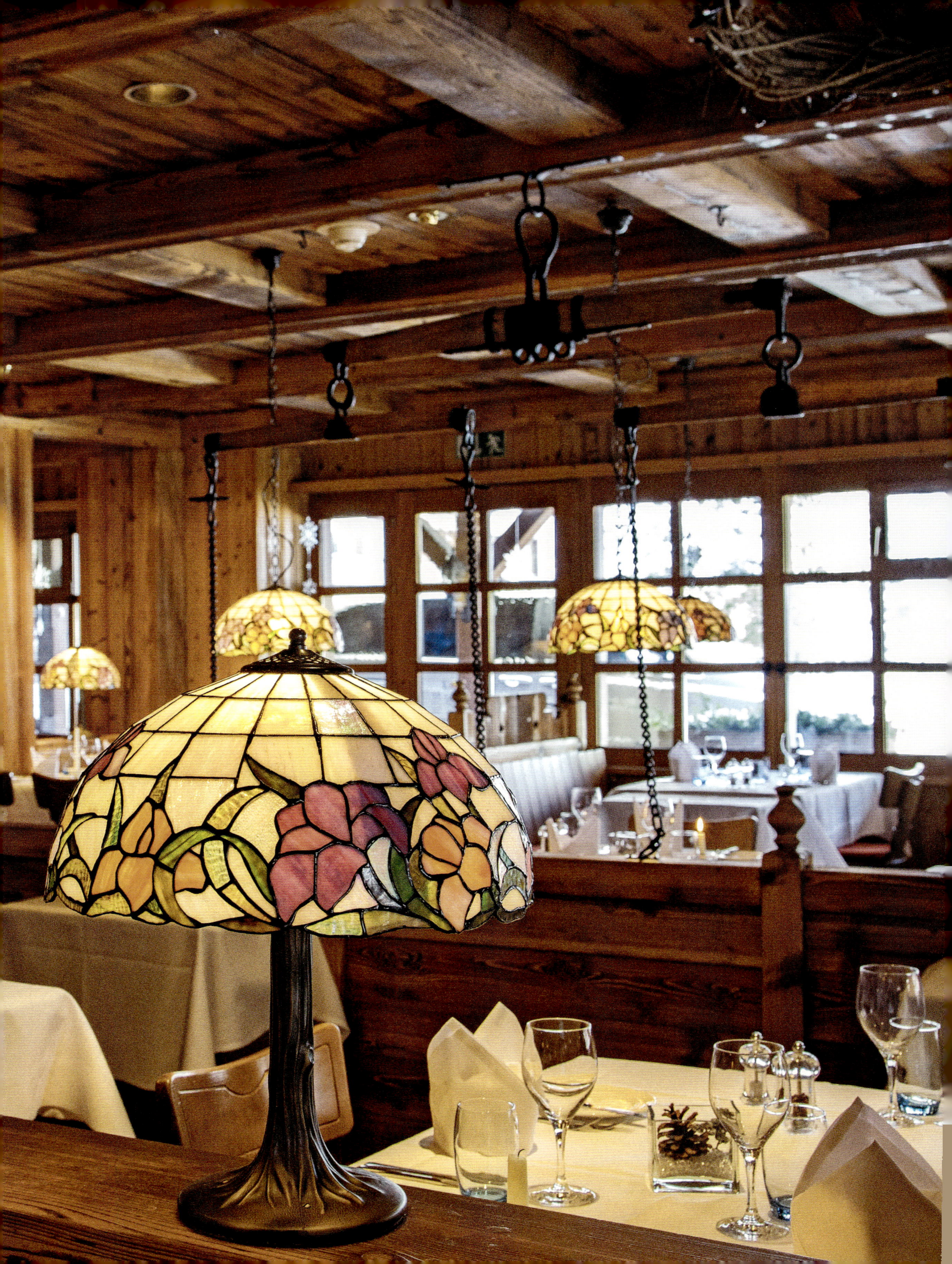

Die eisgekrönte Bergkulisse mit dem Wetterhorn und der weltbekannten Dreierformation Eiger, Mönch und Jungfrau, die auf den Betrachter wie ein imposantes Bühnenbild wirken, säumt den Talkessel. Die einzigartige Bergwelt mit verschiedenen Aussichtspunkten und ... s gastliche Gletscherdorf mit seinen ch... ...achen Grindelwald zu ...ngfraujoch erschliesst ... Eis, Schnee und Fels, ...gletscher oder im Eis- ...eraubende Bergwelt ..., auf einer Höhe von

...lie Adlerstube des ...n Gäste mit besten ...stimmt werden, in ...nde ist das fettlose ...n. Der auf 300 °C

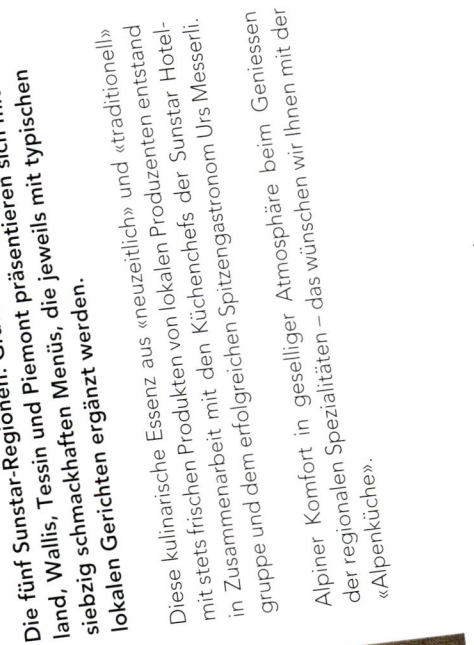

ALPENKÜCHE
ALPINE HOTELS UND IHRE REGIONALEN KÜCHEN

Die fünf Sunstar-Regionen: Graubünden, Berner Oberland, Wallis, Tessin und Piemont präsentieren sich mit siebzig schmackhaften Menüs, die jeweils mit typischen lokalen Gerichten ergänzt werden.

Diese kulinarische Essenz aus «neuzeitlich» und «traditionell» entstand von lokalen Produzenten mit stets frischen Produkten von den Küchenchefs der Sunstar Hotels in Zusammenarbeit mit dem erfolgreichen Spitzengastronom Urs Messerli gruppe und dem erfolgreichen Spitzengastronom Urs Messerli.

Alpiner Komfort in geselliger Atmosphäre beim Geniessen der regionalen Spezialitäten – das wünschen wir Ihnen mit der «Alpenküche».

WEBERVERLAG.CH

Autor Urs Messerli
CHF 59.–
©2015, 24 × 32 cm, 240 Seiten, gebunden
ISBN 978-3-03818-007-4

149

Alpenküche — Grindelwald

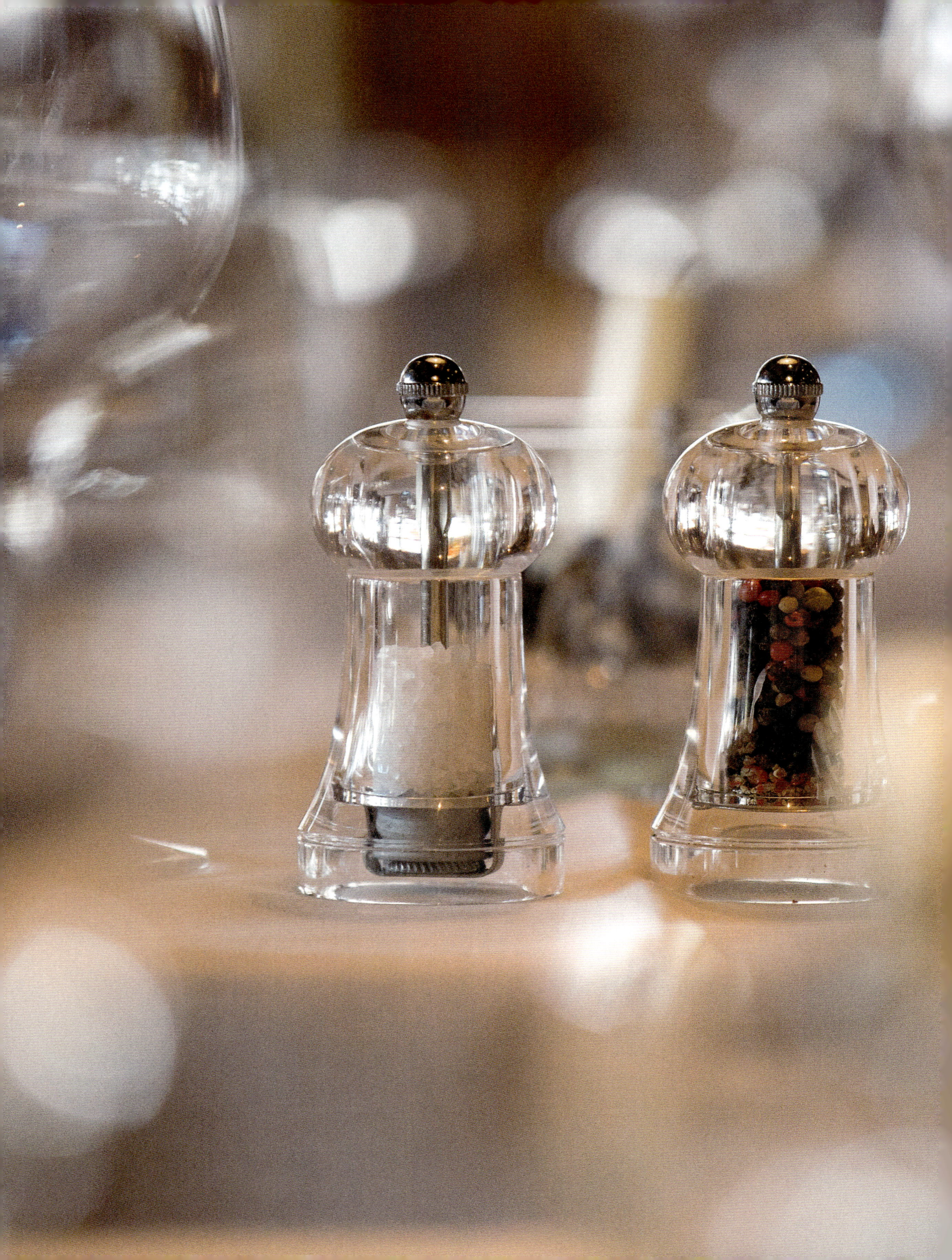

Das Menü

VON KÜCHENCHEF NICO KIEHL

Vorspeise
Lachstörtchen auf Gurken-Carpaccio mit Rahmmeerrettich

Suppe
Zweierlei Karottensüppchen mit Kürbiskernöl

Zwischengang
Weggli-Bergkäse-Soufflé mit Alpenkräutern auf Pilzgulasch

Hauptgang
Schweinefilet im Wirsingmantel mit Pfefferrahmsauce und gebackenen Herzoginkartoffeln

Dessert
Weisses Kaffee-Quark-Mousse mit Mangosauce und Maracuja-Gelee

Lokales Spezialitätengericht
Berglamm-Gigot mit Lauchgemüse, eingemachten Peperoni und sonnengetrockneten Tomaten, Rosmarinkartoffeln, Parmesanchips

▶ REZEPTE FÜR 4 PERSONEN BERECHNET, FALLS NICHT ANDERWEITIG VERMERKT.

Vorspeise

Lachstörtchen auf Gurken-Carpaccio mit Rahmmeerrettich

Das Wasser aufkochen und das Aspikpulver einrühren, danach kalt stellen. Für den Crêpeteig die Eier schlagen und mit dem Mehl verrühren. Anschliessend noch die Milch einrühren und mit ein bisschen Salz würzen. Die runden Crêpes in einer gut beschichteten Pfanne ausbacken und kalt stellen.

Den Räucherlachs in kleine Würfel schneiden und den Dill hacken. Abwechselnd Crêpes und Räucherlachs in eine runde Backform schichten. Die letzte Schicht mit einem Crêpe abschliessen.

Das Aspik mit Hilfe einer Küchenmaschine klein hacken. Den gehackten Dill in das Aspik geben. Mit dem Aspik die letzte Crêpe des Törtchens bedecken. Danach noch einmal kurz kalt stellen, damit das Aspik nochmals anziehen kann.

Den Vollrahm aufschlagen, den Meerrettich langsam unterheben und mit Salz und Pfeffer würzen. Nach Bedarf noch Gelatine oder Sahnesteif zufügen.

Die Gurke schälen, in dünne Scheiben schneiden und damit den Tellerboden bedecken, ein wenig Olivenöl darübergeben und mit Salz und Pfeffer würzen.

Das Lachstörtchen in dreieckige Kuchenstücke schneiden und in die Mitte des Carpaccio setzen. Nach Belieben den Rahmmeerrettich anrichten.

Mit Dill und Pepperonistreifen garnieren.

200 g	Räucherlachs
½	Salatgurke
100 ml	Vollrahm
	Meerrettich
	Gelatine oder Sahnesteif, bei Bedarf
2	Eier
200 ml	Milch
100 g	Mehl
1 Prise	Salz und Pfeffer
8 g	Aspikpulver
125 ml	Wasser
	Olivenöl, zum Marinieren
½	Dill-Bund, gehackt

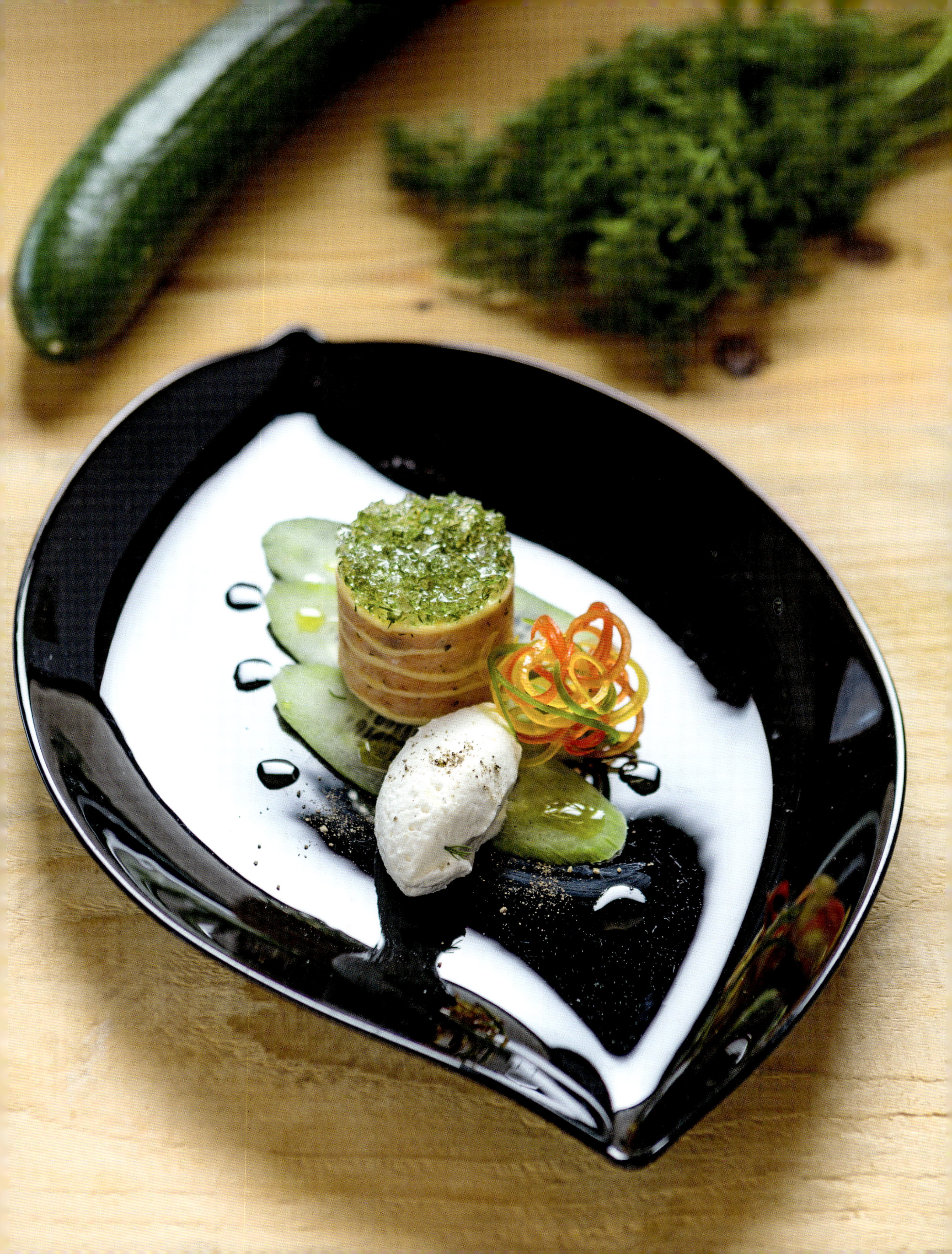

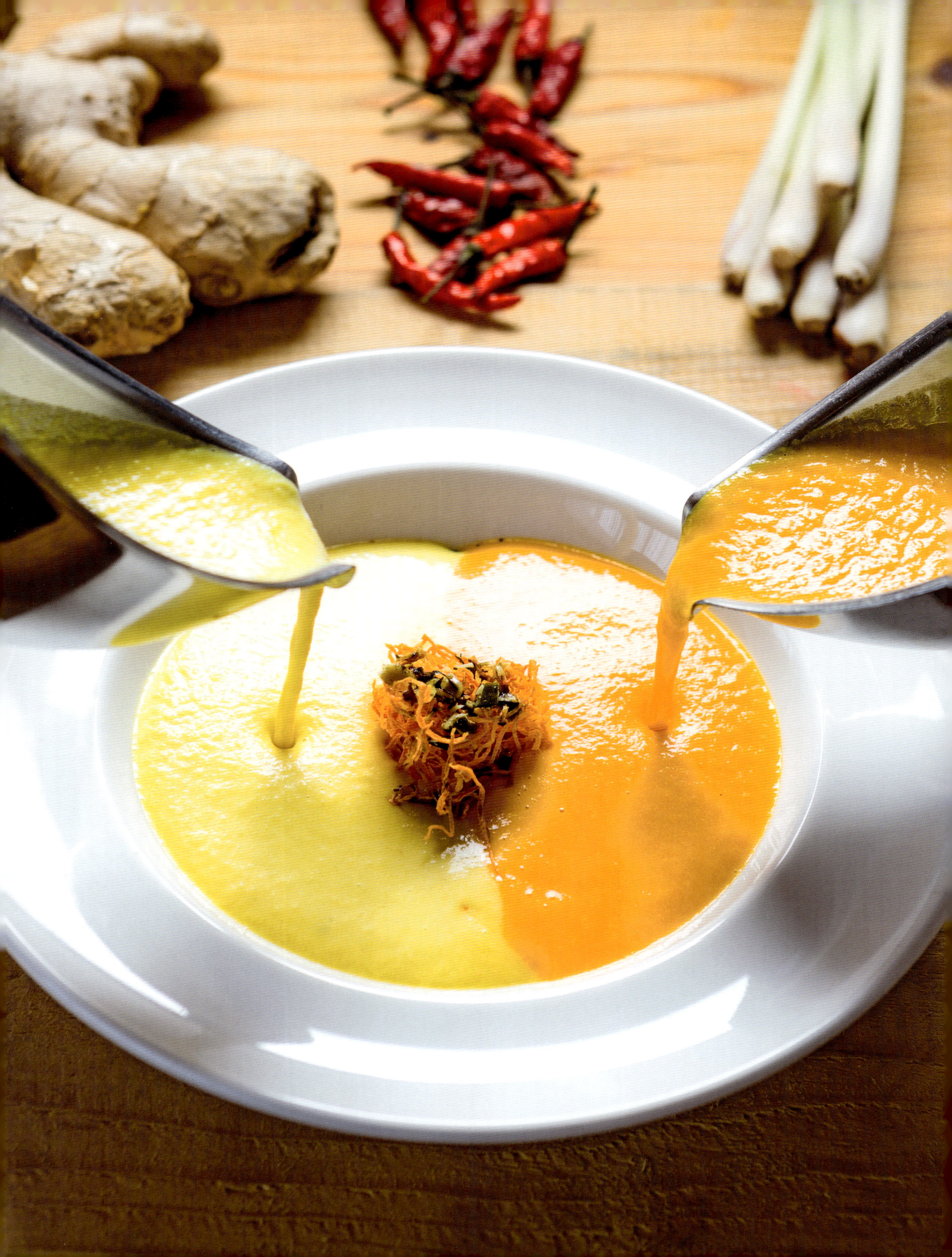

Suppe

Zweierlei Karottensüppchen mit Kürbiskernöl

Die orangen und gelben Karotten schälen, die Enden abschneiden und dann in ca. 1x1 cm grosse Würfel schneiden, separat aufbewahren. Zwiebel schälen und in sehr feine Würfel schneiden. Den Ingwer schälen und ebenfalls in feine kleine Würfel schneiden. Die Butter in einem Topf schmelzen, Zwiebeln und die orangen Karotten dazugeben. Mit Salz, Pfeffer und wenig Zucker würzen. Das Gemüse leicht anschwitzen, die Bouillon aufgiessen. Die Karotten in der Gemüsebouillon richtig weich kochen.

Wenn die Karotten weich sind, den Vollrahm dazugeben, nochmals kurz kochen und dann mit einem Pürierstab oder Mixer pürieren. Diesen Vorgang mit den gelben Karotten wiederholen; hier jedoch beim Anschwitzen der Karotten und Zwiebeln den gehackten Ingwer dazugeben.

Die Suppe am besten in einem grossen, tiefen Teller anrichten, da sich Suppentassen weniger eignen. Die Suppen gleichzeitig aus den zwei Pfannen langsam in die Teller giessen. Abschliessend Kürbiskernöl darübertröpfeln.

Mit getrockneten oder sorgfältig frittierten Karottenstreifen und gerösteten, gehackten Kürbiskernen garnieren.

500 g	orange Karotten
500 g	gelbe Karotten
1	Zwiebel
500 ml	Bouillon
100 g	Butter
500 ml	Vollrahm
25 g	Ingwer
	Kürbiskernöl, zum Garnieren
	Salz, Pfeffer, Zucker
1 EL	gehackte Kürbiskerne

Zwischengang

Weggli-Bergkäse-Soufflé mit Alpenkräutern auf Pilzgulasch

Die Tassen ausbuttern und ein wenig Semmelmehl darüberstreuen, damit es an der Butter haften bleibt. Die Brötchen in 1 x 1 cm und den Bergkäse in 0,5 x 0,5 cm grosse Würfel schneiden. Die Brotwürfel mit Knoblauch und Rosmarin wie Croutons in einer Pfanne anrösten und salzen. Die gerösteten Brotwürfel auf ein Geschirrtuch legen. In der Zwischenzeit die Eier trennen und das Eigelb in einer grossen Schüssel mit den Brotwürfeln vermischen. Das Eiweiss mit ein wenig Salz zu Eischnee schlagen. Die Brotwürfel, die Bergkäsewürfel, Alpenkräuter und das Eigelb gut vermengen. Wenn die Masse kalt ist, sofort den Eischnee unterheben und die Masse dann in die vorbereiteten Tassen füllen. Die Soufflés bei ca. 180 °C je nach Ofen 15–20 Minuten backen.

Alle Pilze in gleich grosse Stücke schneiden, die Pellkartoffeln in feine Würfel. Die Pilze mit den Kartoffeln in der Butter anbraten, bis sie goldbraun sind. 1–2 Knoblauchzehen mit einem Messer kurz andrücken und zusammen mit dem Thymian zu den Pilzen geben. Die Pilze mit Salz und Pfeffer würzen und dann den Kalbsjus dazugeben. Die Masse ein wenig kochen lassen und den Vollrahm dazugeben. Bei schwacher Hitze noch etwas köcheln lassen, würzen und wenn nötig mit Maizena leicht abbinden.

In einem kleinen, tiefen Teller oder einer Portionsschüssel anrichten. Das Pilzgulasch als Erstes in den Teller füllen. Das Soufflé aus der Tasse herausstürzen und dann direkt auf dem Pilzgulasch platzieren. Als Garnitur gehackte Petersilie, eine konfierte Sherry-Tomate und ein wenig Sauerrahm verwenden.

3	Weggli (Brötchen)
50 g	Butter
50 g	Bergkäse
1	Ei
100 g	Champignons
100 g	Austernpilze
100 g	Pfifferlinge
100 g	Shiitake-Pilze
80 g	Kartoffeln (Charlotte)
3 dl	Vollrahm
1 dl	Kalbsjus
	Bio-Alpen-Blüten (Swiss Alpine Herbs)
	Salz und Pfeffer
1	Rosmarinzweig
2	Thymianzweige
4	halbgetrocknete Rispentomaten

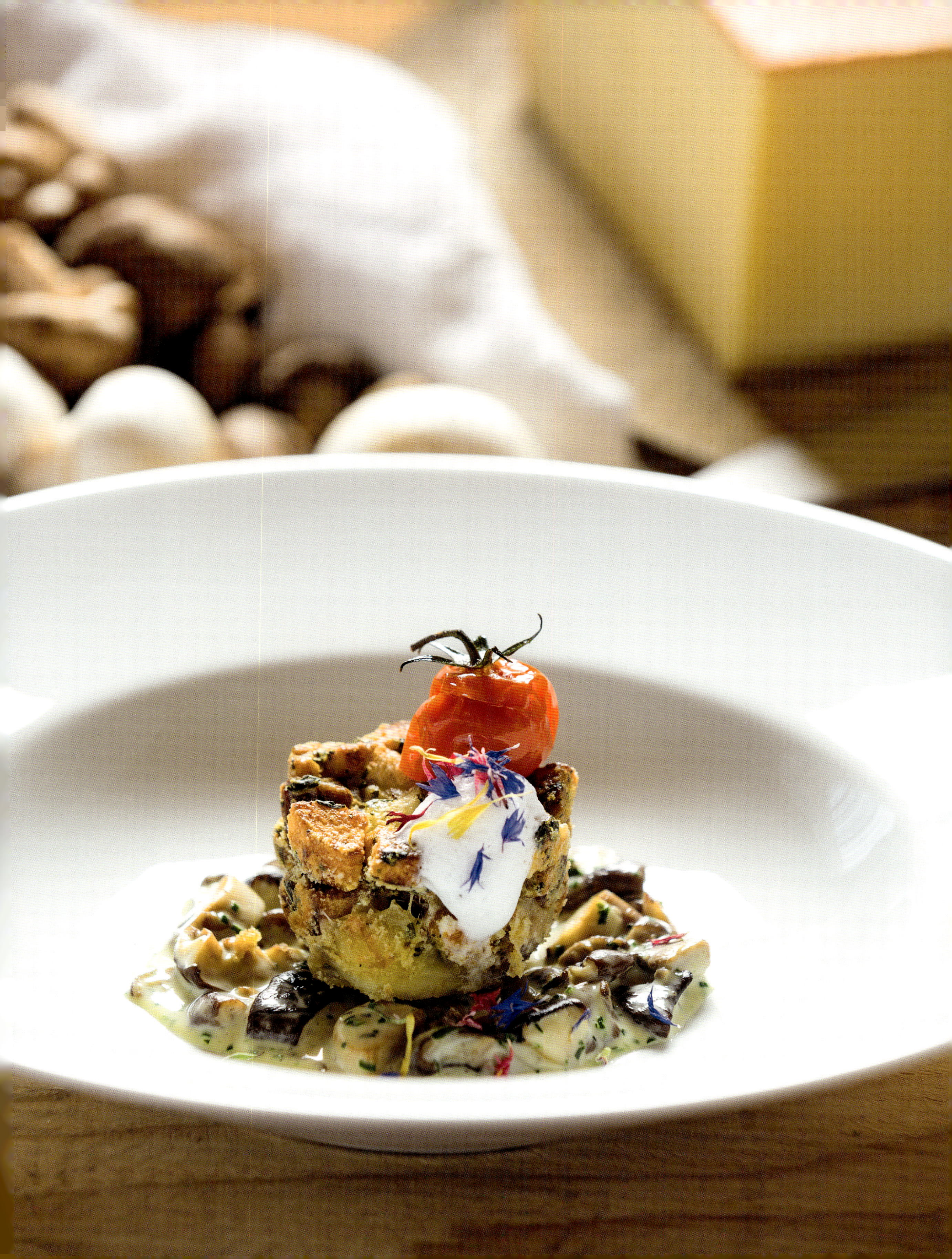

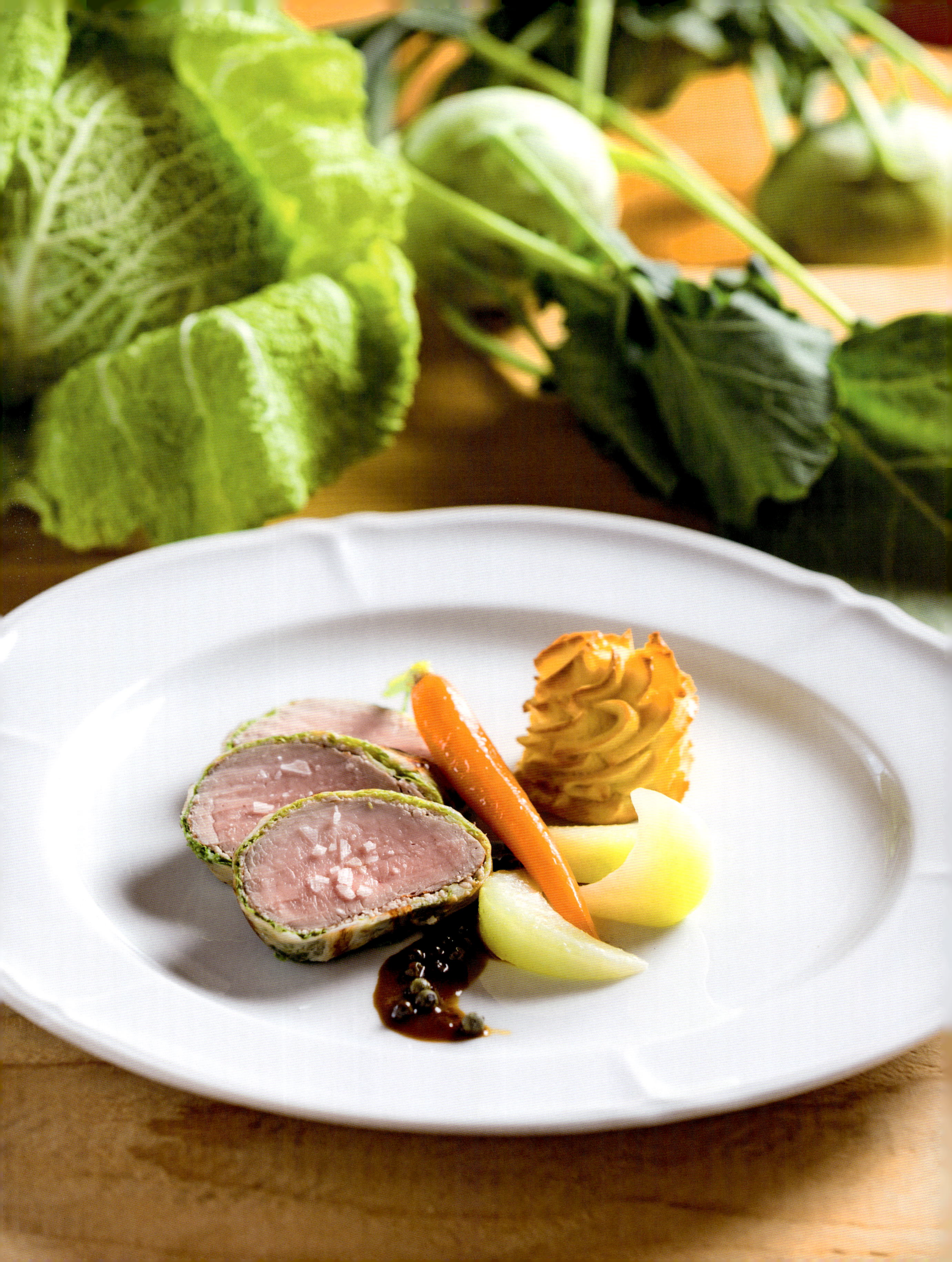

Hauptgang

Schweinefilet im Wirsingmantel mit Pfefferrahmsauce und gebackenen Herzoginkartoffeln

Die Sehnen vom Schweinefilet parieren und mit Salz und Pfeffer würzen. Das Fleisch nur kurz anbraten und zur Seite legen. Den Wirsingstengel kegelförmig wegschneiden. Die Blätter ablösen, kurz in das gesalzene kochende Wasser geben und anschliessend in kaltes Wasser mit Eiswürfeln legen; so behält es eine schöne Farbe. Den Wirsing auf ein Geschirrtuch legen, um ihn abtropfen zu lassen. Aluminiumfolie und darauf die Frischhaltefolie so weit in der Länge ausbreiten, dass sie links und rechts ca. 10 cm über das Schweinefilet herausschauen. Die Wirsingblätter auf der Frischhaltefolie ca. 35 x 15 cm auslegen und mit dem gewürzten Brät/Farce bestreichen. Das Schweinefilet auf den Wirsing legen und es mit der Aluminiumfolie/Frischhaltefolie einrollen.

Bei 135 °C bei einer Kerntemperatur von 49 °C in den Ofen schieben. Nachdem es die Kerntemperatur erreicht hat, nochmals an einen warmen Ort von maximal 85 °C stellen. Nach 5–10 Minuten aufschneiden.

Die geschälten Kartoffeln in gleichmässig grobe Stücke schneiden und in gesalzenem Wasser weich kochen. Das Wasser abkippen und die Kartoffeln nochmals leicht erhitzen, bis kein Wasser mehr vorhanden ist und die Kartoffeln trocken sind. Die Kartoffeln durch eine Presse drücken und mit Salz, Pfeffer und Muskat würzen. Wenn die Kartoffelmasse etwas abgekühlt ist, nach und nach das Eigelb zugeben und verrühren. Die Kartoffelmasse in einen Spritzbeutel mit Sterntülle geben und auf einem Backblech mit Backpapier schöne Rosetten spritzen. Die Herzoginkartoffeln bei 180 °C goldbraun backen.

Den grünen Pfeffer aus der Dose nehmen und richtig abtropfen lassen. Anschliessend mit einer klein geschnittenen Schalotte anschwitzen. Einen Schuss Rum zugeben, einen Holzspiess anzünden und den grünen Pfeffer flambieren. Jus und den Vollrahm dazugeben, mit Salz würzen und köcheln lassen. Das Schweinefilet in 1,5 cm breite Tranchen schneiden und mit den Herzoginkartoffeln anrichten.

Garnieren mit glasierten Kohlraben in Halbmondform und Babykarotte.

1	Schweinefilet (ca. 350 g)
100 g	Farce, Brät
1	Wirsingkopf (3 – 4 grosse Blätter)
500 g	mehlig kochende Kartoffeln
50 g	Butter
2	Eigelb
	grüner Pfeffer aus der Dose
300 ml	Jus
100 ml	Vollrahm
	Salz, Pfeffer, Muskat
	Rum, zum Flambieren
	eventuell Schweinenetz, nur zum Einwickeln
1	Schalotte
2	Kohlraben
4	Babykarotten

Dessert

Weisses Kaffee-Quark-Mousse mit Mangosauce und Maracuja-Gelee

Die Kaffeebohnen zusammen mit der Milch und dem Vanillestängel aufkochen und 20 Minuten ziehen lassen. Durch Teesieb absieben, leicht erwärmen und die eingeweichte Gelatine darin auflösen. Alles zusammen mit Quark und einem Teil Puderzucker in eine Schüssel geben und glatt rühren. Den Rahm schlagen und unter den Quark heben, in ein passendes Gefäss abfüllen und kalt stellen.

Die Mango schälen und dann mit Puderzucker pürieren. Die Maracujas halbieren, das Fruchtfleisch entfernen und ein wenig Zucker dazugeben. Das gezuckerte Fruchtfleisch mit dem Saft der Limette vermengen und darin 1 Blatt eingeweichte Gelatine auf dem Herd in einer kleinen Pfanne auflösen. Einen tiefen Teller mit Klarsichtfolie auslegen und die Fruchtfleisch-Aspik-Masse hineinkippen. Wenn es kalt ist, stürzen und zuschneiden oder ausstechen. Nach Belieben garnieren.

200 g	Quark
1,5 dl	Milch
20 g	zerdrückte Kaffeebohnen Lilla e rose (Blasercafé)
250 ml	Vollrahm
125 g	Puderzucker
1	Vanillestange
2	Gelatineblätter
1	Limette
1	Mango
2	Maracujas
1	Gelatineblatt
2	Kaffeebohnen Lilla e rose, zerquetscht und gehackt als Garnitur

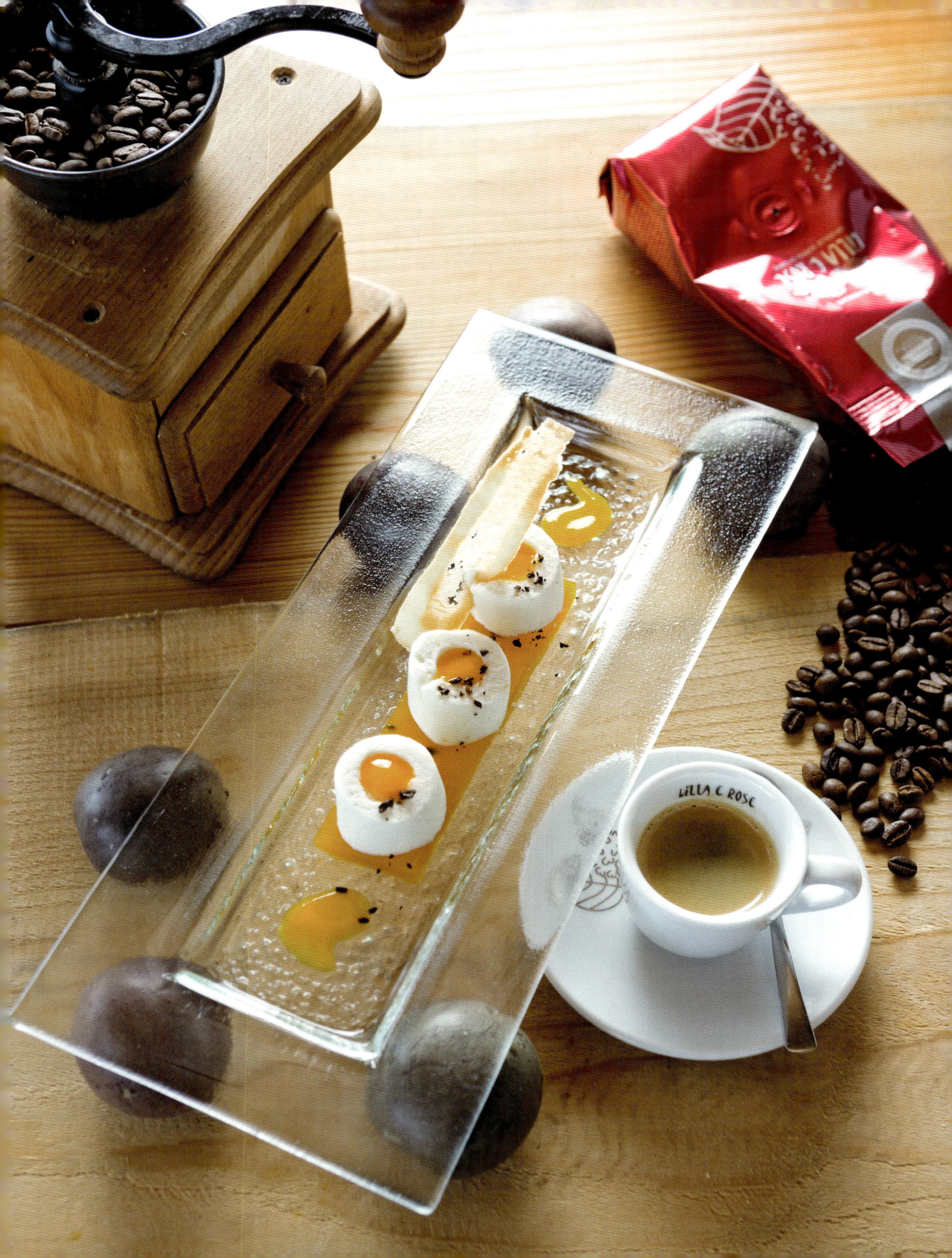
LILLA E ROSE

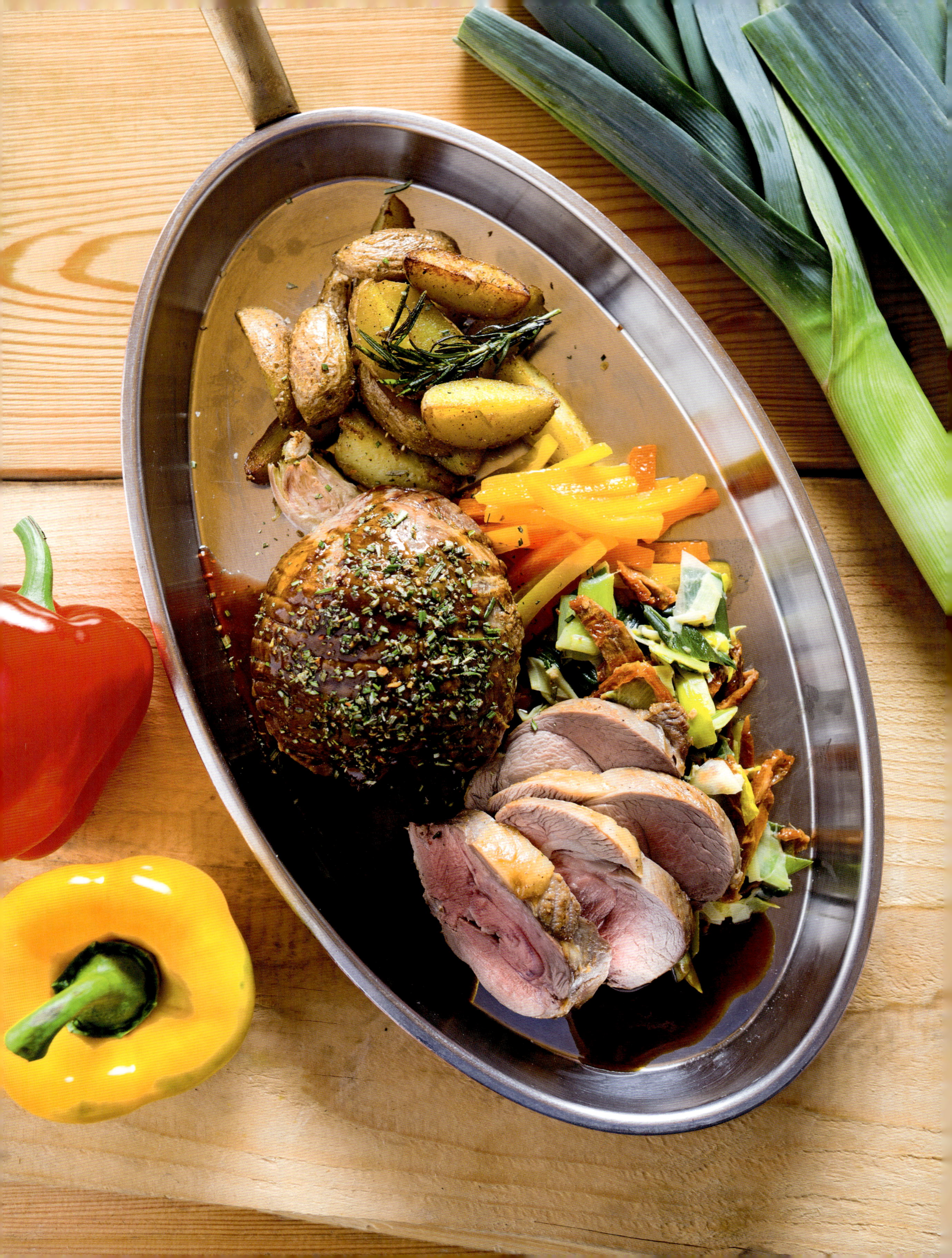

Lokales Spezialitätengericht

Berglamm-Gigot mit Lauchgemüse, eingemachten Peperoni und sonnengetrockneten Tomaten, Rosmarinkartoffeln und Parmesanchips

Den Lauch waschen, vierteln und in salzigem Wasser blanchieren. Die Peperoni bei 180 °C für 5 Minuten in den Ofen schieben. Dann die Haut abziehen und in Streifen schneiden. Die sonnengetrockneten Tomaten in feine Streifen schneiden. Den Lauch in Butter sautieren und die Tomaten dazugeben.

Die rohen Raclettekartoffeln vierteln und auf einem Blech verteilen. Salzen und pfeffern, mit Olivenöl beträufeln, Rosmarinzweig und Knoblauch dazugeben. Bei 180 °C backen, bis sie goldbraun und weich sind.

600 g	Berglamm-Gigot
70 g	Raclettekartoffeln
50 g	rote Peperoni
50 g	gelbe Peperoni
50 g	Lauch
1,5 dl	Lammjus
30 g	getrocknete Tomaten
	Salz und Pfeffer
1	Knoblauchzehe
1	Rosmarinzweig
1	Thymianzweig

Das Berglamm am besten einen Tag zuvor in ein wenig Olivenöl mit Thymian und Knoblauch marinieren. Das Lammfleisch nur kurz links und rechts scharf anbraten, mit Salz und Pfeffer würzen, Thymian und Knoblauch dazugeben und bei 140 °C bis auf eine Kerntemperatur von 49 °C in den Ofen schieben. Wenn es die Kerntemperatur erreicht hat, das Berglamm im abgeschalteten Ofen lassen, bis 55 °C erreicht sind.

Das Berglamm auf einen Teller legen und mit Aluminiumfolie abdecken und in die Nähe des Ofens stellen. Das Lamm zusammen mit den Rosmarinkartoffeln und dem Gemüse anrichten. Lammjus à part dazugeben.

METZGEREI BOSS, GRINDELWALD

Hans Boss, passionierter Jäger und Hausmetzger des Sunstar Alpine Hotels in Grindelwald, führt den erfolgreichen Familienbetrieb in der zweiten Generation und vermittelt mit seinen regionalen Produkten ein Stück Heimat. Nebst den Hotellieferungen bietet das Metzgereifachgeschäft Boss im Dorfzentrum von Grindelwald den Gästen und Stammkunden eine feine Auswahl an lokalen Trockenfleisch- und Wurstspezialitäten sowie gut gelagerter Fleischstücke. Die Metzgerei Hans Boss setzt auf regionale Vermarktung mit traditioneller Arbeitsweise und bietet durch die direkten Wege vom Lokalbauern zum Konsumenten die nötige Transparenz und Qualität, die ein gutes Stück Fleisch ausmachen.

Eine der vielen hausgemachten Spezialitäten des Hauses Boss ist die Bergführer-Wurst, eine XXL-Ausgabe des Landjägers. Die Zutaten der mit weissem Speck bespickten Wurst sind jedoch qualitativ hochwertiger und haben einen bis zu 15 % geringeren Fettanteil als der gewöhnliche Landjäger. Auch das kulturelle Engagement kommt im Familienbetrieb Boss nicht zu kurz. So hat Hans Boss zum Beispiel das Berner StudentInnen Theater Festival BeSTival im Schlachthaus Theater Bern gesponsert, bei dem seine Tochter Barbara Boss im Organisationskomitee tätig war. Die künstlerische Ader kommt nicht von ungefähr: Hans Boss Senior, der die Metzgerei Boss seinerzeit gegründet hatte, war einer der «Boss Buebe», die mit ihrem «Träumli» einen Hit landeten, der bis heute nachhallt und einer hausgemachten Rauchwurst der Metzgerei Hans Boss ihren Namen gab.

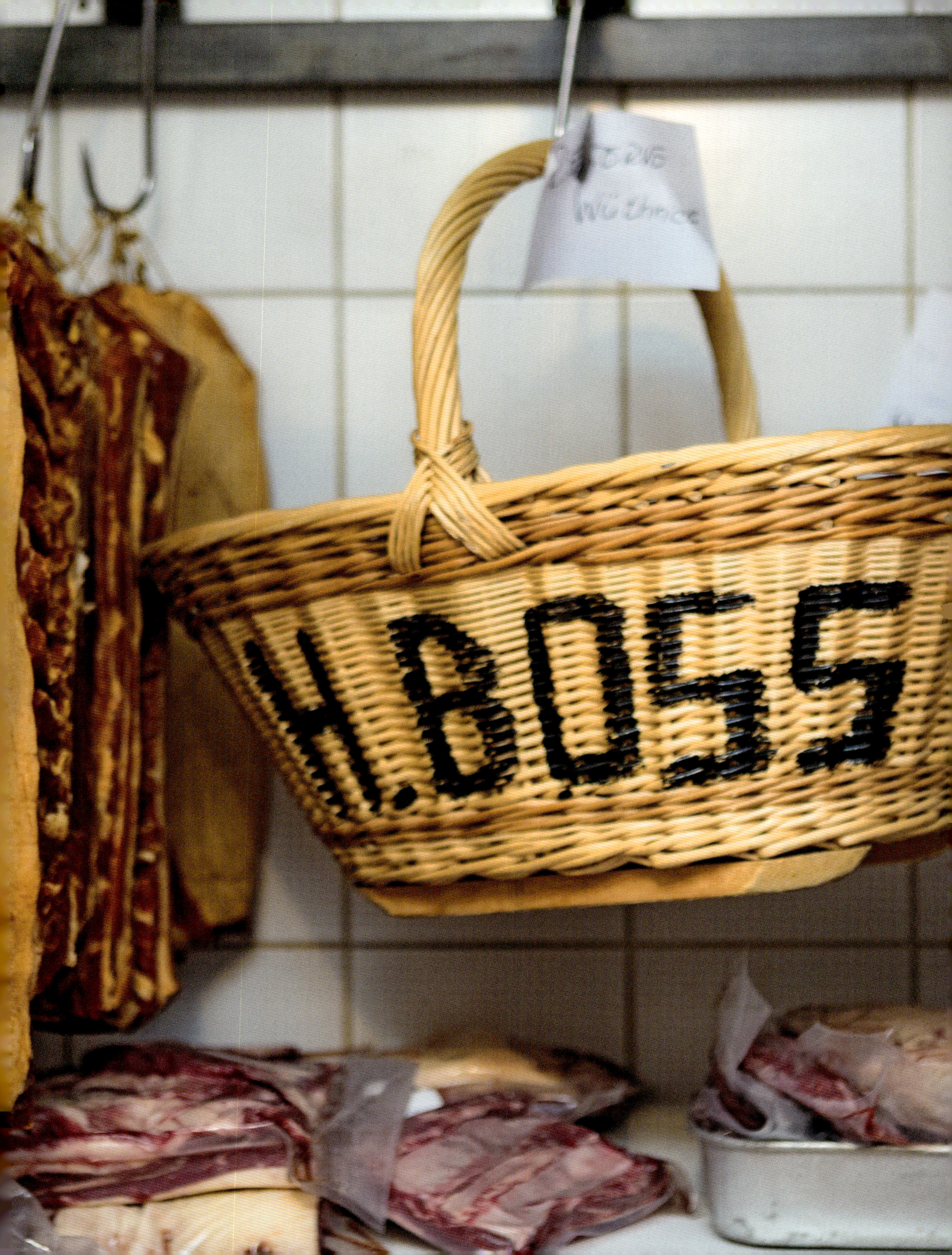
H.BOSS

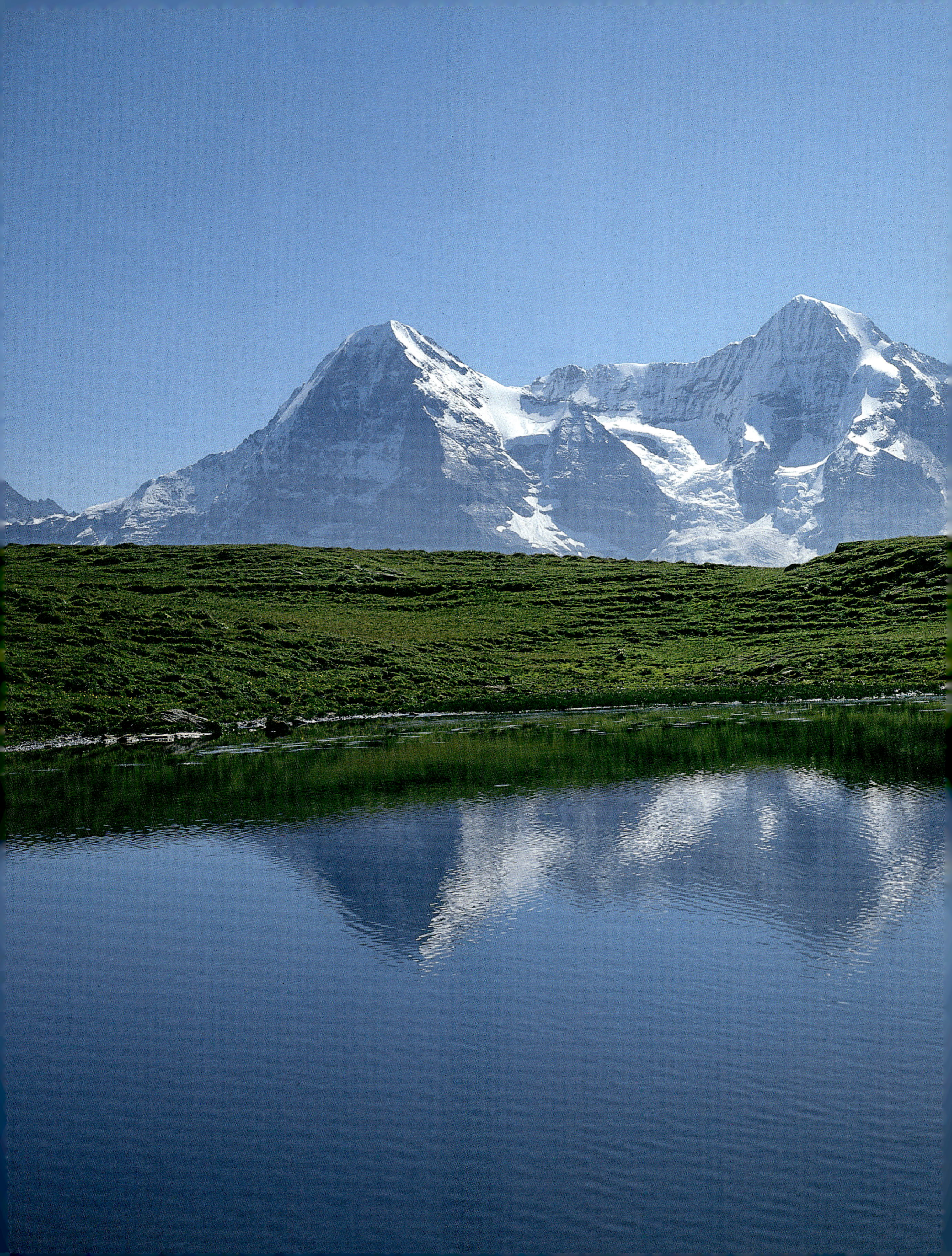

Wengen – traditionsreiche Sonnenterrasse

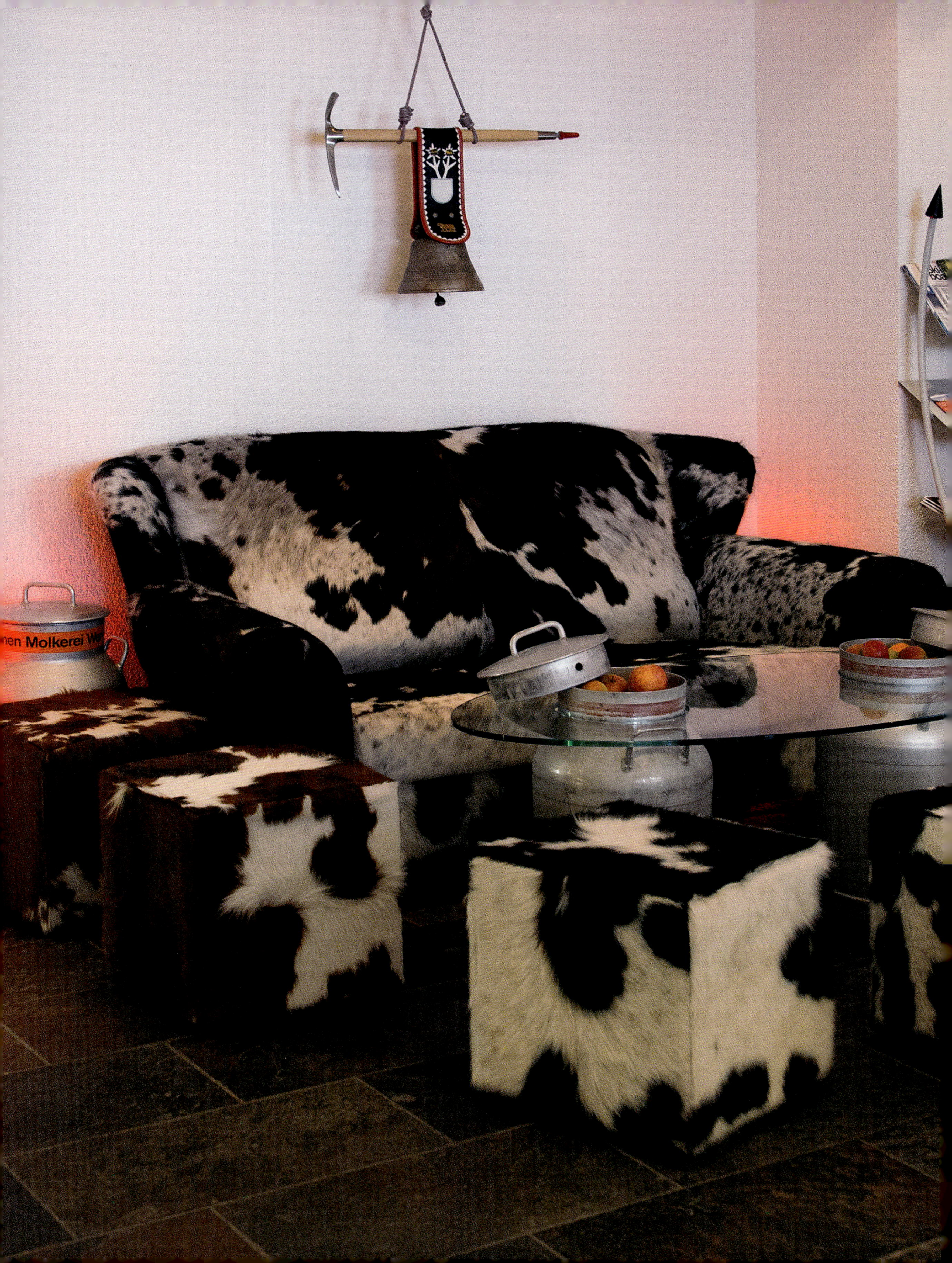
Molkerei

Das autofreie Feriendorf Wengen ist ein optimaler Ausgangspunkt, um die grossen Ausflugsziele der Jungfrau Region zu erkunden. Wer via Kleine Scheidegg auf die Aussichtsplattform «Top of Europe» des Jungfraujochs fährt, kann mit etwas Glück und einem guten Fernrohr die wagemutigen Kletterer an der Eigernordwand erspähen, bevor das Bähnli in der Felswand verschwindet und den Aufstieg zum höchstgelegenen Bahnhof Europas (3454 m ü. M.) in Angriff nimmt. Oben angekommen, bieten eine atemberaubende Aussicht auf die umliegenden Bergspitzen und die reine Bergluft pure Erholung für die Besucher.

Der Spirit des malerischen Berner Oberlandes spiegelt sich im Sunstar Alpine Hotel Wengen wider. Das weltbekannte Lauberhornrennen und der Skisport prägen das Interieur des im Jahr 2015 neu gestalteten Speisesaals und Namen wie «Minschkante», «Hundschopf» und «Canadian Corner» schmücken die einzelnen Säle und Gaststuben. Authentische Materialien, wie dunkelgrauer Granit aus der Region, kombiniert mit natürlich gefaserten Holzelementen und hellen Farbtönen, laden die Gäste in wohliger Atmosphäre zum Verweilen und Geniessen ein. Serviert werden Kreationen wie glasierter Schweinehalsbraten auf Wurzelgemüse mit Oberländer Bier-Kümmel-Sauce und handgeschabten Spinatspätzli oder ein regionaltypisches Fleischgericht, der «Suure Mocke», welcher auf Alpenkräuter-Kartoffelstock angerichtet wird.

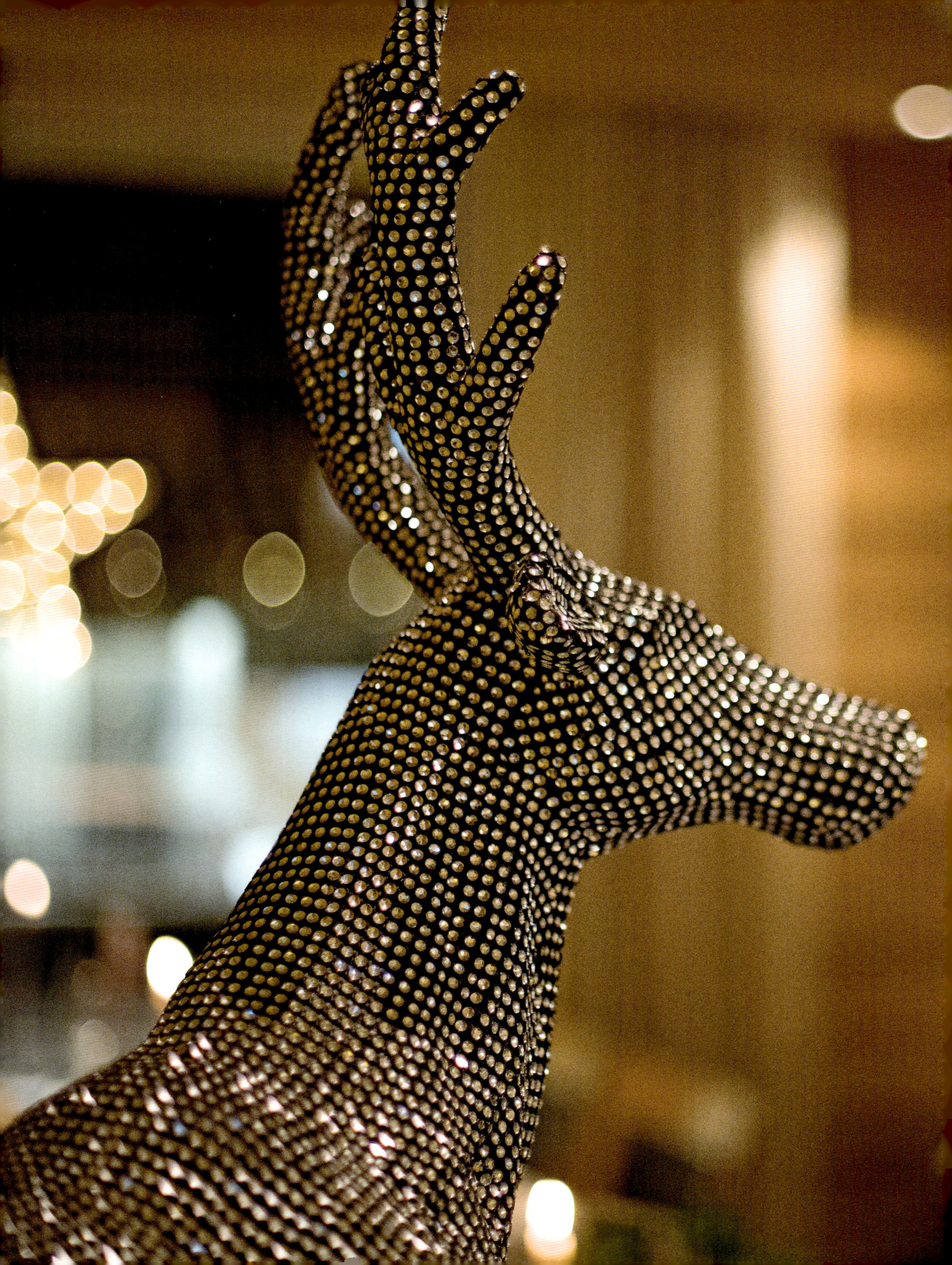

Das Menü

VON KÜCHENCHEF RAIMUND SAIBOLD

Vorspeise
Tomatenmousse mit Knoblauch-Crostini und Basilikum-Vinaigrette

Suppe
Oberländer Kürbissuppe mit Curry

Fisch-Zwischengang
Saibling-Forellen-Strudel auf Kartoffelreibekuchen und Brunnenkresseschaum

Hauptgang
Glasierter Schweinehalsbraten auf Wurzelgemüse, Oberländer Bier-Kümmel-Sauce und handgeschabte Spinatspätzli

Dessert
Tobleroneparfait mit Vanillesauce, Erdbeerpüree und Mandelgebäck

Lokales Spezialitätengericht
Suure Mocke Grossmutterart mit Alpenkräuter-Kartoffelstock

▶ REZEPTE FÜR 4 PERSONEN BERECHNET, FALLS NICHT ANDERWEITIG VERMERKT.

Alpenküche   Wengen

Vorspeise

Tomatenmousse mit Knoblauch-Crostini und Basilikum-Vinaigrette

Die Zwiebel- und Knoblauchwürfel im Olivenöl glasig dünsten. Das Tomatenpüree und die Tomatenwürfel mitdünsten. Das Kräuterbündel dazugeben, mit Salz und Pfeffer würzen und einkochen. Die Kräuter entfernen und die Masse pürieren. Die eingeweichte Gelatine auspressen und in die heisse Masse geben. Die Tomatenmasse abkühlen und, bevor sie stockt, den geschlagenen Rahm unterheben. Die Masse in eine Terrinenform abfüllen und kühl stellen.

Den Backofen auf 200 °C vorheizen. Den Knoblauch fein hacken und den Schnittlauch fein schneiden. Den Knoblauch und den Schnittlauch mit dem Olivenöl mischen. Das Baguette in 4 Scheiben schneiden, die Baguettescheiben mit dem Olivenöl bestreichen und im Ofen knusprig backen.

Die Schalotte klein würfeln, das Basilikum mit 2 EL Öl mixen, den Essig mit Senf und je einer Prise Salz und Zucker verrühren. Öl, Basilikumöl und die Schalotten unterrühren und mit Pfeffer würzen.

TOMATENMOUSSE

20 g	Zwiebeln
½	Knoblauchzehe
10 g	Olivenöl
20 g	Tomatenpüree
120 g	Tomatenwürfel
	frischer Basilikum und Rosmarin
	Salz und Pfeffer
2 g	Gelatine
80 g	Vollrahm

KNOBLAUCH-CROSTINI

½	Baguette (ca. 60 g)
2 EL	Olivenöl
¼	Bund Schnittlauch
1	Knoblauchzehe
	Salz

BASILIKUM-VINAIGRETTE
(für ca. 100 ml)

1	Schalotte
1 EL	weisser Balsamico-Essig
½ TL	Senf
6 EL	Sonnenblumenöl
	Zucker
	Salz und Pfeffer aus der Mühle
5	Basilikumblätter
	Bio-Blüten, (Swiss Alpine Herbs)
8	konfierte Sherry-Tomaten

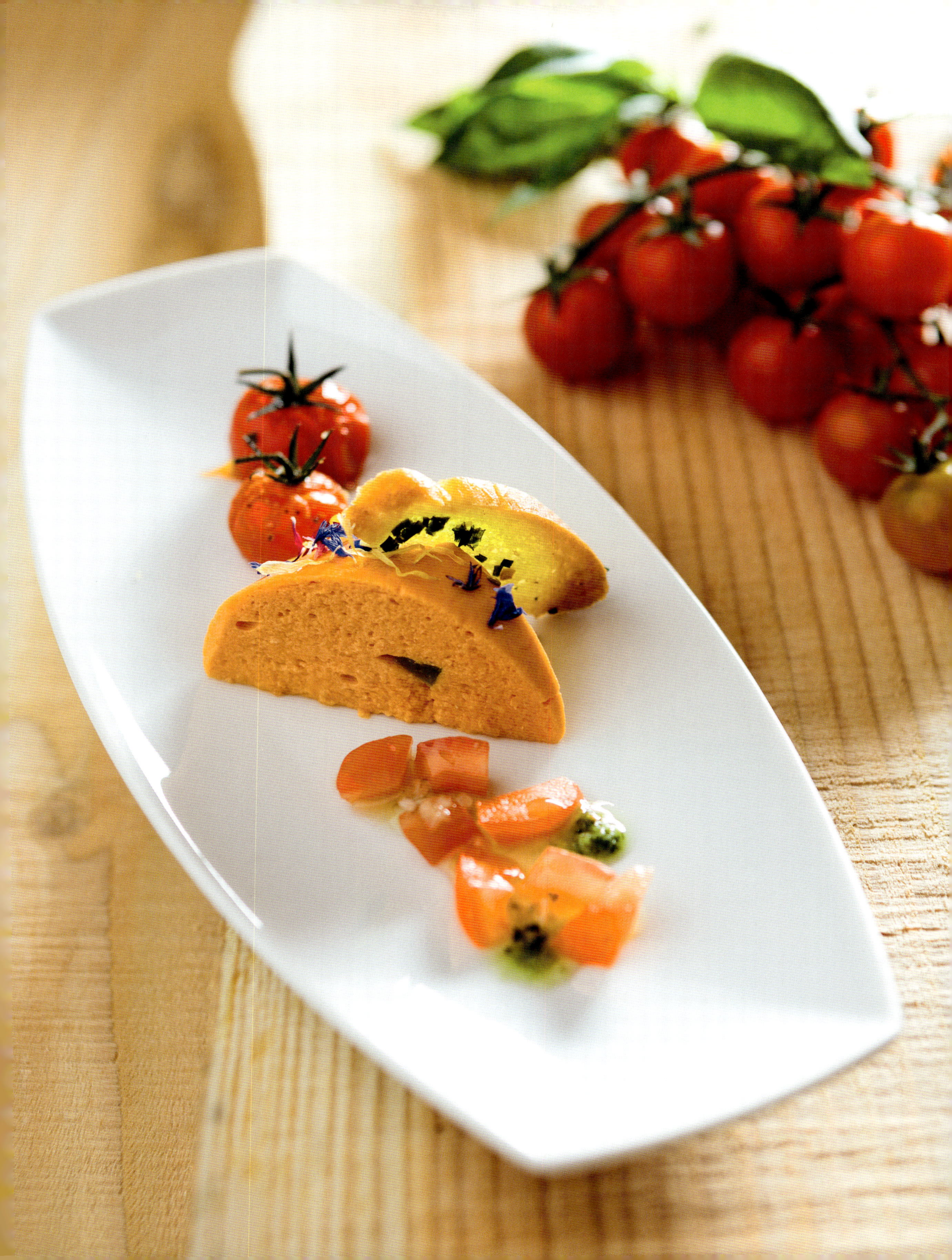

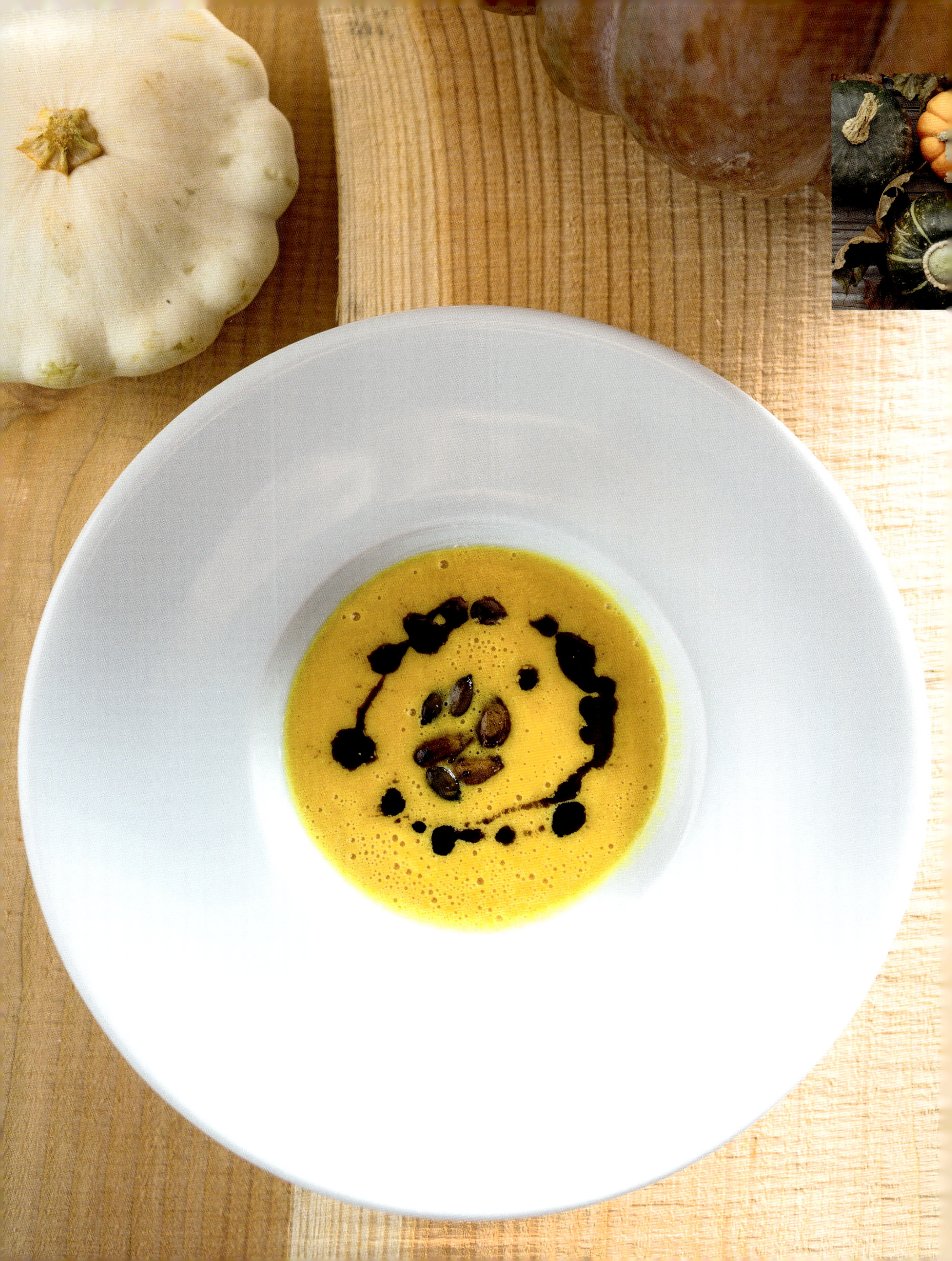

Suppe

Oberländer Kürbissuppe mit Curry

Die Butter im Topf erhitzen und Zwiebeln glasig dünsten. Kürbis, Apfel, Knoblauch, Ingwer und Zucker dazugeben und mitdünsten. Die Masse mit Currypulver bestäuben, die Gemüsebouillon dazugiessen und zugedeckt bei mittlerer Hitze 20 Minuten köcheln lassen.

Das Gemüse mit dem Stabmixer pürieren und zum Schluss den Rahm dazugeben. Mit Salz und Pfeffer abschmecken und die Suppe mit Kürbiskernöl und gerösteten Kürbiskernen garnieren.

300 g	Kürbisfleisch (Muskatkürbis), gewürfelt
30 g	Butter
30 g	Zwiebel, gewürfelt
30 g	Apfel, gewürfelt
30 g	Kartoffel, gewürfelt
700 ml	Gemüsebouillon
100 ml	Rahm
1 TL	Zucker
1 TL	Curry
1 TL	Knoblauch und Ingwer, gehackt
10 g	Kürbiskernöl
10 g	Kürbiskerne, geröstet
	Salz und Pfeffer

Fisch-Zwischengang

Saibling-Forellen-Strudel auf Kartoffelreibekuchen und Brunnenkresseschaum

Das gekühlte Forellenfilet in Würfel schneiden, salzen und im Tiefkühlfach anfrieren. Das eiskalte Forellenfilet später in einen Blitzhacker geben und mit Senf würzen. Die gewürzten Forellenstücke kurz durchmixen, danach den eiskalten Vollrahm nach und nach untermischen. Die Farce sollte glatt sein. Den Dill unterrühren und mit Salz und Pfeffer nachwürzen. Die Farce kühl stellen. Das Saiblingsfilet in vier gleichmässige Stücke schneiden und würzen. Die Strudelblätter auf der Arbeitsfläche auslegen und den mittleren Teil mit der Forellenfarce bestreichen. Die gewürzten Saiblingsfilets auf die Forellenfarce legen und mit der restlichen Forellenfarce bestreichen. Die überlappten Strudelseiten mit Butter bestreichen und zu einem Strudel einrollen. Die Oberfläche des Strudels mit Eigelb-Rahm-Mischung bestreichen. Den Saiblingsstrudel 10 Minuten im Ofen bei 200 °C goldbraun backen.

Die Schalottenwürfel in der Butter anschwitzen und mit Weisswein ablöschen. Den Weisswein kurz einkochen und mit Fischfond und Rahm auffüllen. Ein Drittel einkochen lassen. Die Brunnenkresse dazugeben und mit dem Stabmixer pürieren. Mit Salz und Pfeffer nachschmecken und eventuell mit Maizena abbinden.

Die Kartoffeln längs in feine Streifen hobeln und mit Salz und Pfeffer und Muskatnuss würzen. Die Flüssigkeit mit den Händen aus der Kartoffel drücken. Das Öl in einer beschichteten Pfanne erhitzen. Die Kartoffeln zu kleinen Talern formen (ca. 1 cm dick), in die Pfanne geben und andrücken. Bei mittlerer Hitze ca. 5 Minuten goldbraun braten. Die Kartoffelküchlein wenden und gegebenenfalls noch etwas Öl in die Pfanne geben. Nochmals 5 Minuten auf der anderen Seite goldbraun braten. Die Kartoffeltaler auf Küchenpapier abtropfen lassen.

SAIBLING-FORELLEN-STRUDEL

150 g	Forellenfilet (ohne Haut und Gräte)
200 g	Saiblingsfilet (ohne Haut und Gräte)
150 g	eiskalter Vollrahm
1 EL	Butter
2 g	Dill
4	Strudelblätter (16 x 16 cm)
10 g	Zitronensaft
	Salz und Pfeffer
½ TL	Senf
1	Eigelb
1 EL	Rahm

BRUNNENKRESSESAUCE

30 g	Schalotten, gewürfelt
1 EL	Butter
1 dl	Weisswein
1 dl	Rahm
1 dl	Fischfond
	Salz und Pfeffer
2 g	frischer Dill als Garnitur
10 g	Brunnenkresse
1 TL	Maizena

KARTOFFELREIBEKUCHEN

350 g	festkochende Kartoffeln, geschält
40 g	Nussöl
	Salz und Pfeffer
	Muskatnuss, frisch gerieben

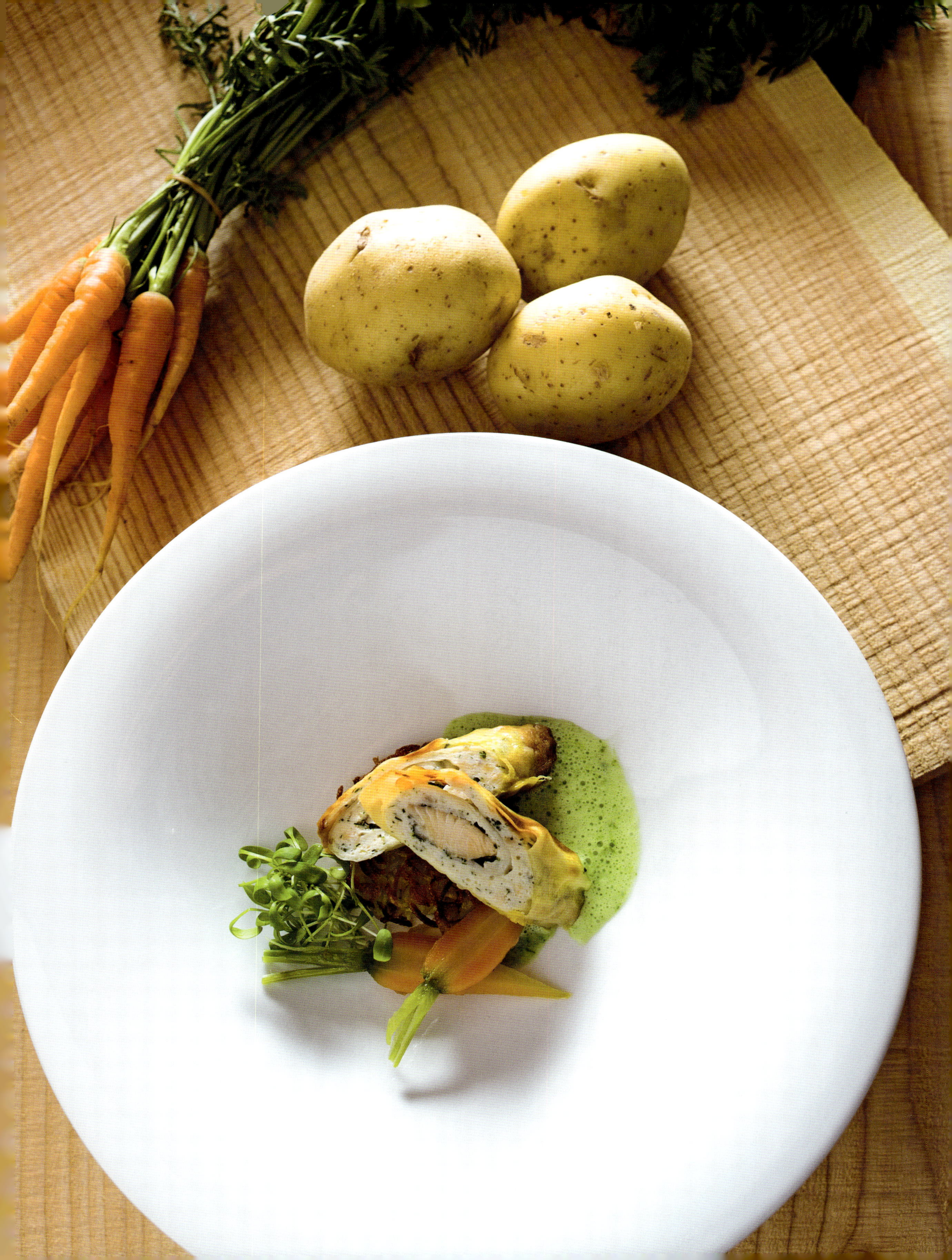

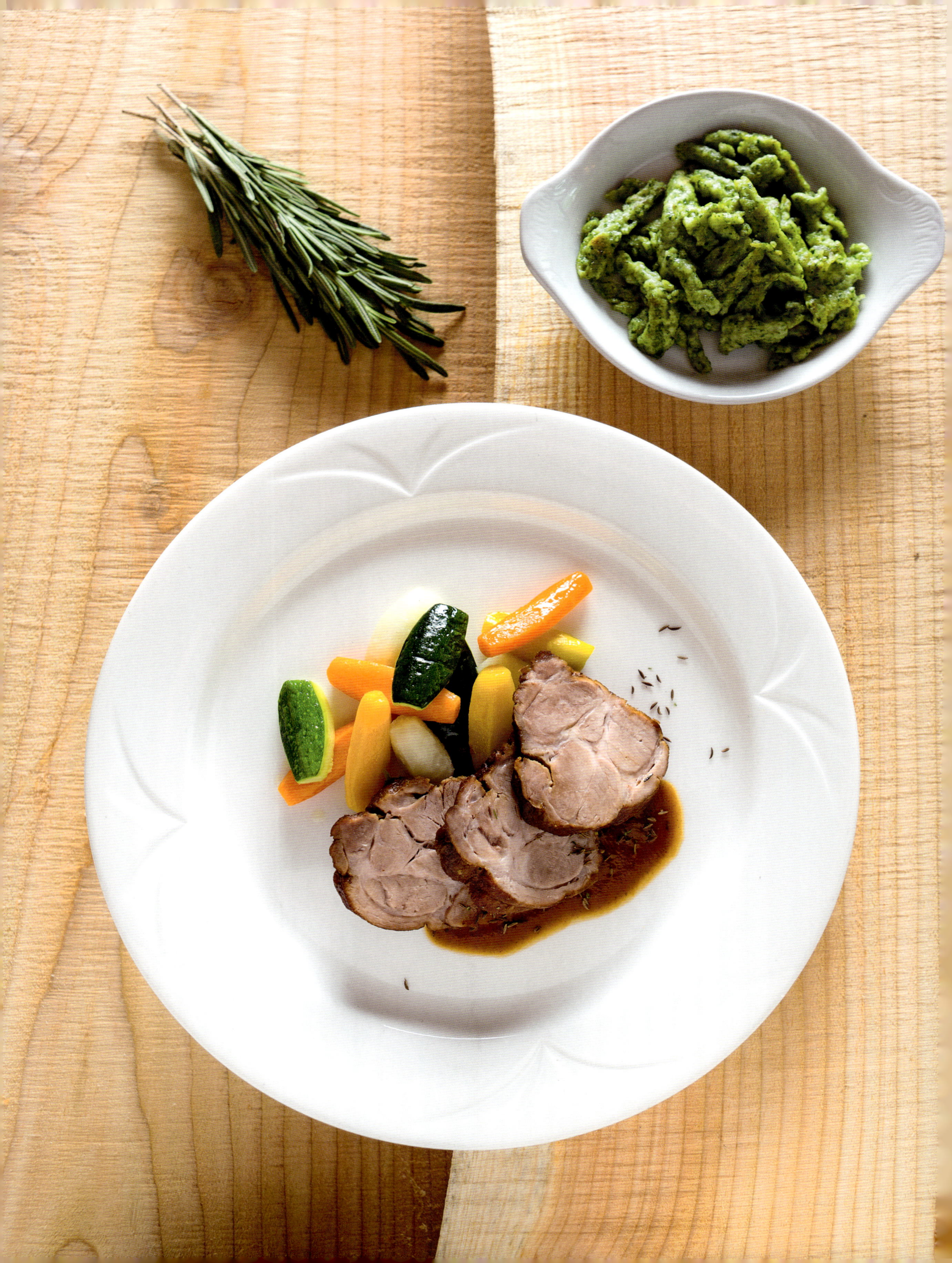

Hauptgang

Glasierter Schweinehalsbraten auf Wurzelgemüse, Oberländer Bier-Kümmel-Sauce und handgeschabte Spinatspätzli

Senf, Salz, Pfeffer, Paprika und Öl mischen. Mit der Würzmischung den längs halbierten Schweinehals marinieren. Den Schweinehals rundum im Öl anbraten und herausnehmen.

Das Öl vom angebratenen Schweinehals abgiessen. Die Zwiebel, Karotten und Selleriewürfel in der Pfanne rösten. Den Puderzucker darüberstäuben und leicht karamellisieren. Das Tomatenmark dazugeben und mitrösten. Die Masse immer wieder mit Bier ablöschen und einkochen lassen. Mit Kalbsfond auffüllen. Den Schweinehals darin zugedeckt bei 160 °C ca. 1½ Stunden schmoren lassen. Nach einer Stunde Wacholderbeeren, das Lorbeerblatt und den Knoblauch hinzufügen. Den Schweinehals herausnehmen, die Sauce durch ein Sieb passieren. Die Sauce einkochen und eventuell mit Speisestärke abbinden.

Die gekochten Spinatblätter mit den Eiern kurz aufmixen. Die Spinat-Eier-Masse mit Mehl, Salz und Pfeffer, der gemahlenen Muskatnuss und Öl in eine Schüssel geben. Alle Zutaten mit dem Knethaken des Handrührgeräts verrühren. Den Teig so lange verkneten, bis er Blasen wirft, und anschliessend mit einem Messer von einem Holzbrett in siedendes Salzwasser hobeln. Einmal kurz aufkochen lassen, mit einem Schaumlöffel herausnehmen, in kaltem Wasser abschrecken und abtropfen lassen.

Die Zwiebeln und die drei gewürfelten Gemüsesorten in Butter und Zucker andünsten. Mit dem Gemüsefond aufgiessen und zugedeckt weich dünsten. Zum Schluss ohne Deckel fertig glasieren und die gehackte Petersilie dazugeben.

Wengen

GESCHMORTER SCHWEINEHALSBRATEN
700 g	Schweinehals, längs halbiert
1 EL	Senf
	Salz und Pfeffer, Paprikapulver
20 g	Öl

BIER-KÜMMEL-SAUCE
20 g	Zwiebelwürfel
20 g	Karottenwürfel
20 g	Selleriewürfel
1 EL	Tomatenmark
125 ml	Bier
½ l	Kalbsfond
2	Wacholderbeeren
1	Lorbeerblatt
½	Knoblauchzehe
1 TL	Puderzucker
1 EL	Speisestärke
1 MS	Kümmel, gemahlen
1	Thymianzweig

SPINATSPÄTZLI
220 g	Mehl
5	Eier (à 55 g)
	Salz und Pfeffer
	Muskatnuss, gerieben
80 g	Spinatblätter, gekocht
½ EL	Öl

GLASIERTES WURZELGEMÜSE
50 g	Pfälzer Karotten, gewürfelt
50 g	Karotten, gewürfelt
50 g	Staudensellerie, gewürfelt
50 g	Sellerie, gewürfelt
50 g	Kohlrabi, gewürfelt
40 g	Zwiebel, gewürfelt
20 g	Butter
10 g	Zucker
	Salz
100 g	Gemüsefond
4 g	Petersilie, gehackt

Dessert

Tobleroneparfait mit Vanillesauce, Erdbeerpüree und Mandelgebäck

Die Toblerone im Wasserbad schmelzen. Die Eigelbe mit dem Ei, Cognac und 15 g Zucker schaumig schlagen. Den restlichen Zucker mit 20 ml Wasser aufkochen und nach und nach unter die schaumige Eimasse rühren. Die Masse im heissen Wasserbad weiterschlagen, bis sie dickschaumig ist (bei maximaler Temperatur von 80 °C). Die geschmolzene dunkle Toblerone in die Eimasse geben und auf Eiswasser kalt schlagen. Den geschlagenen Vollrahm unterheben. Die Parfaitmasse in Portionsförmchen abfüllen und zugedeckt 4–5 Stunden im Tiefkühlfach gefrieren lassen.

Von der Milch 2 EL zum Anrühren der Speisestärke nehmen. Den Rest der Milch, die Vanilleschote und den Zucker zum Kochen bringen. Das Eigelb, die Milch und die Stärke gut verrühren und unter kräftigem Rühren mit dem Schneebesen einrühren. Mehrmals aufwallen lassen, abpassieren und dann kalt rühren.

Die Beeren waschen und putzen, vierteln und mit dem Puderzucker pürieren. Die pürierten Beeren durch ein Sieb streichen.

Alle Zutaten mischen und kühl stellen. Aus der kalten Masse kleine Kugeln formen und auf ein Blech mit Backpapier legen. Bei 180° C 5–10 Minuten goldbraun backen. Direkt aus dem Ofen noch heiss in kleine Schälchen oder eine Terrinenform geben, um die Form des Gebäckes zu bestimmen.

TOBLERONEPARFAIT

2	Eigelb
1	Ei
30 g	Zucker
1	Schuss Cognac
80 g	dunkle Toblerone, Zartbitter
150 g	Vollrahm
20 ml	Wasser

VANILLESAUCE

25 cl	Milch
20 g	Zucker
½	Vanilleschote, ausgekratzt
6 g	Speisestärke
1	Eigelb

BEERENPÜREE

100 g	gemischte Beeren
1 EL	Puderzucker

MANDELGEBÄCK

50 g	Puderzucker
½	Orange, Zeste und Saft
15 g	Mehl
25 g	Butter, zerlaufen
25 g	Mandeln, gehobelt

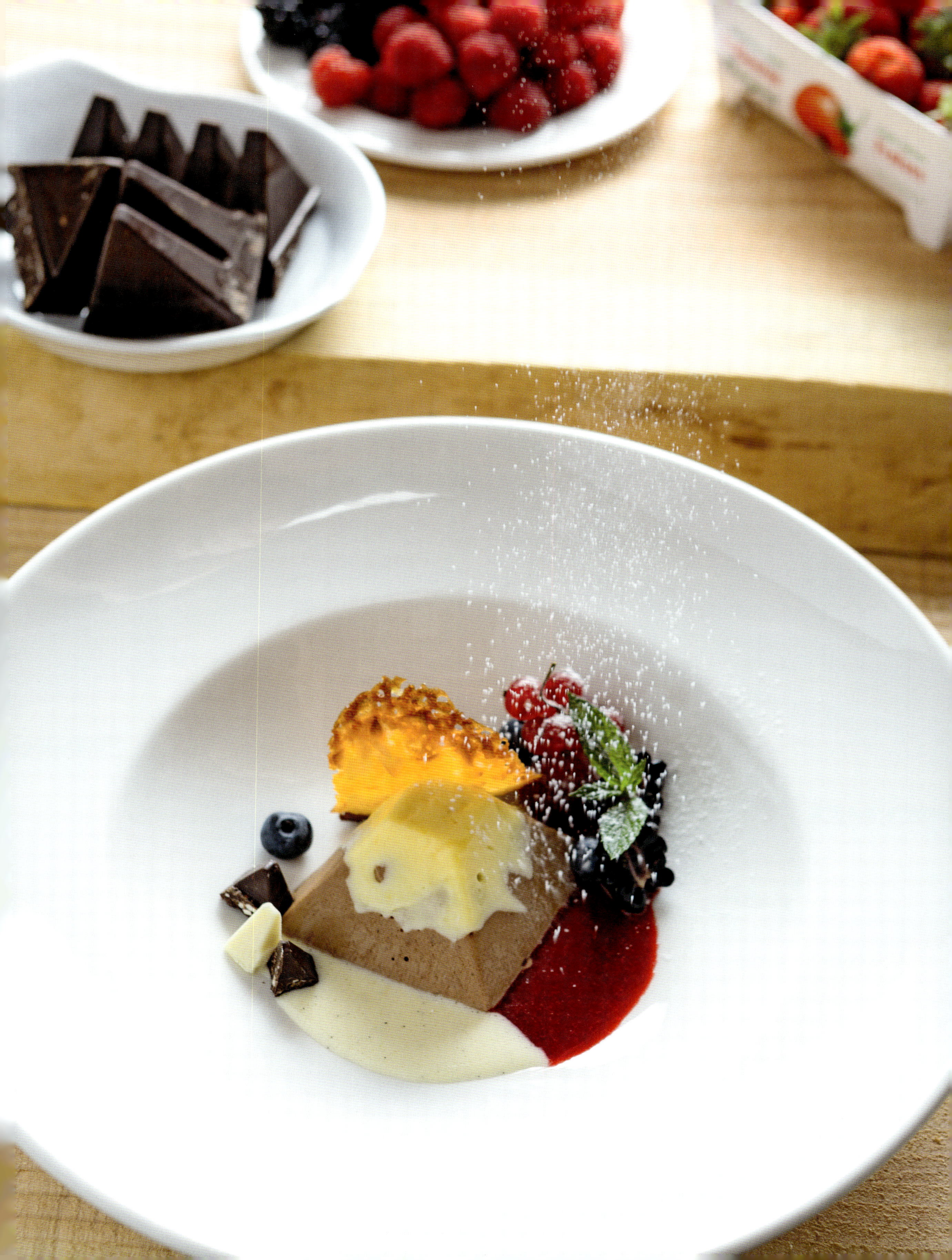

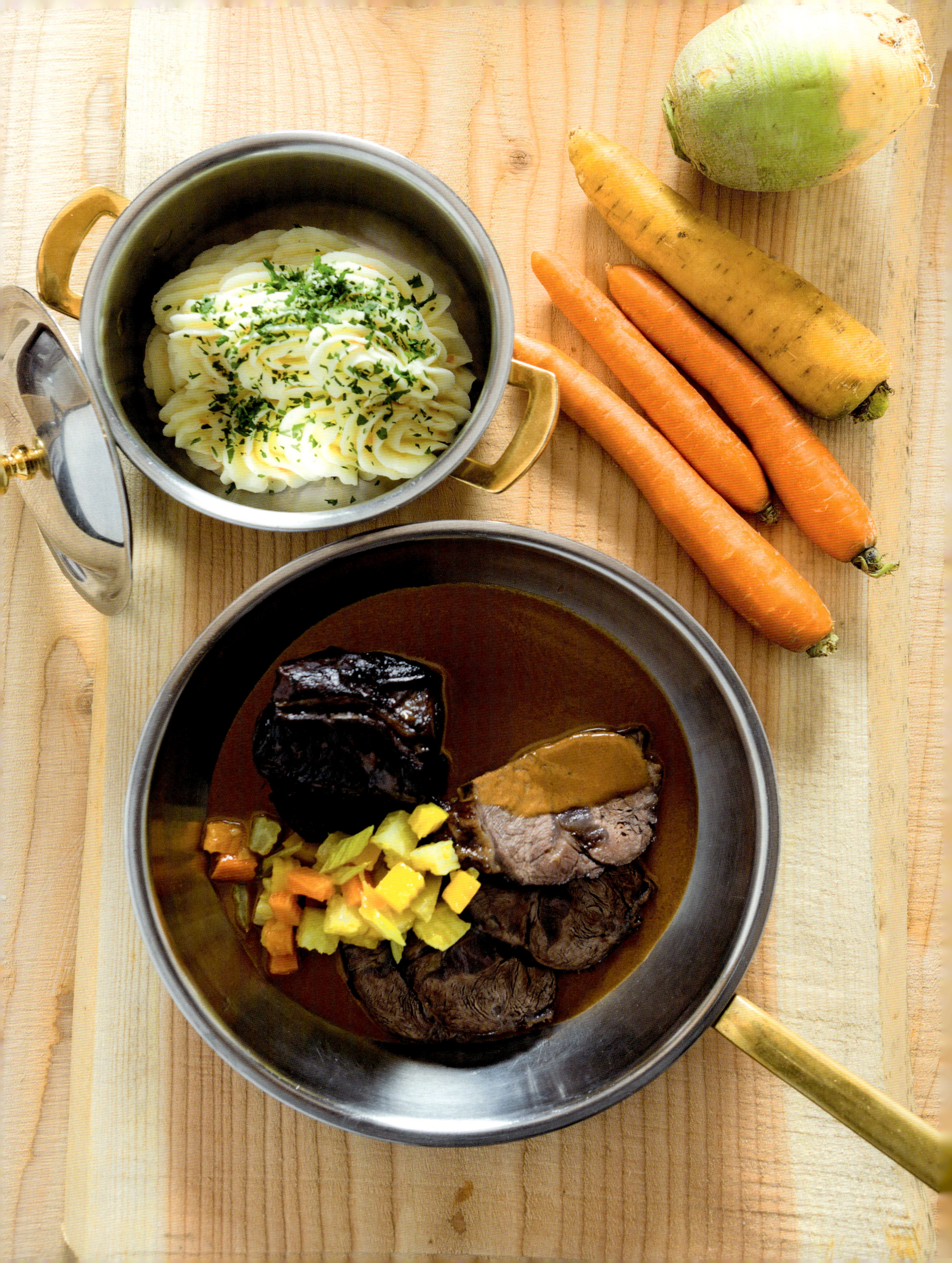

Lokales Spezialitätengericht

Suure Mocke Grossmutterart mit Alpenkräuter-Kartoffelstock

Das Gemüse, die Gewürze sowie Rotwein und Rotweinessig ganz kurz aufkochen. Das Fleisch in eine tiefe Schüssel geben und mit dem heissen Sud übergiessen. Das Ganze 4 Tage an einem kühlen Ort ruhen lassen. Nach dieser Zeit das Fleisch herausnehmen und mit Küchenpapier abtupfen. Die Rotweinbeize absieben, das Gemüse und die Gewürze beiseite stellen. Die Beize aufkochen und das sich bildende Eiweiss abschöpfen.

Das Olivenöl in einem Topf heiss werden lassen. Das gewürzte Fleisch allseitig gut anbraten und anschliessend herausnehmen. Das Gemüse im Olivenöl anrösten, den Zucker und das Tomatenpüree kurz mitrösten. Das Püree mit einem Teil der Beize ablöschen und einkochen.

Wenn der Sud eingekocht ist, mit dem Kalbsfond auffüllen. Das Fleisch in die Sauce geben und im Ofen bei 160 °C 1 Stunde 50 Minuten schmoren. Das Fleisch herausnehmen, die Sauce absieben und mit dem Sauerrahm verfeinern und eventuell mit Maizena abbinden.

Die Kartoffeln in Würfel schneiden, in Salzwasser weich kochen und öfters abschäumen. Die gekochten Kartoffeln abschütten und ausdampfen lassen. Die heissen Kartoffeln durch eine Spätzlepresse drücken. Butter in die Pfanne geben, Schalotten und Karottenwürfel darin anschwitzen. Danach mit der Milch ablöschen, einmal aufkochen lassen und die frischen Kräuter dazugeben. Die heisse Kräutermilch nach und nach in die gepressten Kartoffeln geben und glatt rühren. Mit Salz, Pfeffer und Muskatnuss abschmecken. Im Spritzsack mit Sterntülle lässt sich der Kartoffelpüree schön auf dem Teller anrichten.

SAURER MOCKEN

800 g	Rindsschulterspitz
60 g	Zwiebel, gewürfelt
40 g	Sellerie, gewürfelt
40 g	Karotten, gewürfelt
10 g	Knoblauchzehen, halbiert
20 g	Tomatenpüree
5 dl	Rotwein
1 dl	Rotweinessig
4 dl	Kalbsfond
je 1	Lorbeerblatt, Nelke, Wacholderbeere
1	Rosmarinzweig
1	Zimtstange
	Salz und Pfeffer
2 EL	Olivenöl
5 g	Zucker
1 EL	Sauerrahm
	Maizena

KRÄUTERKARTOFFELSTOCK

400 g	Kartoffeln, geschält (mehlig kochend)
20 g	Schalotten, fein gewürfelt
20 g	Karotten, fein gewürfelt
40 g	Butter
125 ml	Milch
	Salz und Pfeffer, Muskat
1 EL	Schnittlauch, geschnitten
2 EL	Petersilie, Bergthymian, Salbei und Liebstöckel gemischt, gehackt
	Alpenkräuterblüten nach Belieben

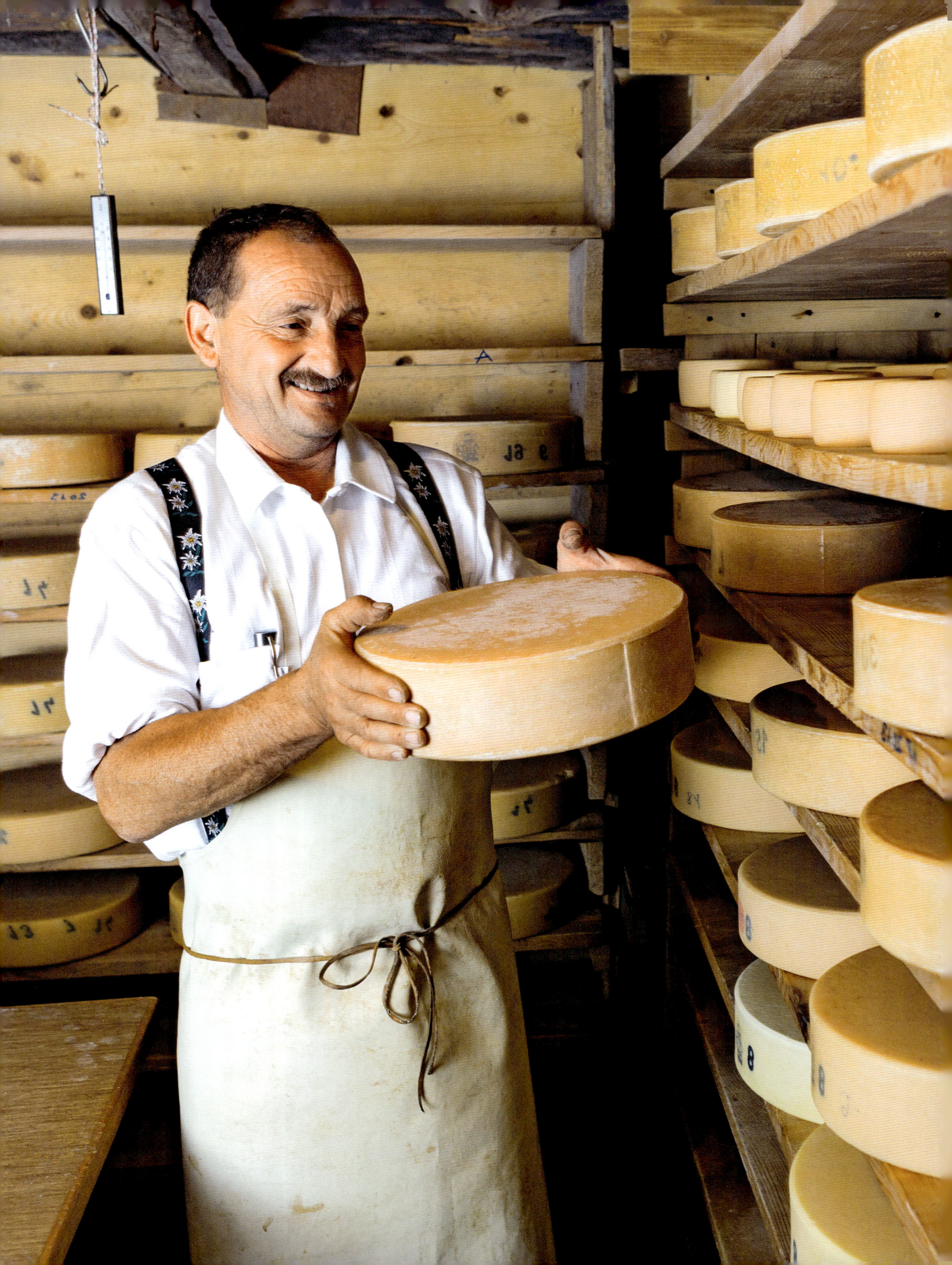

KLEINBAUER HANS FUCHS, WENGEN

Wenn im Juni die Tage wieder länger werden und die Temperaturen in den Tälern steigen, treiben die Bauern ihre Kühe aus den Stallungen hoch auf die Allmend von Wengen. Etwa ein Fünftel der Kuhherde gehört zu Hans Fuchs, einem passionierten Kleinbauern, der viel Herzblut in die Haltung und Aufzucht seiner Tiere investiert. Die Kühe werden auf der Allmend jeden Tag gemolken und die reine, frische Milch zu grossen Käselaiben à 8–9 kg oder kleineren Mutschli verarbeitet. Der Käse weist eine besonders hohe Qualität auf, da die Kühe spezielle und geschmackreiche Kräuter, Blumen und Gräser fressen, die der Milch einen besonderen Geschmack verleihen. Mitte des Sommers wird der Käse aus den Speichern ins Tal gebracht und im privaten Käsekeller, mit natürlichem Humusboden, gelagert und gepflegt. Der natürliche Boden nimmt die Feuchtigkeit der Käselaibe auf und sorgt für eine konstant angenehme Atmosphäre, die den Prozess der Reifung unterstützt.

Das Chalet von Hans Fuchs und seiner Familie steht in bester Lage am Rande der Talabfahrt und lockt mit ansprechenden Angebotstafeln viele Laufkunden in den Käsekeller, wo sie den Käse kaufen können. Ein besonderes Erlebnis bietet Hans Fuchs den Wintergästen des Sunstar Alpine Hotels in Wengen: Beim wöchentlichen Fondue-Hüttenabend schauen die Gäste im Winterquartier der Kühe vorbei und können dort die noch warme Milch probieren.

Brissago –
am Lago Maggiore

197 m ü. M.

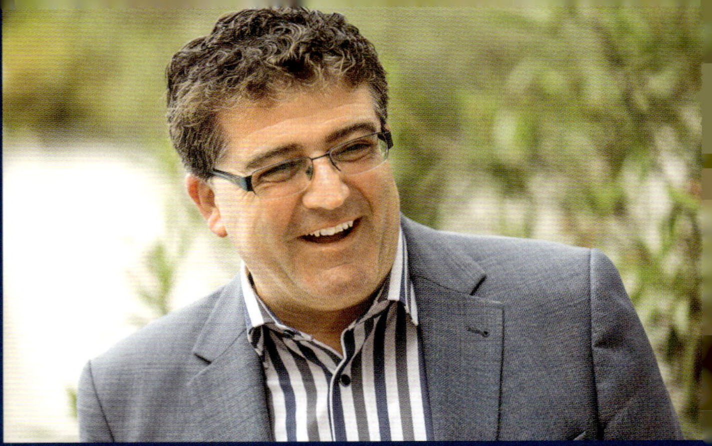
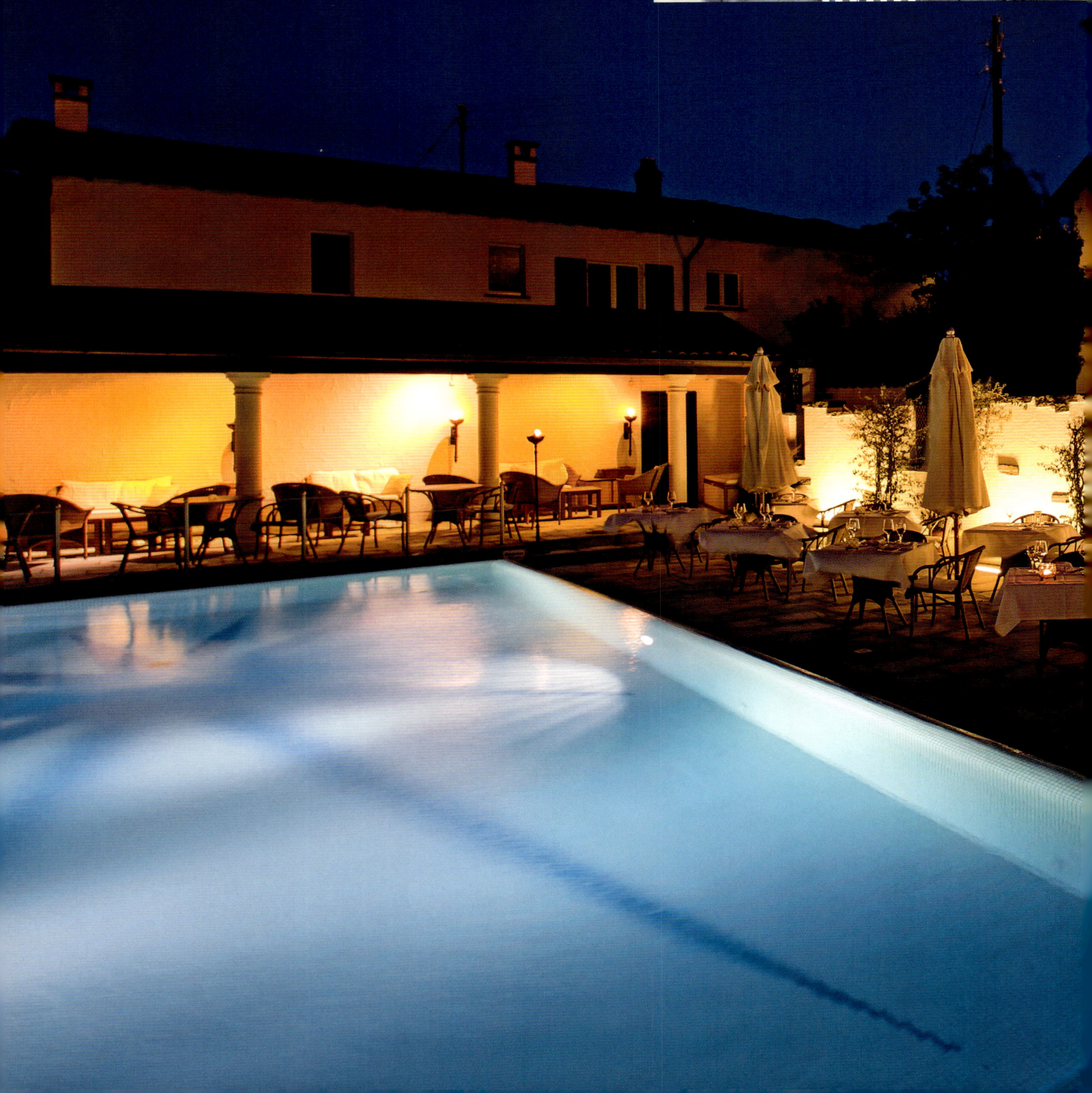

Brissago liegt zwischen den steilen Berghängen und dem Ufer des Lago Maggiore mit den vorgelagerten Brissago-Inseln, die mit sehr seltenen subtropischen Pflanzen bewachsen sind und sich im intensiven Blau des Sees wie grüne Flecken abheben. Die Sonnenstube der Schweiz lockt mit der italienischen Sprachkultur und dem mediterranen Lebensgefühl. Tief in die Berge eingeschnitten, verbindet der glitzernde Lago Maggiore die von Palmen, Edelkastanienwäldern und anderen Mittelmeerpflanzen gezierte Landschaft mit dem ausgelassenen Leben an den Uferpromenaden. Enge Gassen mit malerischen Winkeln führen zum See hinunter, vorbei an beeindruckenden Herrschaftshäusern mit Gärten, in denen Zitronen, Orangen und Zedern im Freien gedeihen.

Um die Faszination des Tessins zu entdecken, genügen oft schon ein Abend in einem lauschigen Grotto, ein Stück Tessiner Käse und ein Glas Merlot. Aber auch die kulinarischen Höhenflüge sind ein echter Genuss: Risotto mit Mascarpone und Tessiner Luganighetta mit Pistazien verfeinert, Zanderfilet auf Spargelbett mit Proseccoschaum oder Brasato al Merlot mit Polenta «Terreni alla Maggia».

Im Sunstar Boutique Hotel Villa Caesar wird den Gästen als besonderes Highlight ein Tisch auf ihrem privaten Balkon eingedeckt, an dem sie ein romantisches Abendessen mit atemberaubender Aussicht auf den See geniessen können.

GIOVANNI

Das Menü

VON KÜCHENCHEF GIOVANNI GALVALISI

Vorspeise
Grillgemüse-Variation mit lauwarmem Tessiner Tomino, Rucola und Balsamico-Vinaigrette

Suppe
Leichte Lauchcremesuppe mit Morcheln und Petersilie

Risotto-Zwischengang
Risotto Terreni alla Maggia mit Mascarpone, Tessiner Luganighetta und Pistazien

Hauptgang
Zanderfilet auf Spargelbett mit Proseccoschaum

Dessert
Vanille-Panna-Cotta mit Erdbeeren und Minze

Lokales Spezialitätengericht
Brasato al Merlot, Polenta Terreni alla Maggia

▶ REZEPTE FÜR 4 PERSONEN BERECHNET, FALLS NICHT ANDERWEITIG VERMERKT.

Vorspeise

Grillgemüse-Variation mit lauwarmem Tessiner Tomino, Rucola und Balsamico-Vinaigrette

Aubergine, Zucchini und Chilischote putzen, waschen und in ca. 5 mm dicke Scheiben schneiden. Das Gemüse grillen, in eine Pfanne legen und Rosmarin, gehackten Knoblauch und Olivenöl darübergeben.

1	Aubergine	
1	Zucchino	
1	Chilischote	
4	Tomini	
	Balsamico-Essig	
50 g	Honig	
2 dl	Olivenöl extravergine	
1 dl	Sonnenblumenöl	
0,5 dl	Bouillon	
	Salz und Pfeffer	
60 g	Rucola	
	Zwiebelsprossen	
	Rosmarin	
	Knoblauch	

Essig, Honig, Salz und Pfeffer in einen Topf geben und mit dem Stabmixer das Olivenöl und die Bouillon unterrühren.

Das gegrillte Gemüse fächerförmig auf einem Teller anrichten. Zum Schluss die gegrillten Tomini dazulegen und mit dem Rucola und den Zwiebelsprossen dekorieren und mit der Balsamico-Vinaigrette beträufeln.

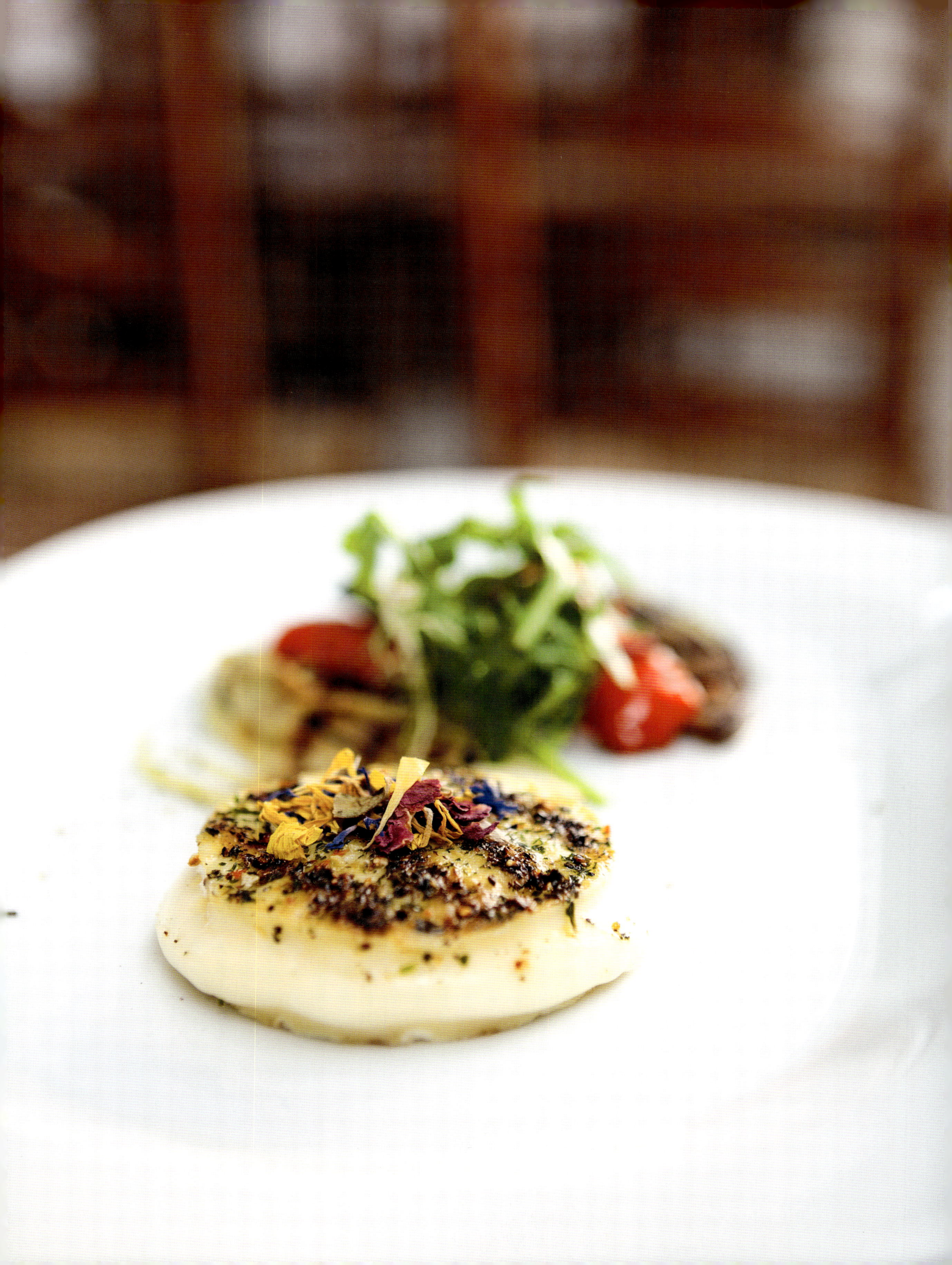

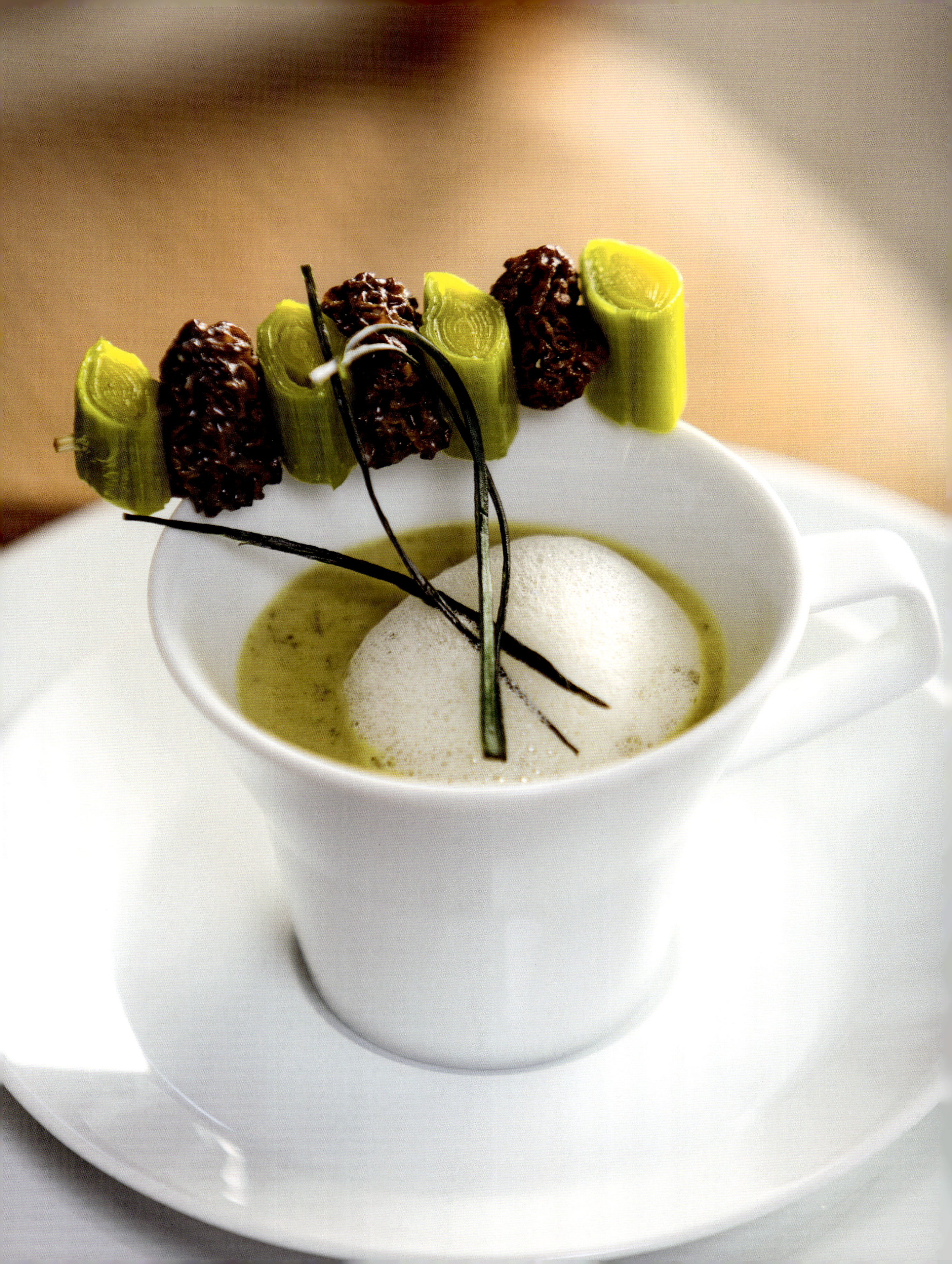

Suppe

Leichte Lauchcremesuppe mit Morcheln und Petersilie

Den Lauch waschen und in 2 cm Stücke schneiden, Zwiebel, Karotte und Sellerie schälen und in kleine Würfeli schneiden. In einem Topf Zwiebel, Karotte und Sellerie dünsten. Die klein geschnittenen Kartoffeln dazugeben und nach 2 Minuten mit Bouillon ablöschen und zugedeckt 1 Stunde weich kochen lassen.

Die im lauwarmen Wasser aufgeweichten Morcheln in Scheiben schneiden und in einer Pfanne mit Nussöl anbraten lassen. Mit Salz und Pfeffer würzen. Die Suppe mit dem Stabmixer pürieren und durch ein Sieb streichen. Die Suppe in einen Topf mit Rahm giessen und aufkochen lassen, mit Salz und Pfeffer würzen und bei Bedarf mit Bouillon verdünnen.

Die Lauchcremesuppe mit Morchelscheiben in Suppentassen verteilen, warme Morcheln und einen Teil der gekochten Lauchstängel auf einen Holzspiess stecken und mit Petersilie dekorieren. Weitere Garnituren: getrocknete Lauchstreifen und Milchschaum.

Für ca. 10 Personen

2	Stangen Lauch (500 g)
1	Zwiebel
2	Kartoffeln (150 g)
150 g	Sellerie
1	Karotte
1 dl	Nussöl
50 g	getrocknete Morcheln
20 g	Petersilie, gehackt
1 l	Gemüsebouillon
2 dl	Rahm

Risotto-Zwischengang

Risotto Terreni alla Maggia mit Mascarpone, Tessiner Luganighetta und Pistazien

Die Bouillon wird in einem Topf heiss gehalten. Die Zwiebeln klein schneiden und in einer Pfanne anbraten. Den Reis dazugeben und unter Rühren glasig dünsten. Den Wein dazugiessen und so lange rühren, bis er verdampft ist. Die heisse Bouillon dazugeben und leicht kochen lassen.

Die Luganighetta von der Schale trennen und in kleine Stückchen schneiden. Das restliche Olivenöl in einer Pfanne erhitzen, die Luganighetta zugeben und sautieren, nach ca. 10 Minuten die Luganighetta und die Pistazien unter ständigem Rühren zum Reis geben. Am Schluss der Kochzeit (ca. 20 Minuten) Mascarpone, Nussöl und Butter untermischen, den Parmesan einrühren und mit Salz und Pfeffer würzen. Mit dem restlichen Mascarpone und Petersilie garnieren.

Der Risotto kann mit oder ohne Luganighetta-Schnecke serviert werden.

200 g	Risottoreis Terreni alla Maggia
100 g	Zwiebeln
1 dl	Weisswein
0,8–1 l	Rindsbouillon
150 g	Mascarpone
50 g	Butter
50 g	Parmesan
200 g	Luganighetta
50 g	Pistazien, geröstet
2 EL	Nussöl
10 g	Petersilie, gehackt
	Salz und Pfeffer

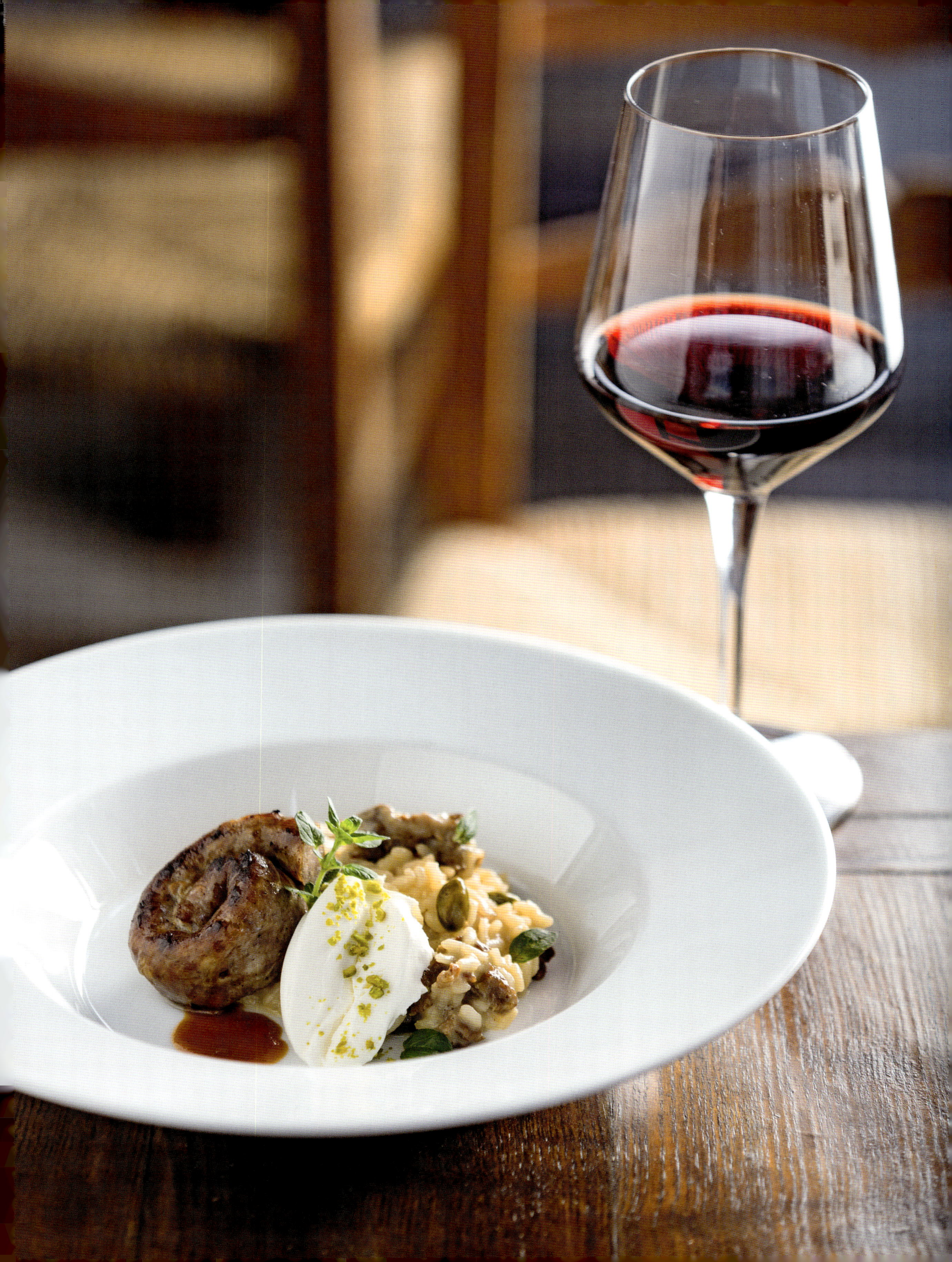

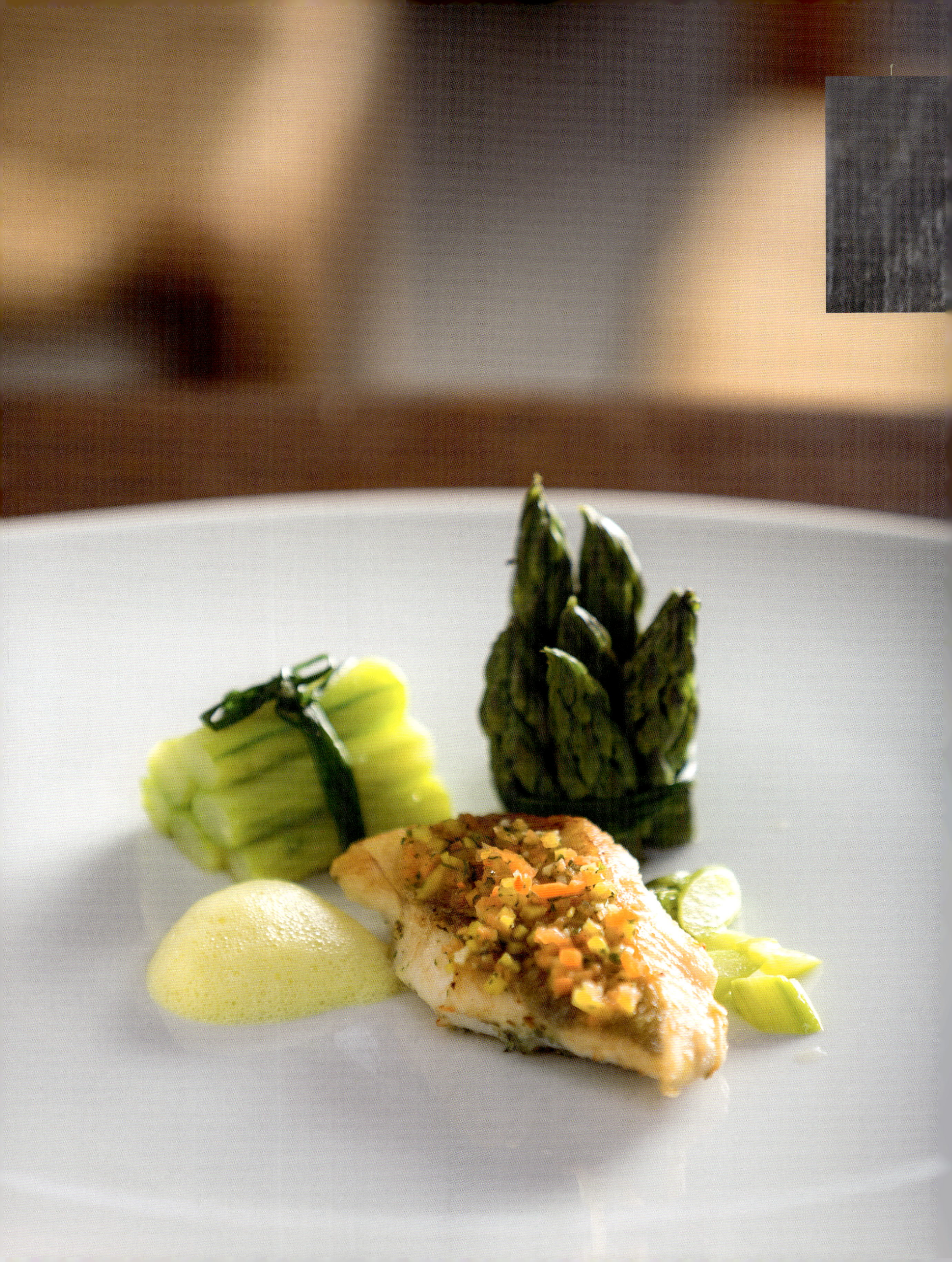

Hauptgang

Tessiner Zanderfilet auf Spargelbett mit Proseccoschaum

Die Spargeln waschen und schälen. Die Spitzen abschneiden und die Stangen in 0,5 cm dicke Rondellen schneiden. Salzwasser aufkochen und die Spargelspitzen 4 Minuten aufköcheln lassen. Anschliessend abgiessen.

In einer Pfanne die Zwiebeln im Öl andünsten. Den Prosecco dazugeben und langsam ca. 3–4 Minuten köcheln lassen. Milch, Rahm und Safran dazugeben und mit Salz und Pfeffer würzen. Kochen lassen.

Die Zanderfilets halbieren, salzen und mit Mehl bestreuen. In einer Pfanne die Spargelstangen in Butter leicht braun werden lassen und mit Salz und Pfeffer würzen.

Die Zanderfilets auf beiden Seiten in Nussöl anbraten. Die Spargelstangen auf einem Teller anrichten, die Zanderfilets darüberlegen und mit dem Mixer die Prosecco-Mischung schaumig rühren. Anschliessend mit Spargelspitzen und Proseccoschaum dekorieren.

4	Zanderfilets (je ca. 150 g)
50 g	Mehl
	Salz und Pfeffer
1 dl	Nussöl
800 g	Spargel
50 g	Butter
100 g	Zwiebel
2 dl	Prosecco
3 dl	Milch
1 dl	Rahm
wenig	Safran

GARNITUR
Gemüsebrunoise mit Tessiner Thymian

Dessert

Vanille-Panna-Cotta mit Erdbeeren und Minze

Die Gelatine einweichen. Die Vanilleschote längs aufschneiden und mit Rahm, Milch und Zucker zum Kochen bringen. Die Erdbeeren putzen und unter fliessendem Wasser abspülen, abtropfen lassen und klein schneiden. Erdbeerstückchen, Puderzucker und die fein geschnittene Minze in einen Topf geben.

Die Gelatineblätter abtropfen lassen und im Rahm auflösen, gut rühren und durch ein feines Sieb passieren. Den Rahm in die Förmchen füllen und im Kühlschrank mindestens 3 Stunden fest werden lassen.

Die Panna Cotta kann auch gestürzt serviert werden. Mit Erdbeeren und Minzeblättern dekorieren und servieren.

100 ml	Milch
300 ml	Rahm
150 g	Zucker
6 g	Gelatine
1	Vanilleschote
400 g	Erdbeeren
50 g	Puderzucker
8	Blätter Minze

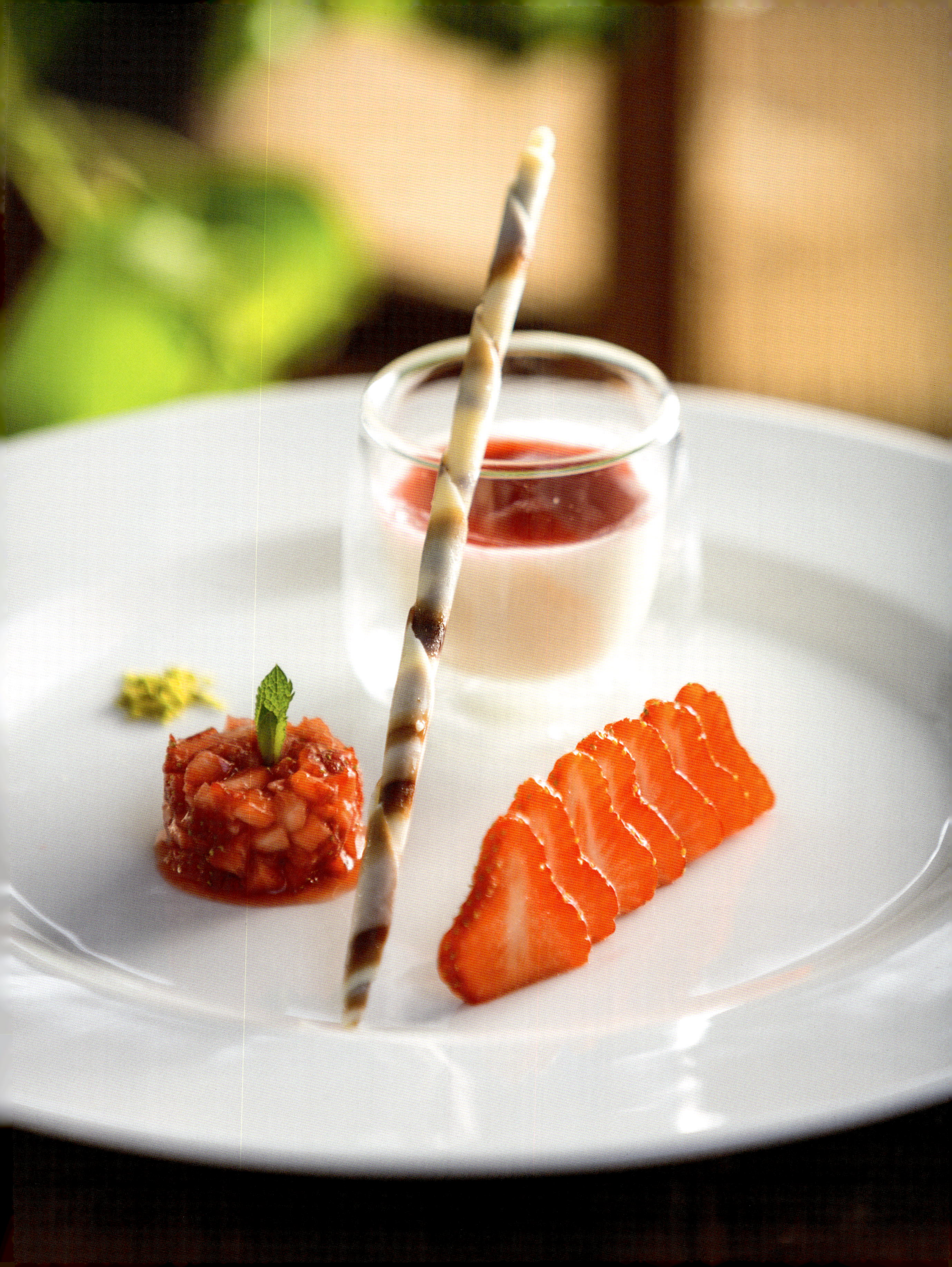

Lokales Spezialitätengericht

Brasato al Merlot del Ticino, Polenta Terreni alla Maggia

Karotten, Lauch und Zwiebeln grob würfeln. Das Fleisch zusammen mit dem Gemüse in einen Gefrierbeutel geben, Pfefferkörner und Thymianzweige dazugeben und mit Wein aufgiessen. Verschliessen und 24 Stunden im Kühlschrank ziehen lassen.

Das Fleisch aus der Marinade nehmen. Olivenöl und Butter in einem Schmortopf erhitzen und das Fleisch auf allen Seiten gut anbraten. Salzen und pfeffern.

Eingelegtes Gemüse mitbraten und mit Wein und Kalbsfond aufgiessen. Gut drei Stunden schmoren lassen – dabei bei Bedarf Wein nachgiessen und den Braten hin und wieder wenden.

Braten herausnehmen und warm stellen. Die Sauce passieren und etwas einkochen lassen, nochmals abschmecken. Das Wasser in einen Topf geben und aufkochen lassen. Den Polentagriess unter Rühren ins Wasser geben und unter häufigem Rühren bei mittlerer Hitze ca. 60–90 Minuten köcheln lassen. Zum Schluss die Butter hinzufügen und gut umrühren.

BRASATO

800 g	Rindfleisch, z.B. flache Schulter
1	Flasche Merlot
3 dl	brauner Kalbsfond
2	Karotten
1	Stange Lauch
2	Zwiebeln
1 TL	Pfefferkörner
2	Thymianzweige
2 EL	Butter
3 EL	Olivenöl
	Salz

POLENTA

1,5 l / 1,8 l	gesalzenes Wasser
12 g	Salz
500 g	Tessiner Polentagriess
100 g	Butter

GARNITUR
glasiertes Saisongemüse

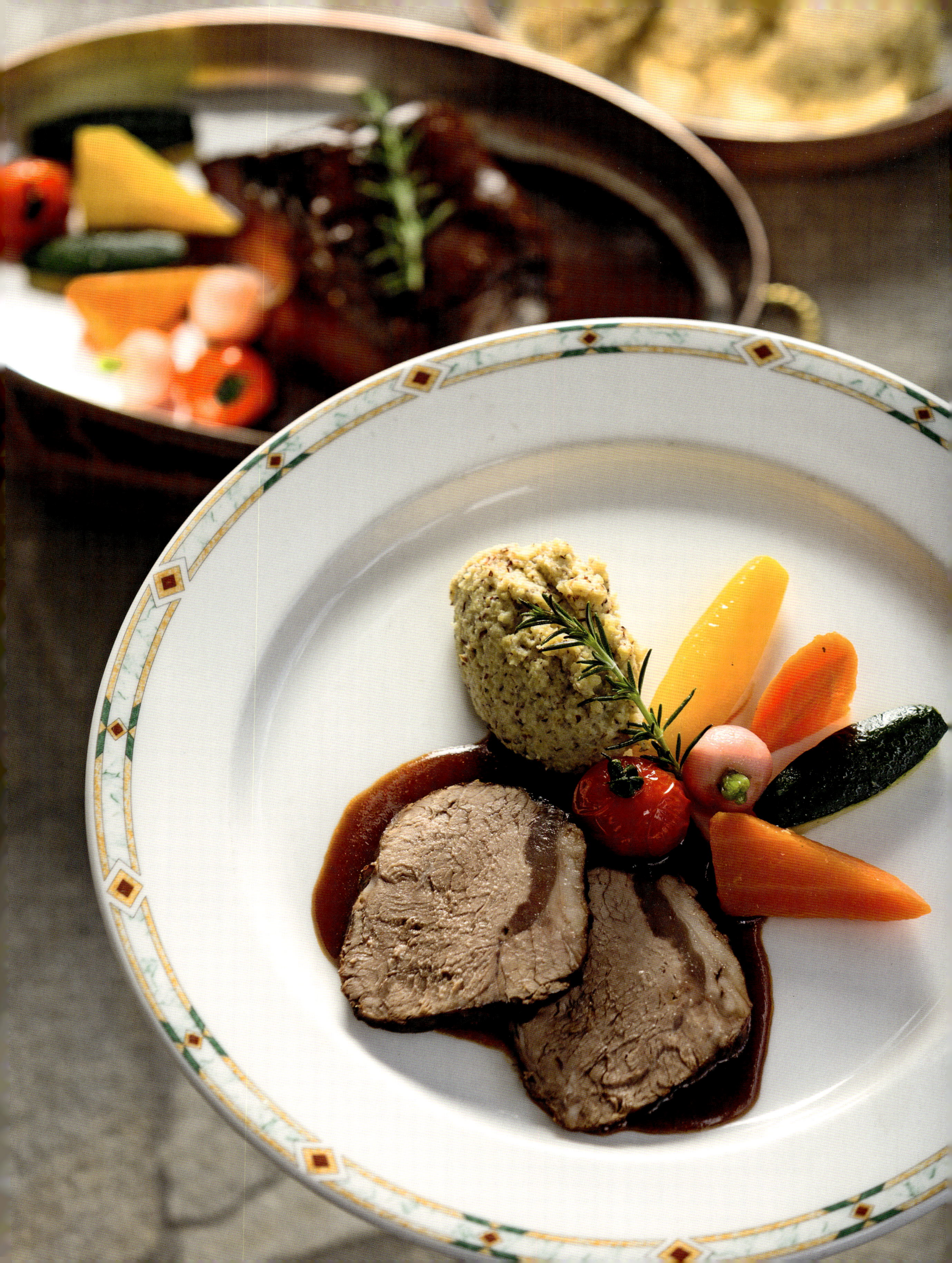

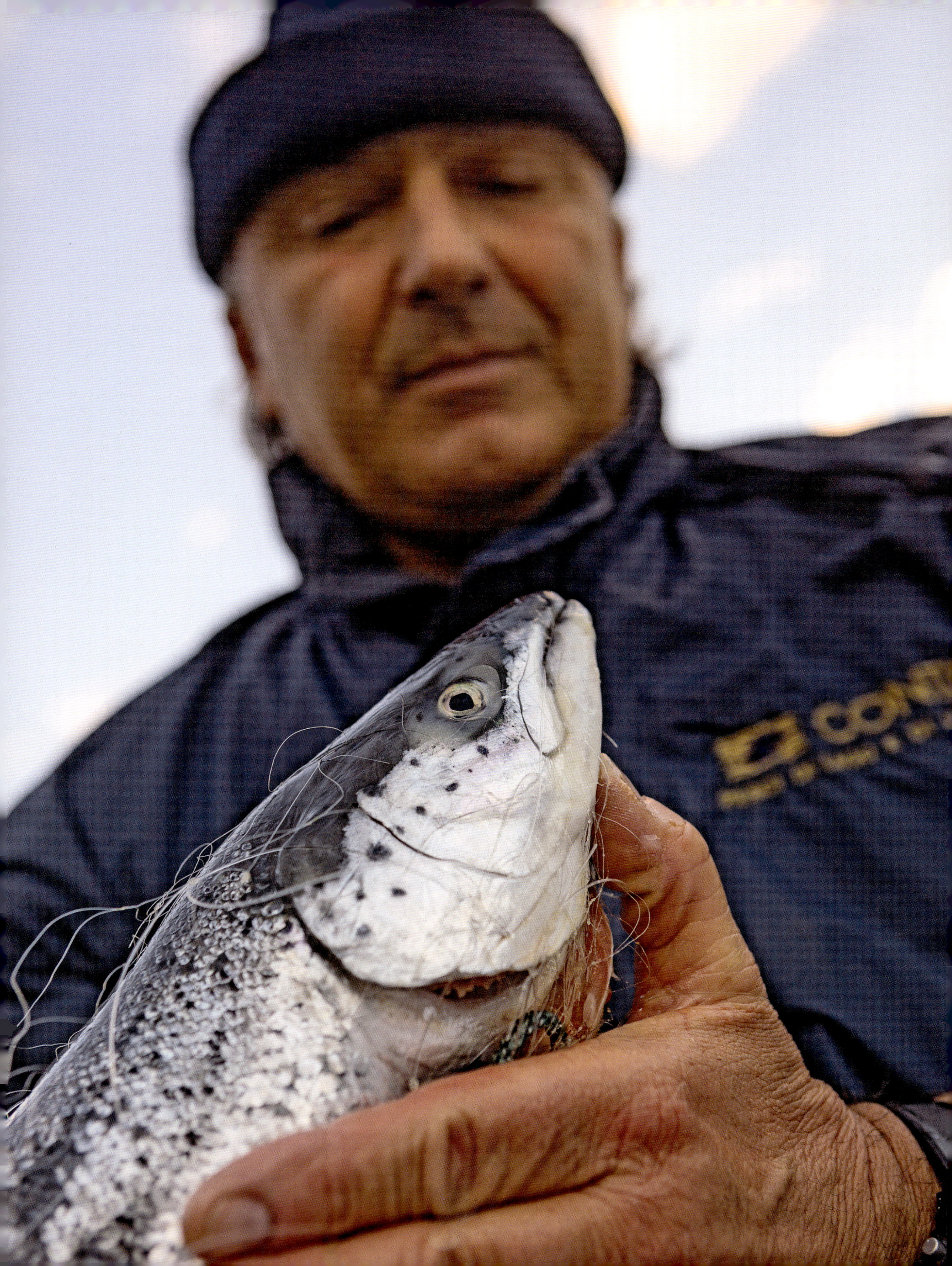

FISCHER IVANO CONTI, PORTO RONCO

40 Jahre schon fährt Ivano Conti auf den Lago Maggiore hinaus – bei Wind, Regen und Sturm durch hohe Wellen oder lautlos über das spiegelglatte Wasser – und gibt sich seiner Leidenschaft, der Fischerei, hin. Im zarten Alter von sieben Jahren hat er mit der Angel Fische gefangen und mit zehn Jahren hatte er grosse Freude, die Berufsnetze auf dem See auszuwerfen. Die Kunst der Fischerei hat ihm damals sein Onkel, Linneo Poroli, beigebracht, der ihm sein Wissen über den See verraten hat. Als Knabe putzte er nach dem Fang die Fische, nahm sie aus, filetierte sie und lieferte sie mit seinem Fahrrad an die Bewohner der umliegenden Dörfer. Die Jahre vergingen, der kleine Fischer wuchs und mit ihm auch der Erlös aus seinen Verkäufen.

Sein Fischerladen befindet sich direkt am Ufer des Lago Maggiore, mit einer herrlichen Sicht auf die Isole di Brissago. Die Gäste und Kunden bewundern die Virtuosität und Professionalität, mit welcher Conti die frisch gefangenen Fische für seine zahlreichen und treuen Kunden aus Gastronomiebetrieben und privaten Haushalten zubereitet. Mit spürbarer Herzlichkeit bedient und berät er seine Kunden, die er auch gerne in sein persönliches Museum einlädt mit Ausrüstungsgegenständen der Fischerei, die an alte Zeiten erinnern, ohne die Gegenwart zu vergessen. Bei einem geselligen Grillabend im Sunstar Boutique Hotel Villa Caesar werden die frischen Fische mit viel Liebe zubereitet und den hungrigen Gästen serviert.

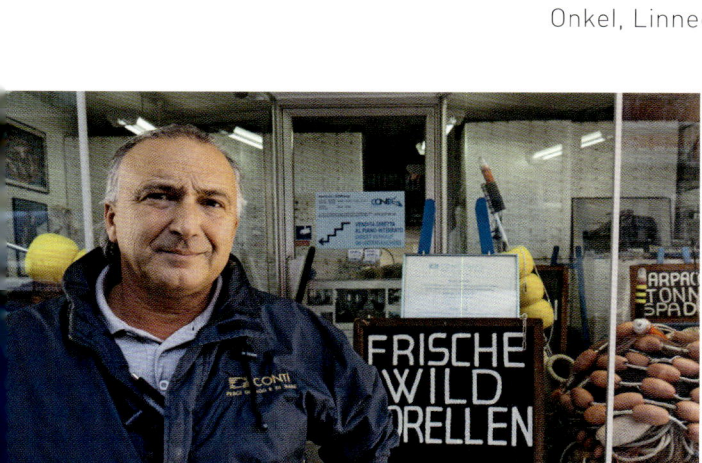

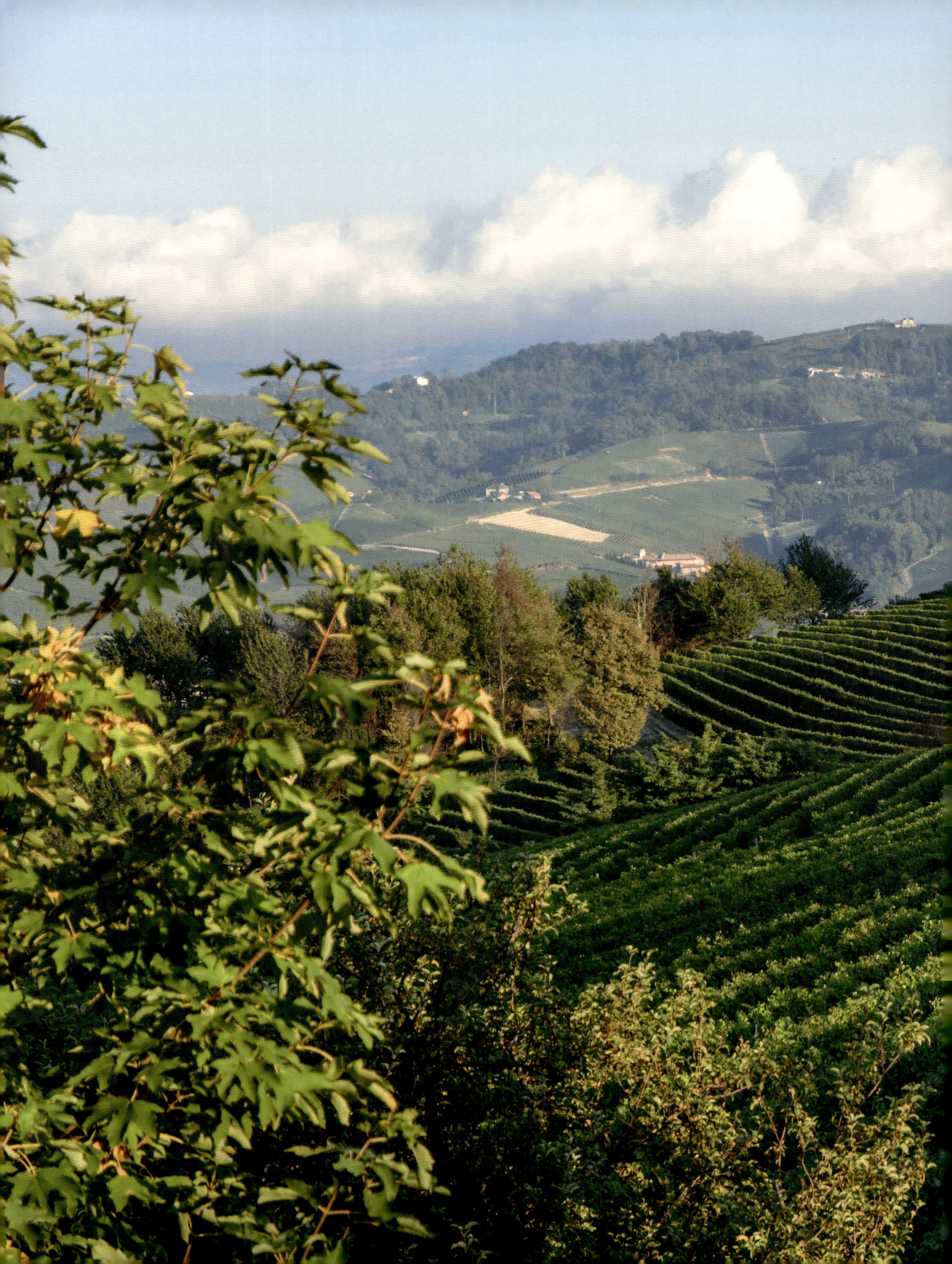

Piemont – das Land am Fusse der Berge

TRINCHERO
BARBARESCO
1999
CONT. BOTT. 6 x 75 cl
BERSANO
ITALIA
MB
CONTIENE
6 BOTTIGLIE
MB
CONTIENE
6 BOTTIGLIE
CONTIENE

Die Region Piemont umfasst den nordwestlichen Teil des italienischen Alpengürtels. Die Umgebung mit den malerischen Dörfern, der Hügellandschaft und den feinen kulinarischen Spezialitäten ist im Vergleich zu anderen italienischen Regionen weit weniger touristisch erschlossen und noch ein echter Geheimtipp fernab von Hektik und Stress. Wer im Piemont zu Gast ist, kann sich so richtig verwöhnen lassen.

Zu den regionalen Spezialitäten zählen die prachtvollen weissen Trüffel und namhafte Weine wie der Barolo sowie der in Isola d'Asti angebaute Barbera d'Asti. Zudem bietet die Po-Ebene ideale Bedingungen für den Anbau von Reis – rund ein Drittel der europäischen Reisproduktion stammt aus dieser Region. Die mediterranen Zutaten werden vom Küchenchef des Sunstar Boutique Hotels Castello di Villa zu schmackhaften Gerichten wie der Kalbshaxe an Gremolata-Sauce mit sämigem Barbera-Risotto oder den Gnocchi Piemontese verarbeitet und unter freiem Himmel serviert. Die Auswahl der edlen Tropfen lässt die Herzen der Weinliebhaber höher schlagen und wird in einem begehbaren Gewölbe-Weinkeller präsentiert. Das umliegende Gebiet lockt mit zahlreichen Kellereien, die zu feinen Weindegustationen einladen, mit spannenden Trüffelmonaten im Herbst und von Römern geprägten Städtchen, die zum Flanieren und Bummeln einladen.

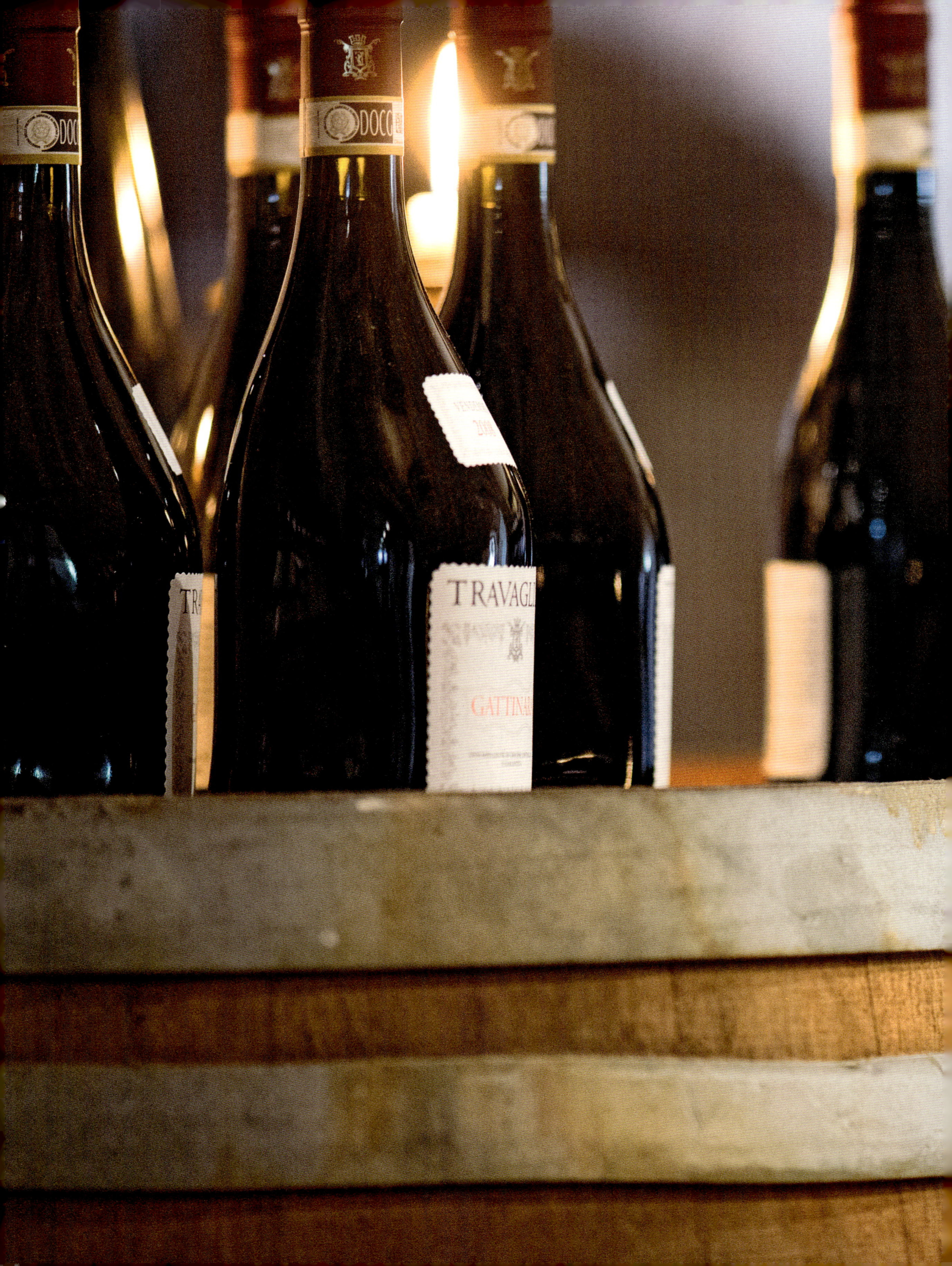
TRAVAGLI
GATTINAR

Das Menü

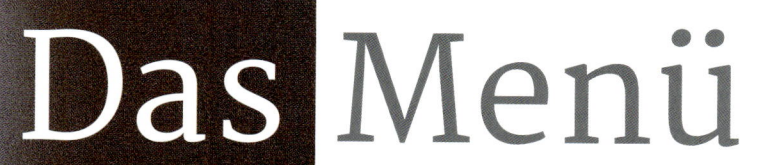

VOM GASTGEBER PETER MÜLLER UND URS MESSERLI

Vorspeise
Rindscarpaccio mit Parmesan-Mousse

Suppe
Frühlingssuppe mit Polenta und Kräutern

Pasta-Zwischengang
Ravioli del plin

Hauptgang
Kalbshaxe, Gremolata-Sauce, Barbera-Risotto

Dessert
Haselnusskuchen mit Zabaglione

Lokales Spezialitätengericht
Kartoffel-Gnocchi mit glatter Petersilie
und Babykarotten

▶ REZEPTE FÜR 4 PERSONEN BERECHNET,
FALLS NICHT ANDERWEITIG VERMERKT.

Alpenküche   Isola d'Asti (Piemont)

Vorspeise

Rindscarpaccio mit Parmesan-Mousse

PORTWEIN-ASPIK

80 g	Pilze
1 dl	Portwein
1 dl	Nebbiolo
4 g	eingeweichte Gelatine
	Salz und Pfeffer

PARMESAN-MOUSSE
(für 10 Personen)

370 ml	offene Milch/Rohmilch
125 ml	Vollrahm
4	Blätter Gelatine
250 g	Parmesan, gerieben
175 g	Mascarpone
60 g	Philadelphia Cream Cheese
200 ml	Vollrahm, geschlagen
	Salz, Pfeffer aus der Mühle
	Trüffelöl

RINDSCARPACCIO (für 4 Personen)

250 g	Rindsfilet (sauber pariert, ohne Sehnen und Flexen)
1 EL	Limettensaft
3 EL	kaltgepresstes Olivenöl
	Pfeffer aus der Mühle
	Fleur de Sel
20 g	Shisho-Kresse
50 g	Parmesanspäne

Die klein gewürfelten Pilze mit wenig Olivenöl dünsten und in die Förmchen geben. Den Wein erwärmen und die eingeweichte Gelatine darin auflösen. Abschmecken und mit dem Aspik die Pilzwürfel knapp bedecken und vollständig bis zum Festwerden erkalten lassen.

Den Käse in die warme Milch geben, den Rahm einrühren und so gut wie möglich auf kleinem Feuer auflösen. Erkalten lassen, gut abschmecken mit Pfeffer, wenig Salz, Trüffelöl und etwas Tabasco. In kaltem Wasser eingelegte Gelatine einrühren, abschmecken, vor dem Stocken den Schlagrahm daruntermelieren und sofort abfüllen. In passende Förmchen geben, welche vorher mit Portwein-Pilz-Aspik ausgegossen wurden. Erkalten lassen, stürzen, schneiden und anrichten. Dazu ein Brioche-Toast reichen und mit Parmesancracker garnieren.

Das Rindsfilet in dünne Tranchen schneiden und zwischen zwei Folien dünn plattieren.

Limettensaft, kalt gepresstes Olivenöl, Pfeffer und Salz zusammenrühren, abschmecken, mit einem Pinsel auf den gewünschten Teller streichen. Die hauchdünnen Rindsfilettranchen darauf anrichten.

Das restliche Dressing auf die Kresseblätter und das Carpaccio träufeln und den Parmesan darüberstreuen. Pfeffer und Fleur de Sel daraufstreuen.

Als Garnitur eignet sich Briochetoast und Parmesan-Käsecracker (siehe Rezept Seite 92).

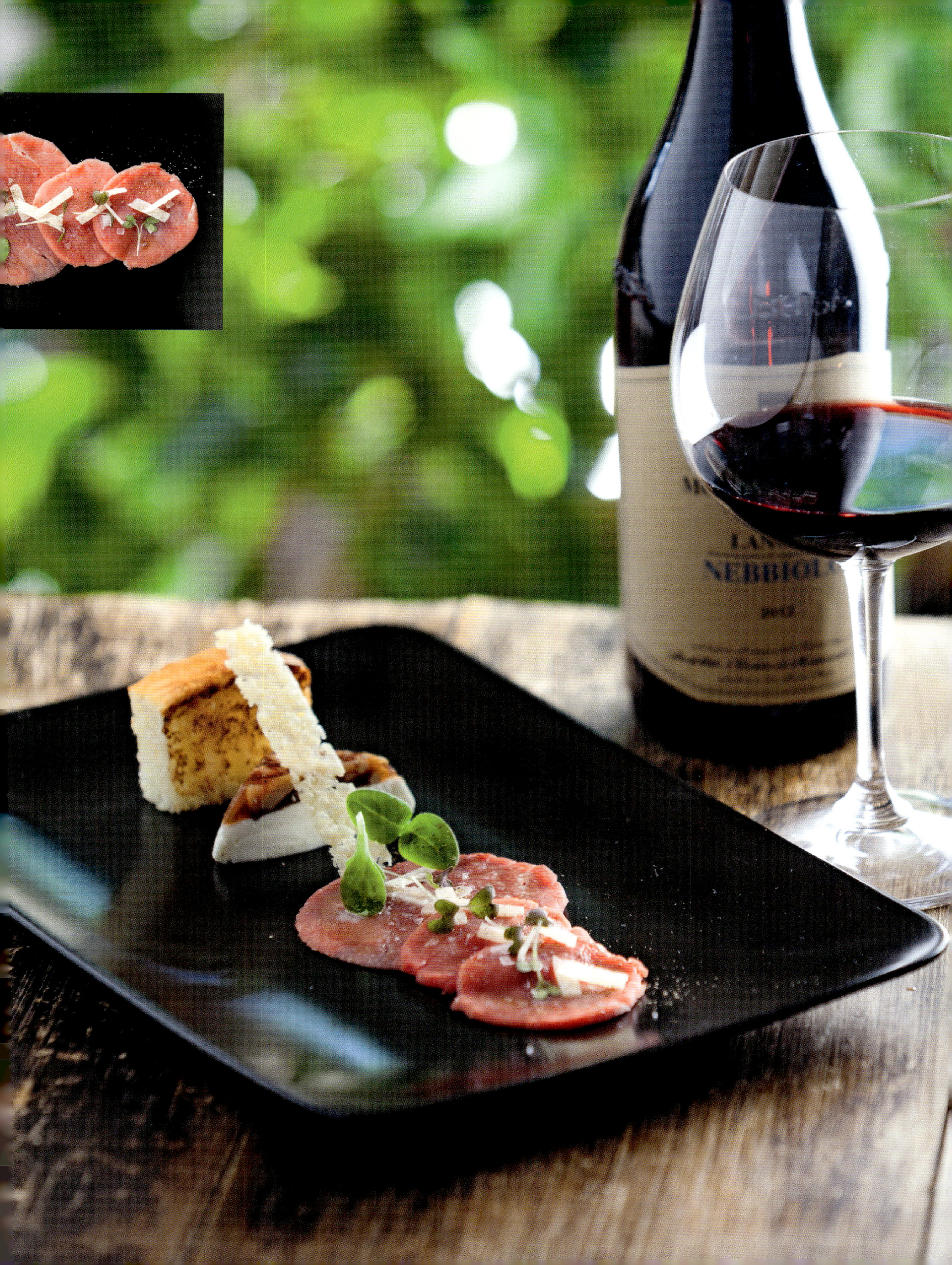

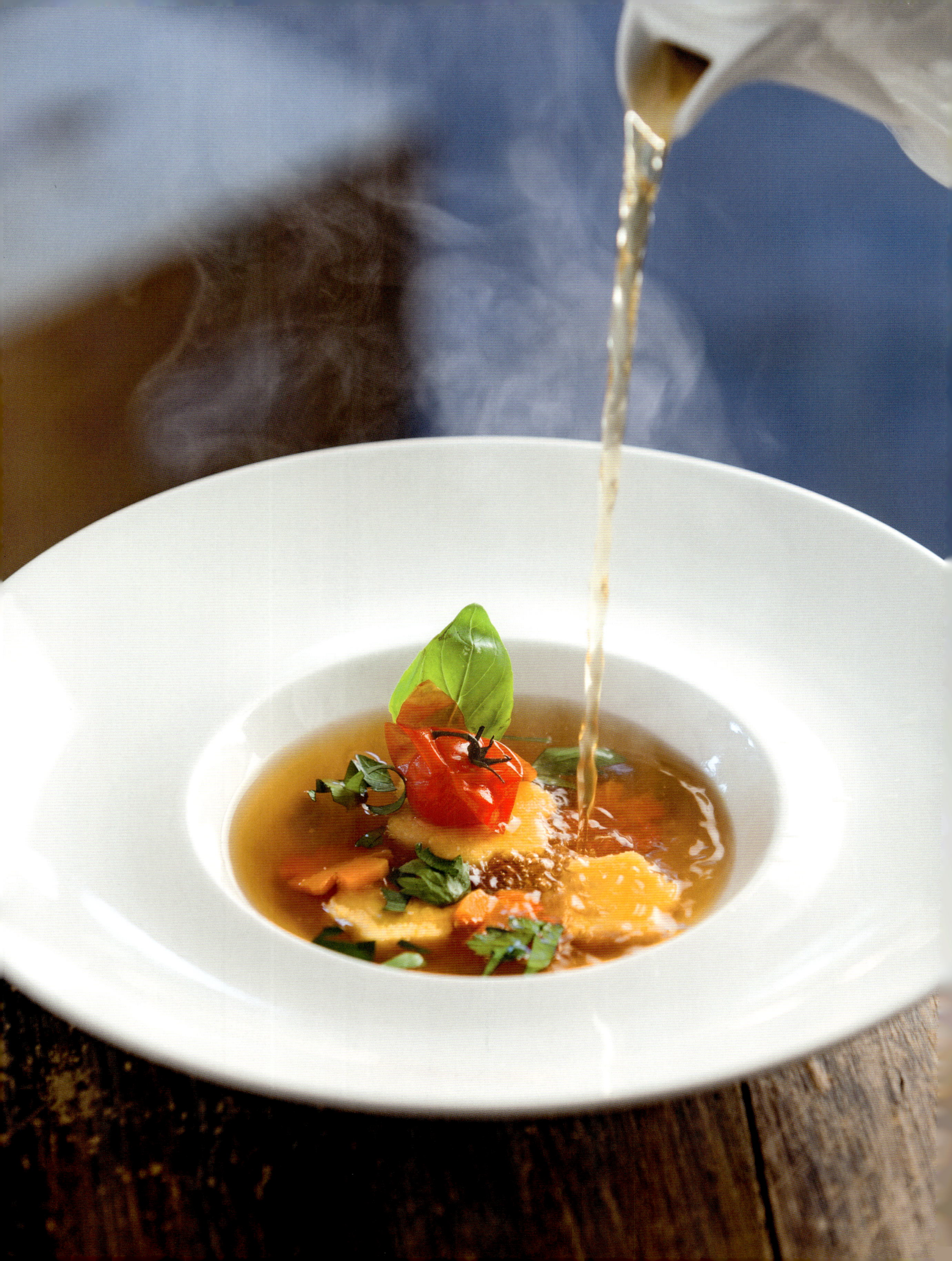

Suppe

Frühlingssuppe mit Polenta und Kräutern

6 dl	kräftige Rinds- oder Geflügelbouillon
100 g	Polenta, gekocht
20 g	Käsewürfel (Halbhartkäse Piemont)
10 g	Kräuter, gehackt
1	Ei
3 EL	Erbsen
20 g	Karottenwürfel
20 g	Frühlingszwiebelringe
20 g	Thymian, Basilikum, Petersilie, Salbei

Die warme Polenta mit Käse, Kräutern und Ei gut vermengen und in einem passenden Förmchen backen. Erkalten lassen und nach Belieben schneiden und zusammen mit den gekochten Erbsen und Karotten und den blanchierten Frühlingszwiebelringen in Suppentellern anrichten und mit der heissen Brühe übergiessen.

Pasta-Zwischengang

Ravioli del plin

Kartoffeln in der Schale kochen, schälen, austrocknen lassen und pürieren. Den gehackten Rosmarin und die fein gehackten violetten Zwiebeln leicht konfieren und mit der Butter und dem Olivenöl in die Kartoffelmasse geben. Gut abschmecken und Ravioli damit füllen.

Wasser, Öl und Eier gut verrühren. Das Mehl und den Hartweizendunst beifügen und den Teig kurz verarbeiten. Den Teig vor Gebrauch gut ruhen lassen. Den Teig am besten stark vakuumieren, so lässt er sich besser verarbeiten.

Den Teig sollte man besser nicht salzen, da er leicht brüchig wird, dagegen das Wasser beim Abkochen gut salzen.

Anrichtvariante: Ravioli mit Salbeibutter, confiture d'oignons und getrockneten Zwiebeln anrichten.

Für 4 bis 6 Portionen
250 g	Nudelteig
250 g	Kartoffeln (Schalenkartoffeln, z.B. Charlotte), gekocht
40 g	Butter
25 ml	Olivenöl Ravida
1 EL	konfierte Schalotten
10 g	frischer Rosmarin
	grob gemahlener Pfeffer aus der Mühle

NUDELTEIG
Für 40 Personen zu 100 % (Nettomenge)
150 ml	Wasser
50 g	Rapsöl
6	Eier
800 g	Weissmehl
200 g	Hartweizendunst

ANRICHTEN
40 g	Salbeiblätter
80 g	Butter

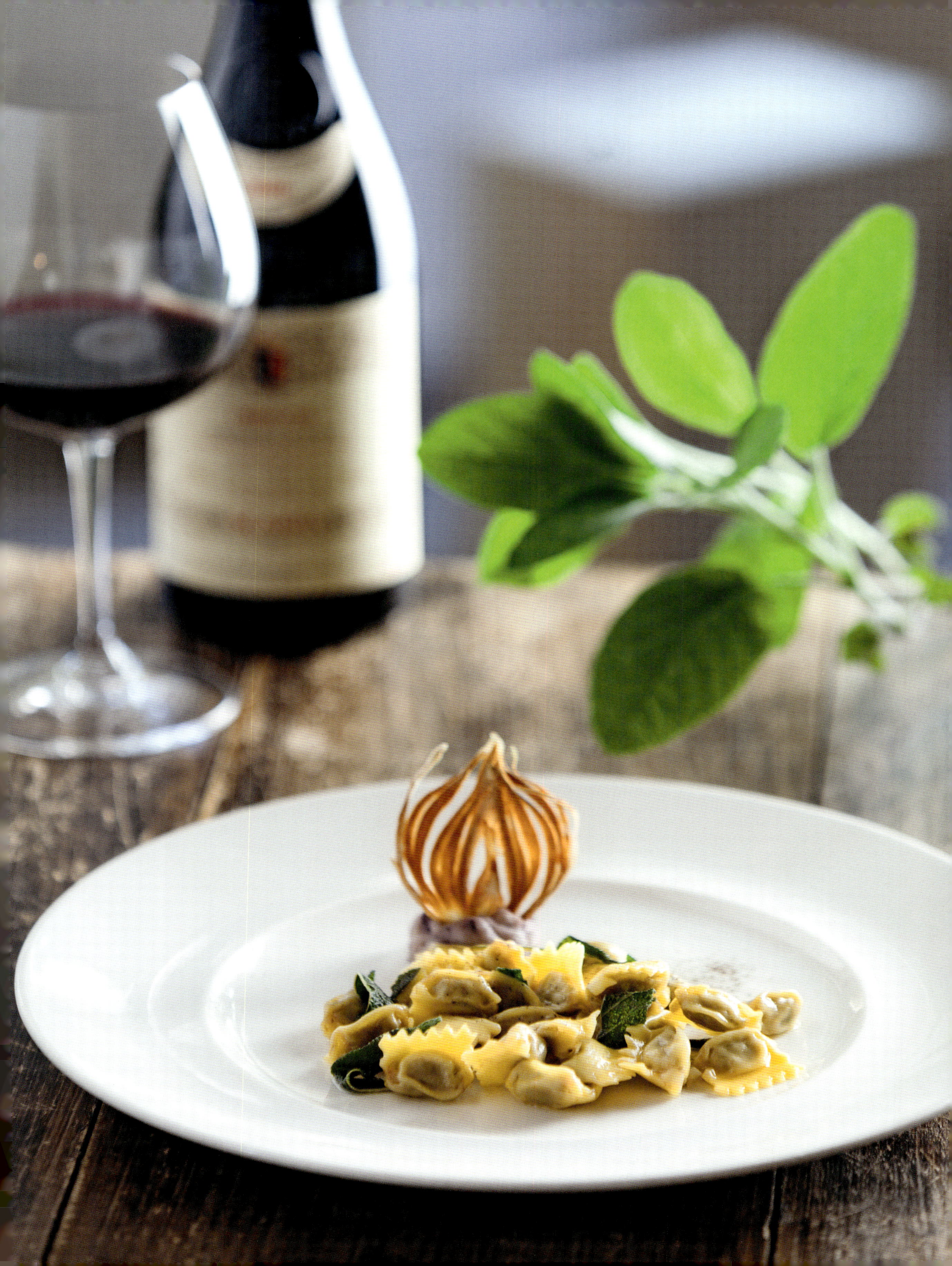

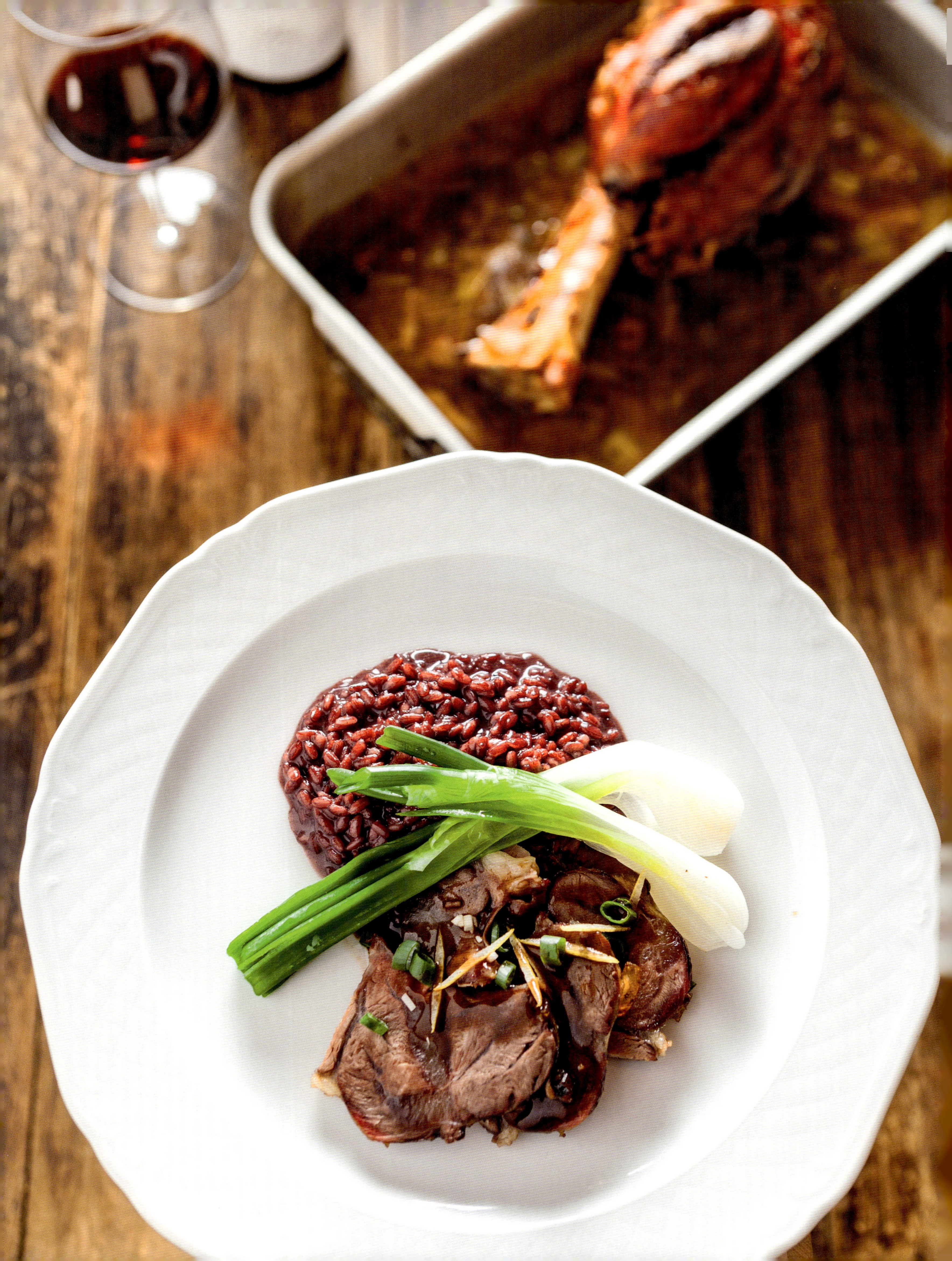

Hauptgang

Kalbshaxe, Gremolata-Sauce, Barbera-Risotto

Den Knoblauch, Zitronenzesten und wenig Kümmel hacken für Gremolata. Die Petersilie zupfen, waschen und fein hacken.

Die Kalbshaxe würzen und allseitig nicht zu stark anbraten. Das Fleisch herausnehmen, Öl abgiessen, Mirepoix beigeben und leicht andünsten. Das Tomatenpüree ebenfalls leicht andünsten. Das Fleisch und die Gewürze beifügen und mit Weisswein ablöschen. Etwas braunen Fond beigeben und unter Arrosieren sirupartig einkochen lassen. Bis zu einem Viertel der Höhe mit braunem Kalbsfond auffüllen. Anschliessend das Fleisch zugedeckt im Ofen unter Arrosieren weichschmoren lassen. In der Endphase wird das Fleisch mit der eingesogenen Flüssigkeit glasiert. Das Fleisch herausnehmen und warmstellen. Die Schmorflüssigkeit mit restlichem Kalbsfond auffüllen, aufkochen und mit Maizena leicht binden. Sauce abpassieren und abschmecken und Gremolata-Gewürze einrühren. Die restliche Sauce separat servieren.

Schalotten und den Knoblauch schälen und fein hacken und im Olivenöl dünsten. Den Reis dazugeben, gut mitdünsten und mit einem Drittel des Kochweins und etwas Bouillon ablöschen. Lorbeerblätter und Salbei dazugeben. Nach und nach mit Bouillon und Barbera aufgiessen (zum Vorkochen nur zwei Drittel der gesamten Flüssigkeitsmenge verwenden). 17–18 Minuten langsam sieden, zeitweise mit Holzlöffel vorsichtig umrühren. Den restlichen Wein, Butter und Reibkäse sorgfältig darunterziehen und abschmecken. Die Gewürze zuletzt dazugeben.

Der Flüssigkeitsbedarf schwankt im Verhältnis zum Reis zwischen 1:2½ und 1:3. Durch das Zufügen von Wein am Schluss wird der Garprozess unterbrochen und das Weinaroma bleibt stärker erhalten, als wenn man mit dem Wein am Anfang ablöscht und ihn verdampfen lässt.

Garnieren mit Zitronenzesten und glasierten Bundzwiebeln.

Für 10 Personen zu 100 % (Nettomenge)

3,5 kg	ganze Kalbshaxe, dressiert
20 g	Gewürzsalzmischung Fleisch
100 ml	Erdnussöl
350 g	Mirepoix
50 g	Tomatenpüree
1	frischer Thymianzweig
100 g	frische Salbei
1	frischer Rosmarinzweig
200 ml	weisser Kochwein
1,5 l	brauner Kalbsfond
10 g	Maizena
	Knoblauch, Zitronenzesten, Kümmel
4 Bund	Frühlingszwiebeln

GARNITUR

40 g	frische gekrauste Petersilie
	Salz und Pfeffer

BARBERA-RISOTTO

100 ml	kaltgepresstes Olivenöl
20 g	Schalotten
2	Knoblauchzehen
600 g	Carnaroli-Reis Ferraris
8 dl	Bouillon
1 l	Barbera d'Asti
1	Lorbeerblatt
50 g	frischer Salbei, Basilikum und italienische Petersilie gemischt
30 g	Butter
60 g	Parmesan

Alpenküche

Isola d'Asti (Piemont)

Dessert

Piemontaiser Haselnusskuchen mit Zabaglione

Die Eier mit dem Zucker verquirlen, alle anderen Zutaten dazugeben und vermengen. In einer runden Springform mit ca. 25 cm Durchmesser im Ofen bei 160 °C 40 Minuten backen.

Alles vermengen, auf kleinem Feuer unter ständigem Schlagen erwärmen, bis eine schön luftige Creme entsteht. Sofort servieren.

Garnitur im Bild: Stracciatellaglace oder Fior-di-latte-Glace, Piemonteser Schokoladen-Tartufo und Haselnussmakronen. Dazu ein Glas erfrischender Moscato d'Asti.

HASELNUSSKUCHEN

300 g	gemahlene Haselnüsse (aus frisch gerösteten Piemontaiser Nüssen)
300 g	Mehl
300 g	Zucker
200 g	weiche Butter
6	Eier
1	Zitrone, Schale gerieben
1	Päckchen Backpulver

ZABAGLIONE

10	Eigelb
10 EL	Zucker
10 EL	Moscato oder Marsala

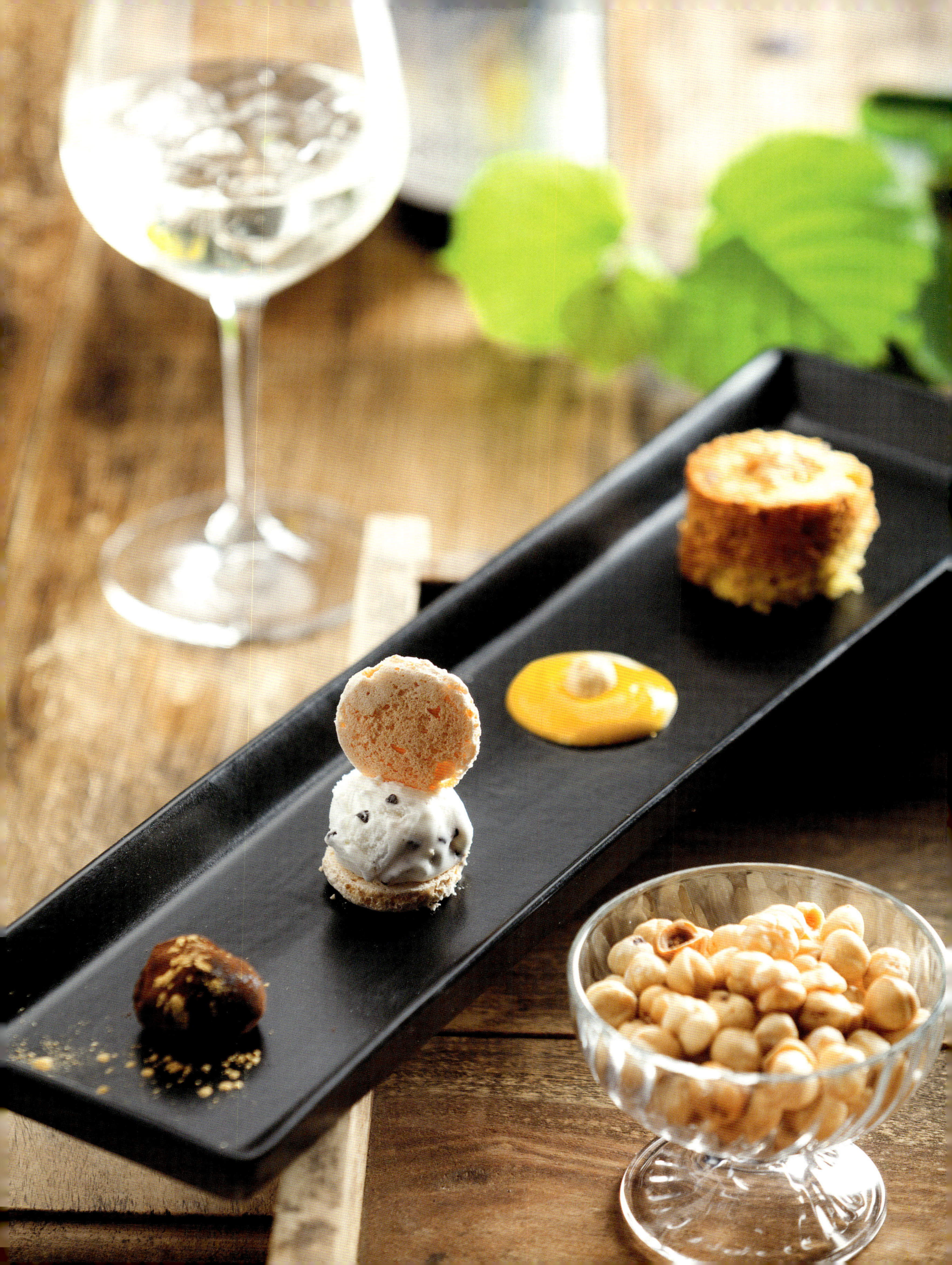

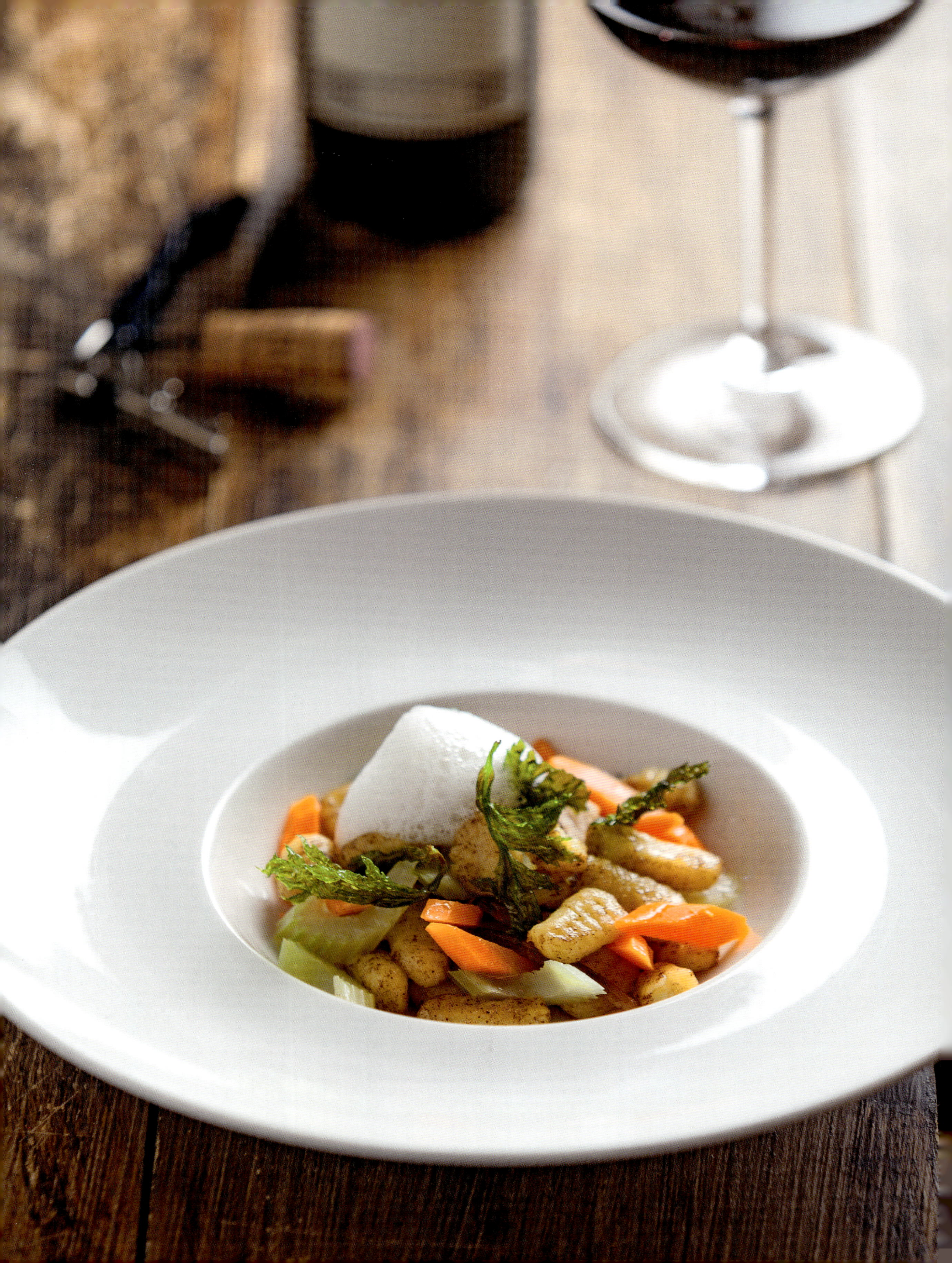

Lokales Spezialitätengericht

Kartoffel-Gnocchi mit glatter Petersilie und Babykarotten

Die gekochten Schalenkartoffeln heiss schälen, passieren und auf einem Blech erkalten lassen.

Petersilie, Eier und Mehl schnell darunterarbeiten. Gut abschmecken, zu Gnocchi formen, pochieren und im Eiswasser erkalten lassen. Die Gnocchi mit Butter ansautieren.

Anrichten und mit wenig aufgeschäumtem Kalbsfond, jungen glasierten Karotten und frittierten Petersilienblättern garnieren.

GNOCCHI (für 8 Personen)

1 kg	Kartoffeln (Schalenkartoffeln), gekocht
100 g	Petersilie, gehackt
2	Eier, Klasse A
2	Eigelb
	Salz, Muskat
280 g	Roggenvollkornmehl
50 g	Maizena

GARNITUR OPTIONAL

100 g	junge Karotten
50 g	glasierter Stangensellerie
10 g	in Olivenöl frittierte Sellerieblätter

Alpenküche — Isola d'Asti (Piemont)

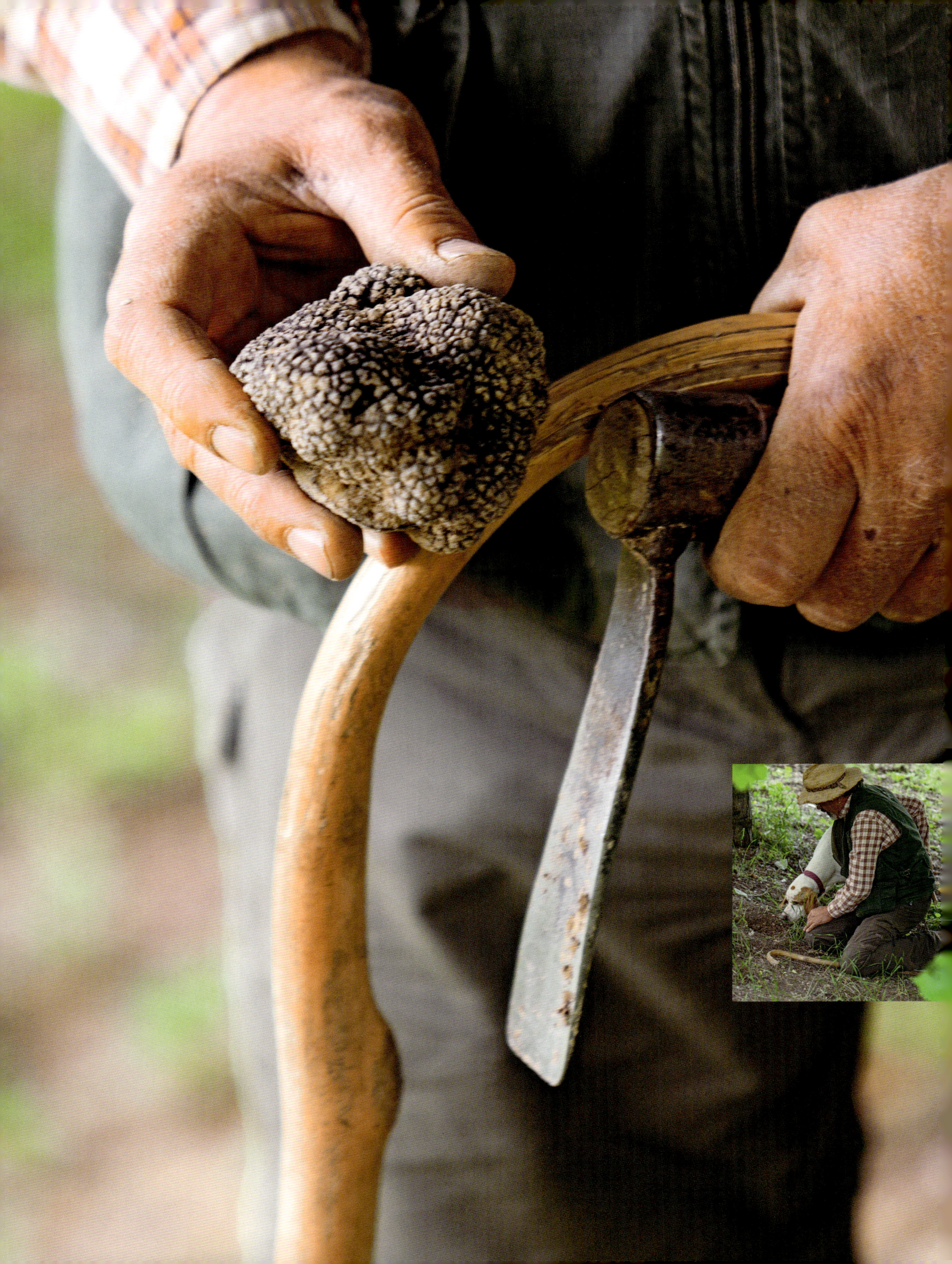

LA CASA DEL TRIFULAU, COSTIGLIOLE D'ASTI

La casa del Trifulau, Haus des Trüffelsuchers, ist eine Oase der Ruhe, wo die Gäste mit viel Charme bewirtet und von den Brüdern Natale und Giorgio in die Kunst des Trüffelsuchens eingeführt werden. Das Innenleben des typisch italienischen Steinhauses birgt eine nostalgische und herzlich warme Atmosphäre, in der bereits der Vater von Natale und Giorgio von den Geheimnissen der Trüffelsuche erzählt hat.

Die kostbaren und treuen Freunde der Piemonteser Trüffelsucher sind die speziell ausgebildeten und streng erzogenen Trüffelhunde. Hunde eignen sich besonders durch ihren phänomenalen Geruchssinn für die Suche nach den teuersten und kulinarisch wertvollsten Pilzen, die unter der Erdoberfläche wachsen. Sie sind leicht zu zügeln, richten beim Ausgraben der Knollen wenig Schäden an und lassen sich ihren Fund ohne grossen Widerstand von ihrem Herrchen wegnehmen. Während Giorgio die interessierten Besucher auf die Panoramaroute durch die natürlichen Trüffelwälder entführt und sie in das traditionelle Handwerk einweist, bereitet Natale eine Verköstigung mit feinsten Spezialitäten aus der Region zu. Kombiniert mit einem Glas Wein, den gefundenen Trüffeln und spannenden Geschichten aus dem Leben der beiden Geniesser klingt der aufregende Tag auf der Veranda mit Sicht über die Weinreben aus. Die Gäste des Sunstar Boutique Hotels Castello di Villa kommen regelmässig in den Genuss von frischen Speisen, zubereitet mit Trüffeln aus dem Hause Trifulau.

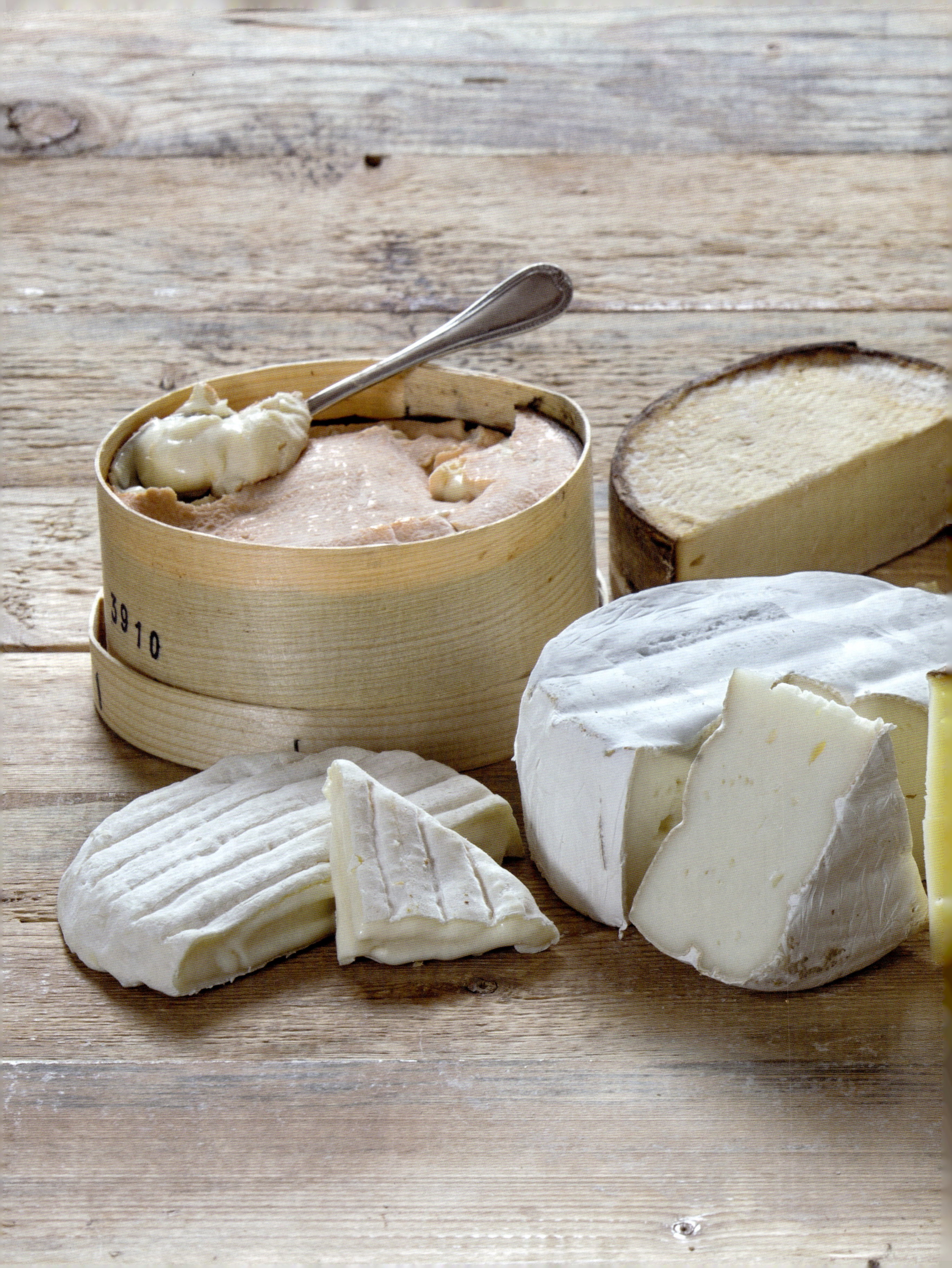
3910

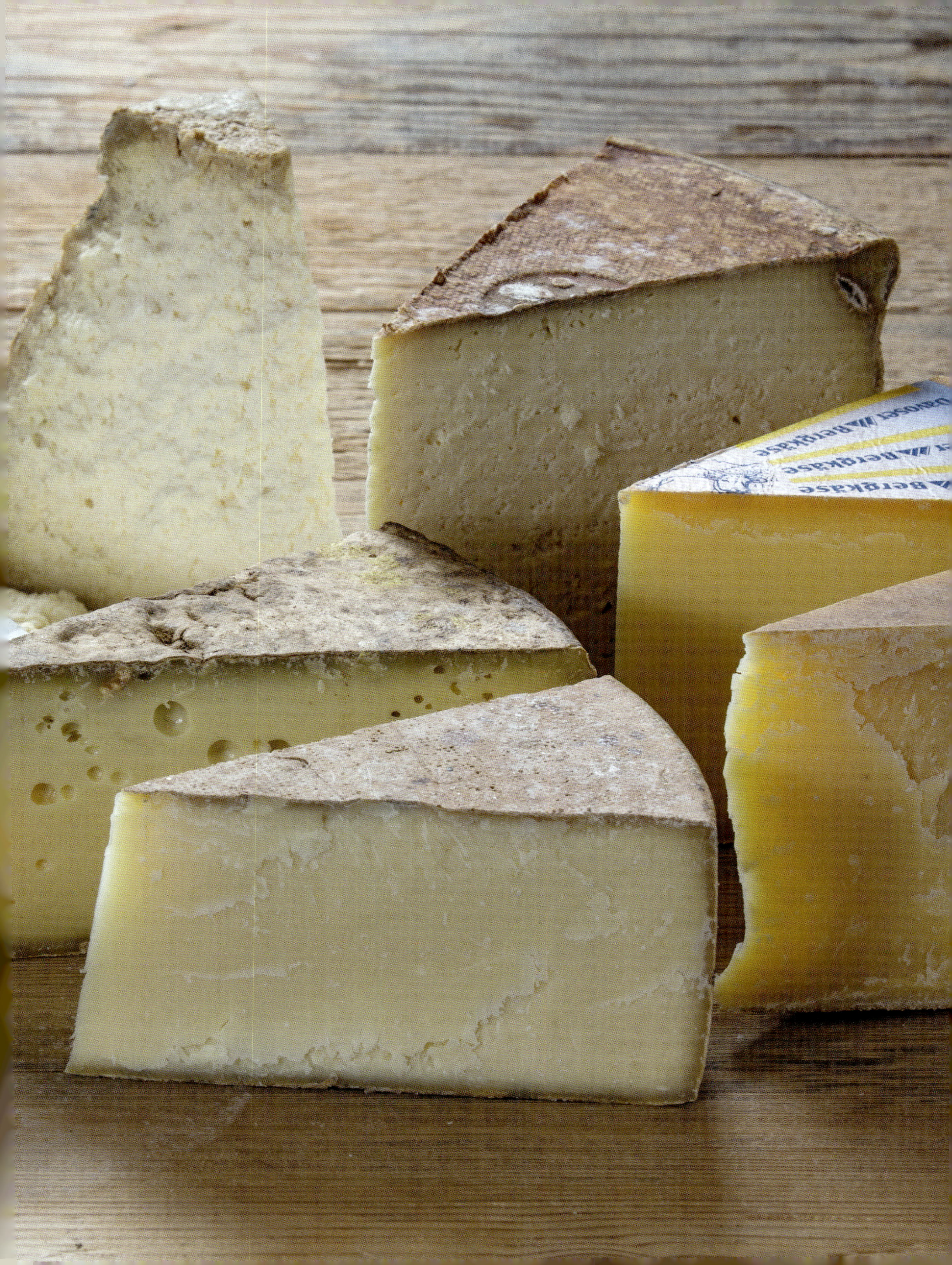
Davoser Bergkäse
Bergkäse
Bergkäse

Unsere Käseauswahl

SPAHN

Der Spahn wird aus silofreier Kuhmilch der Rasse Fleckvieh hergestellt. Die Laibgrösse des Hartkäses reicht von 10 kg bis 17 kg und der Rohmilchkäse ist nach 8 Monaten Lagerung genussreif. Das säuerliche, kräftige Aroma hat der Spahn dem in der Produktion beigefügten Zieger zu verdanken. Im zunehmenden Alter weicht das säuerliche Aroma, das durch den Abbau von bestimmten Proteinen entsteht, einem sehr intensiven und charakteristischen Geschmack. Durch das spezielle Aroma eignet sich der Spahn zum Würzen von verschiedenen Gerichten oder im Zusammenspiel mit Trüffelhonig als spezielle Delikatesse.

ALETSCH CARNOTZET

Der Aletsch Carnotzet ist ein Schweizer Vollfett-Hartkäse und wird aus feiner Bergmilch hergestellt. Seine Reifezeit beträgt zwischen sechs und acht Monaten, davon vier Monate bei der Höhlenreifung in einem Felsenkeller der Militärfestung Naters. Das feuchte Klima und die mineralisierte Luft, in denen die Käselaibe lagern, machen den Carnotzet zu einer Delikatesse mit feinem, erdigem Aroma. Als exklusive Beilage, geschmolzen auf Ofenkartoffeln, als würziger Snack oder als nobler Partner eines edlen Weines – der Carnotzet ist ein Allrounder unter den Walliser Bergkäsen.

DAVOSER BERGKÄSE

Der Bergkäse aus Davos wird aus frischer Kuhmilch der Bergbauern gewonnen und reift in den Käsekellern der in der Alpenstadt ansässigen Molkerei Davos. Bis der Hartkäse seine vollkommene Reife erreicht hat, lagert er bei einer Luftfeuchtigkeit von über 90% und unter Ausschluss von Tageslicht. Das milde und gehaltvolle Aroma wird durch die würzigen Bergweiden bestimmt. Der Davoser Bergkäse ist in verschiedenen Reifestadien erhältlich und damit ein Renner zu vielen Gelegenheiten wie z.B. Apéro-Plättli oder zum Abendessen. Ein passender Wein-Partner ist ein kräftiger Blauburgunder aus der Bündner Herrschaft.

CASTELMAGNO

Castelmagno ist eine Gemeinde in der Provinz Cuneo im Piemont. Er wird nachweislich seit fast 1000 Jahren hergestellt. Der Käse besteht aus Kuhmilch, selten mit Beigaben von etwas Schaf- und Ziegenmilch. Die Produktion eines Laibes dauert etwa 6 Tage. Das aussergewöhnliche Verfahren verleiht dem Käse eine eigene Konsistenz. Der Teig ist sehr krümelig und mit zunehmender Reife trocken. Es kann bei der Reifung auch natürlicher Blauschimmel entstehen, was der Qualität jedoch nicht abträglich ist, im Gegenteil. Der Geschmack variiert je nach Hersteller und Reifegrad von mild bis rezent und ist immer von angenehmer leichter Säure betont. Dieser Käse ist je nach Hersteller und Reifegrad ein Gourmetkäse, welcher auf einer piemontesischen Käseplatte nicht fehlen sollte. Dazu gesellt sich gerne ein grosser und reifer Barolo oder Barbaresco, aber auch ein gehaltvoller, im Barrique gereifter Chardonnay aus der Langhe passt gut. Servieren kann man diesen Käse auch mit Akazienhonig oder Piemonteser Trüffelhonig.

VACHERIN MONT D'OR

Vacherin Mont d'Or ist abgeleitet von Vache (frz. Kuh) und dem Berg Mont d'Or im französischen Jura an der Grenze zur Schweiz. Die Namensbezeichnung ist erst im 19. Jahrhundert aufgetreten, die Herstellung dürfte aber viel älter sein. Er darf nur vom Herbst bis Frühling produziert werden, da die Produktion früher nur in dieser Zeitspanne möglich war. Von allen Käsen, die in einer Tannenholzrinde reifen, ist er der bekannteste Vertreter. Seine Konsistenz ist cremig bis flüssig. Mit der Käserinde verzehrt, schmeckt er kräftig bis pikant. Der Käse wird mit dem Löffel ausgestochen, serviert und ist je nach Reifegrad von stichfester bis flüssiger Konsistenz. Eine Spezialität ist auch, den Käse im Holzreif im Ofen bei ca. 120 °C 20 Minuten zu erwärmen. Mit Pellkartoffeln oder knusprigem Holzofenbrot servieren. Sozusagen eine Mischung von Fondue und Raclette aus einem delikaten Dessertkäse.

STANSER WEISSSCHIMMEL

Stanser Weissschimmel ist eine neue Kreation. Eine Art Brie aus Ziegenrohmilch vom Hof Meierskählen oberhalb Stans. Die Herstellung erfolgt in der Sennerei Stans Oberdorf (aus Platzgründen und weil extra ein Reifekeller eingerichtet werden müsste). Speziell ist die Ziegenrasse Toggenburger Bergziege, welche leider immer weniger zu finden ist, weil sie nicht so viel Milch gibt – dafür eine sehr reichhaltige. Die Konsistenz ist cremig, aber nicht ganz flüssig und der Käse ist auch in fortgeschrittener Reife immer noch mild. Meierskählen ist ein sehr interessanter und vielseitiger Betrieb. Der Käse kann zu verschiedenen Gerichten gereicht werden. Als Beilage, warm oder kalt zum saisonalen Salat. Natürlich ist dieser Käse auch ein hervorragender Ziegenmilchkäse-Vertreter auf der regionalen oder Schweizer Gourmetkäseplatte. Gehaltvolle, mineralische Schweizer Weissweine sind ein idealer Begleiter.

TOMME FLEURETTE

Tomme Fleurette wird seit über 30 Jahren in Rougemont hergestellt. Er ist ein typischer Tom-

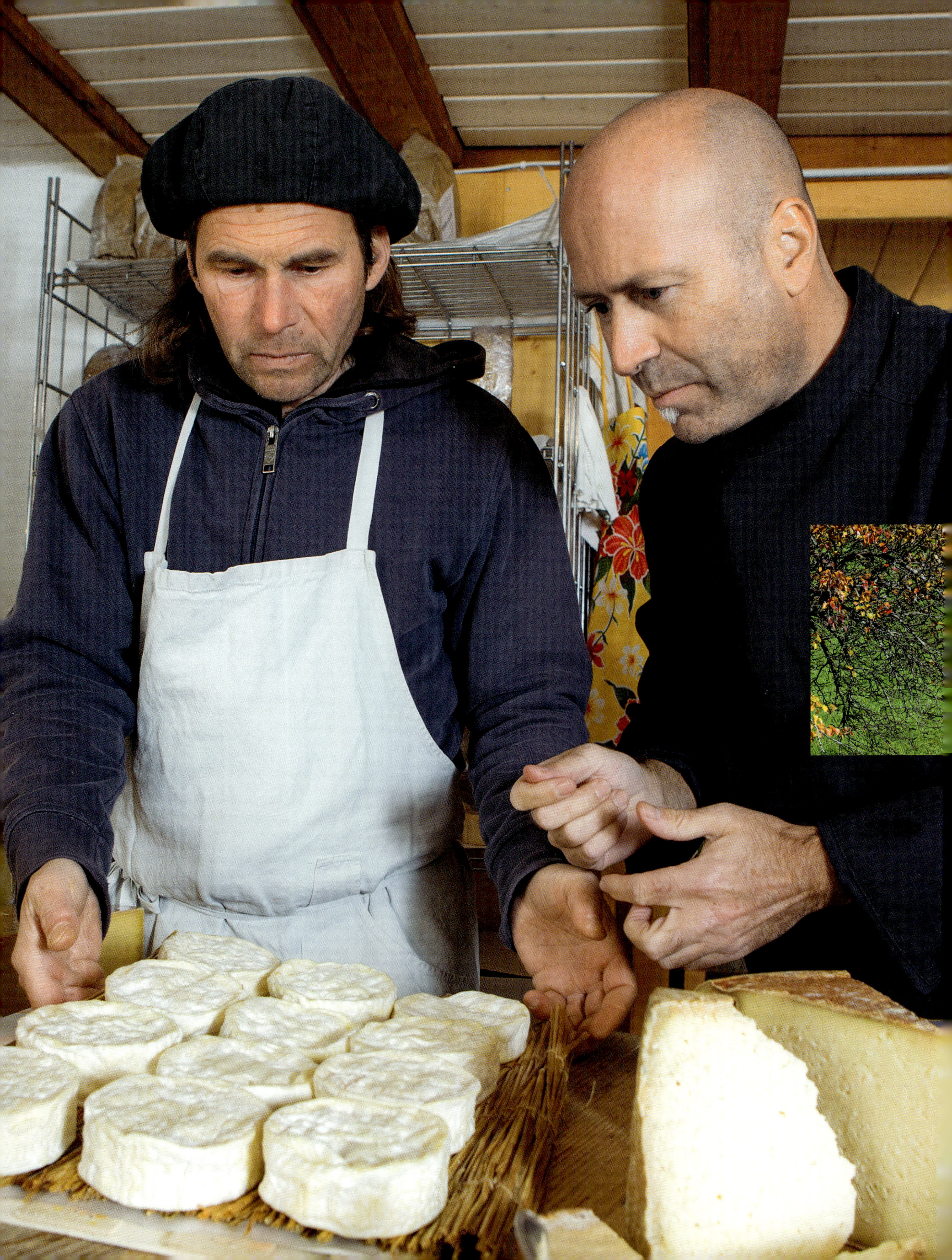

me Vaudoise aus 100% Rohmilch. Absolut keine Thermisation – dies bedeutet, dass die Milchqualität hervorragend sein muss, da die Milch nicht hitzebehandelt wird. Ein grosser und manchmal sehr mühsamer Aufwand für den Käser in der Zusammenarbeit mit den Bauern (Milchlieferanten). Aussergewöhnlich ist die nicht direkt mit Weissschimmel beimpfte Milch und auch nicht aufgesprühte Weissschimmelkultur. Das heisst, die Anforderung an die relativ kurze Reifezeit von ca. 10 Tagen ist sehr anspruchsvoll. Der milde Fleurette kann vielseitig verwendet werden. Das Aroma ist vielschichtig, leicht säuerlich, cremig. Ein Dessertkäse par excellence. Hervorragend mit dunklem, grosslaibigem Holzofenbrot. Nüsse und getrocknete Steinfrüchte sind tolle Begleiter.

HÖLZIGES SCHAF

Das Hölzige Schaf, bei 60 °C thermisiert, ist eine neuere Kreation von Willi Schmid aus dem Toggenburg. Der Käse reift in Bergfichtenrinde und wird nur mit Salzwasser ohne Rotschmierkultur gepflegt. Das bedeutet, dass das Klima im Keller und die Abfolge beim Waschen der Käse absolut stimmen muss, um diesem Rotschmierkäse die originale Farbe und den perfekten Auftritt verpassen zu können. Sicher eine einmalige Käse-Spezialität aus der Schweiz. Der Käser stellt im gleichen Verfahren auch einen Ziegenkäse (Hölzige Geiss) und einen Kuhmilchkäse (genannt Bergfichte) her. Diese Kombination ist sehr interessant – man kann die Käse gleichzeitig respektive nebeneinander als Dessertkäse zum Vergleichen und Geniessen servieren.

ALP RAMSEN

Alp Ramsen ist ein typischer Berner Oberländer Alpkäse. Die Geschichte dieses Käses ist an die 1000 Jahre alt. Die Alp Ramsen befindet sich im Diemtigtal, genauer im «Chirel». Sie ist über 300 Jahre alt und hat noch immer die originale Feuerküche mit offener Feuerstelle. Auf Ramsen weiden nur die Kühe, Kälber und der Muni (für die natürliche Zucht – immer seltener) vom Hof von Lorenz Kunz und Magdalena Schatzmann. Die Produktion ist sehr klein – nur ca. 10–12 Milchkühe – dafür von aussergewöhnlicher Qualität. Der Teig ist kompakt, der Geschmack dezent vom Rauch geprägt und auch mit zunehmender Reife nicht salzig und pikant, dafür durchzogen vom Aroma der Bergkräuter und -gräser. Dieser Käse ist roh, gereift auch als Hobelkäse oder zum Verfeinern von Älpler-Gerichten sehr vielseitig einsetzbar. Er eignet sich auch hervorragend dazu, in reifem Zustand direkt Käsemöckli aus dem Käselaib zu brechen. Serviert zu Cocktails, Apéros und ähnlichen Anlässen ist er eine Augenweide und eine Delikatesse sondergleichen.

VALLE MAGGIA ALPE D.O.P.

Alpe Bolla-Froda, Valle di Peccia: Die Tessiner Alpkäse haben eine über 1000-jährige Tradition. Die Alpen sind klein und karg, die Saison ist sehr kurz. Käse aus dem Valle Maggia im nordwestlichen Tessin müssen mindestens 10% Ziegenmilch enthalten. Speziell ist, dass die Rinde nicht mit Salzwasser abgewaschen, sondern nur trocken abgerieben wird. Dadurch entsteht ein sehr typisches mildes Aroma. In der Konsistenz sind sie mittelfest und werden oft jung genossen. Durch den niedrigen Salzgehalt schmecken sie besonders gut zum Tessiner Merlot-Wein (rot oder weiss gekeltert).

Nachhaltiger Weingenuss

Die exklusive Weinlinie «SUNSTAR Selection» präsentiert typische Weine aus den Regionen der Sunstar Boutique Hotels – entdeckt und sorgfältig selektioniert durch die Sommeliers der Hotels und die Önologen der Schuler St. JakobsKellerei. Alle Weine stammen aus der direkten Umgebung der Hotels und unterstützen somit die Sunstar-Nachhaltigkeitsstrategie sowie den regionalen Genuss.

BIANCO DI MERLOT TICINO DOC
Dieser Merlot Bianco ist eine Spezialität aus dem nördlichen Sopraceneri im Tessin. **Ideal zu:** Fisch, Meeresfrüchten, Antipasti.

MERLOT TICINO DOC
Im südlichen, wärmeren Sottoceneri wachsen und gedeihen die Reben auf tiefen, reichen Lehmböden. **Ideal zu:** Kaninchen, rotem Fleisch, Grilladen.

FENDANT DU VALAIS AOC
Der Fendant aus der Chasselas-Traube ist der mit Abstand berühmteste Walliser Weisswein. **Ideal zu:** Apéro, Käse, Fisch.

PINOT NOIR DU VALAIS AOC
Die Pinot-Noir-Rebe liebt kalkhaltige und fruchtbare Böden, viel Sonne und eine sorgfältige Pflege. **Ideal zu:** Geflügel, Apéroplättli, Hartkäse.

RIESLING-SILVANER AOC GRAUBÜNDEN
Die Bündner Herrschaft ist als Weinregion gleich doppelt privilegiert: Das milde Klima mit dem hier so wichtigen Föhnwind eignet sich zusammen mit den kalkreichen, lehmhaltigen Böden perfekt für den Anbau der erfolgreichen Traubensorte Riesling-Silvaner. **Ideal zu:** Aperitif, leichten Vorspeisen, Fisch, Kalbsschnitzel.

BLAUBURGUNDER AOC GRAUBÜNDEN
Die Bündner Herrschaft wird gerne auch als «Burgund der Schweiz» bezeichnet. Diese sanfte, pittoreske Landschaft ist ideal für die Blauburgunder-Traube. **Ideal zu:** Geflügel, Schwein, Hartkäse.

GAVI DI GAVI DOCG
Die autochthone weisse Rebsorte Cortese wird hauptsächlich im Piemont angebaut. Ihre saftigen Traubenbeeren schimmern goldgelb. **Ideal zu:** Fischgerichten, hellem Fleisch, Apéroplättli.

BARBERA D'ASTI DOCG
Die hochwertige rote Traubensorte Barbera stammt aus dem Piemont und kann dort ihren Charakter am besten entfalten. **Ideal zu:** gegrilltem rotem Fleisch, Kartoffelgerichten, Pasta mit Pilzen, Hartkäse.

Nachhaltiger Weingenuss

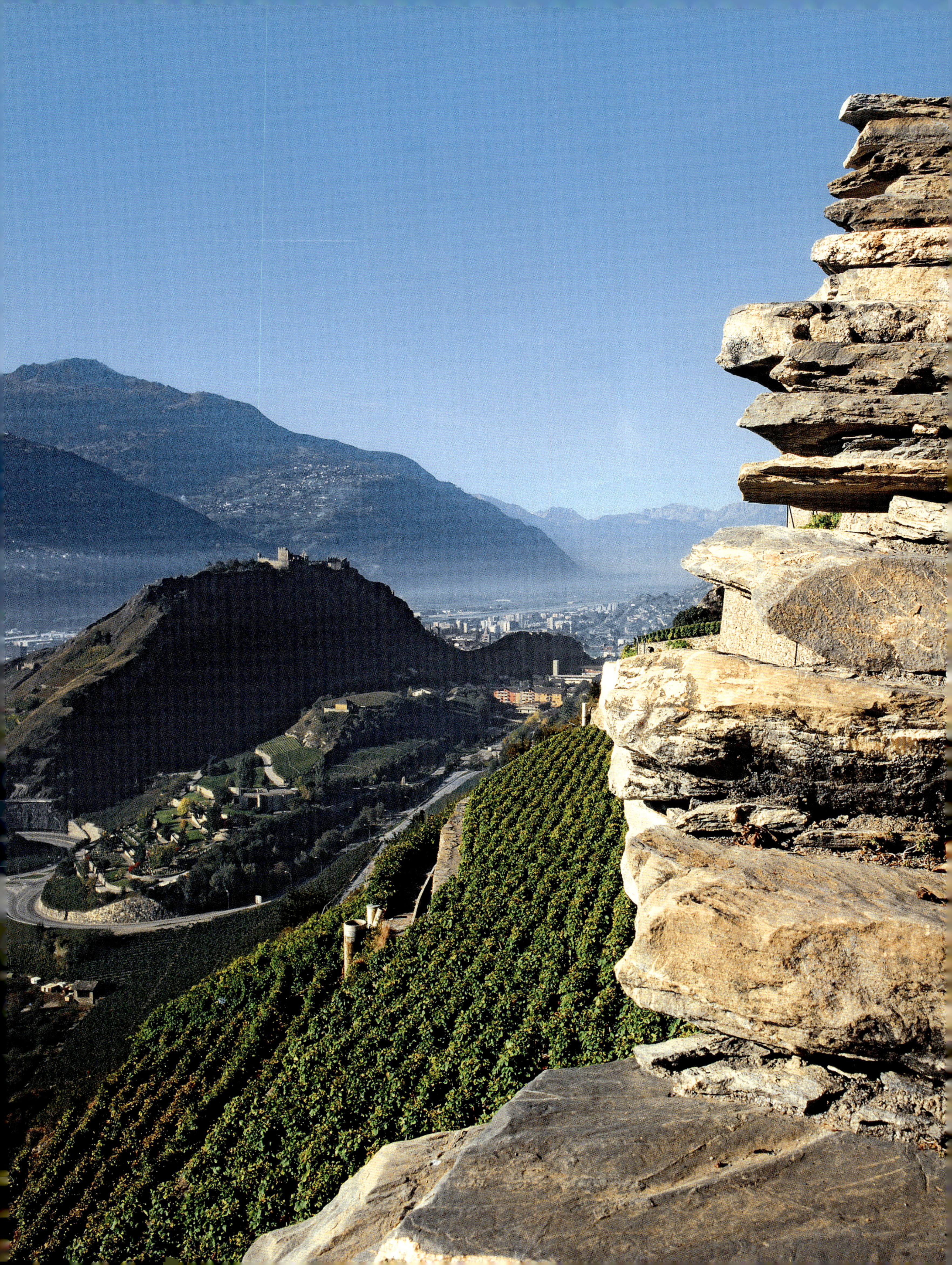

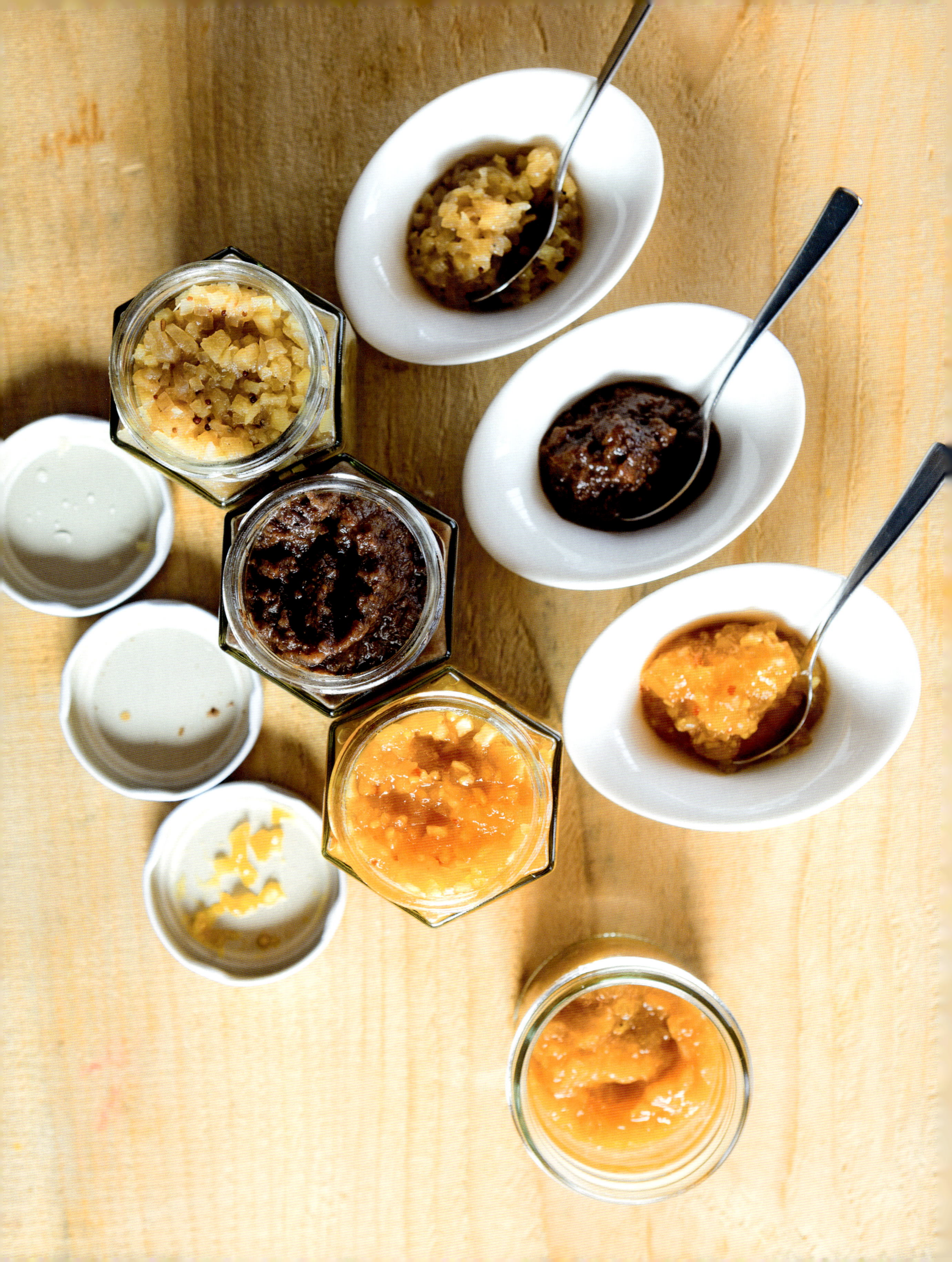

Birnensenf

VON URS MESSERLI

Birnen in kaltes Wasser einlegen (dasselbe Wasser kann man dann auch zum Kochen verwenden). Feigen klein schneiden, Stiel entfernen. Sultaninen und Baumnüsse hacken. Den Rohrohrzucker leicht karamellisieren und mit dem Einweichwasser der Birnen ablöschen, alle Zutaten (ausser Gewürze, Essig und Nüsse) beifügen. 1 Stunde köcheln lassen. Allenfalls etwas Wasser oder Rotwein dazugeben und Gewürze beifügen. Erst ganz zum Schluss Essig und grob gehackte Baumnüsse beifügen. Den Birnensenf heiss in Gläser abfüllen und in den Steamer (wenn kein Steamer vorhanden, einfach auslassen). Das Birnen-Chutney abkühlen lassen.

Dieser Birnensenf eignet sich sehr gut als Beilage zu jeder Käseplatte.

Für 10 Personen

100 g	getrocknete Birnen
60 g	Apfelwürfel (Golden Delicious)
20 g	getrocknete Feigen
25 g	blaue/dunkle Sultaninen
25 g	gemahlener Rohrohrzucker
25 g	ganze Baumnüsse
12,5 g	gemahlener Rohrohrzucker
1,9 g	Senfkörner
1,3 dl	Wasser
4,4 dl	Rotwein (Bordeaux)
625 mg	Senfpulver (Colemans)
4	Nelken
250 mg	Lebkuchengewürzmischung
1	Zimtstängel
	schwarzer Pfeffer aus der Mühle
2,5 cl	Himbeeressig
2,5 g	Salz
4	Kardamomkapseln
250 mg	gemahlener Ingwer
2,5 g	Vanillezucker
6,3 g	grobkörniger Senf

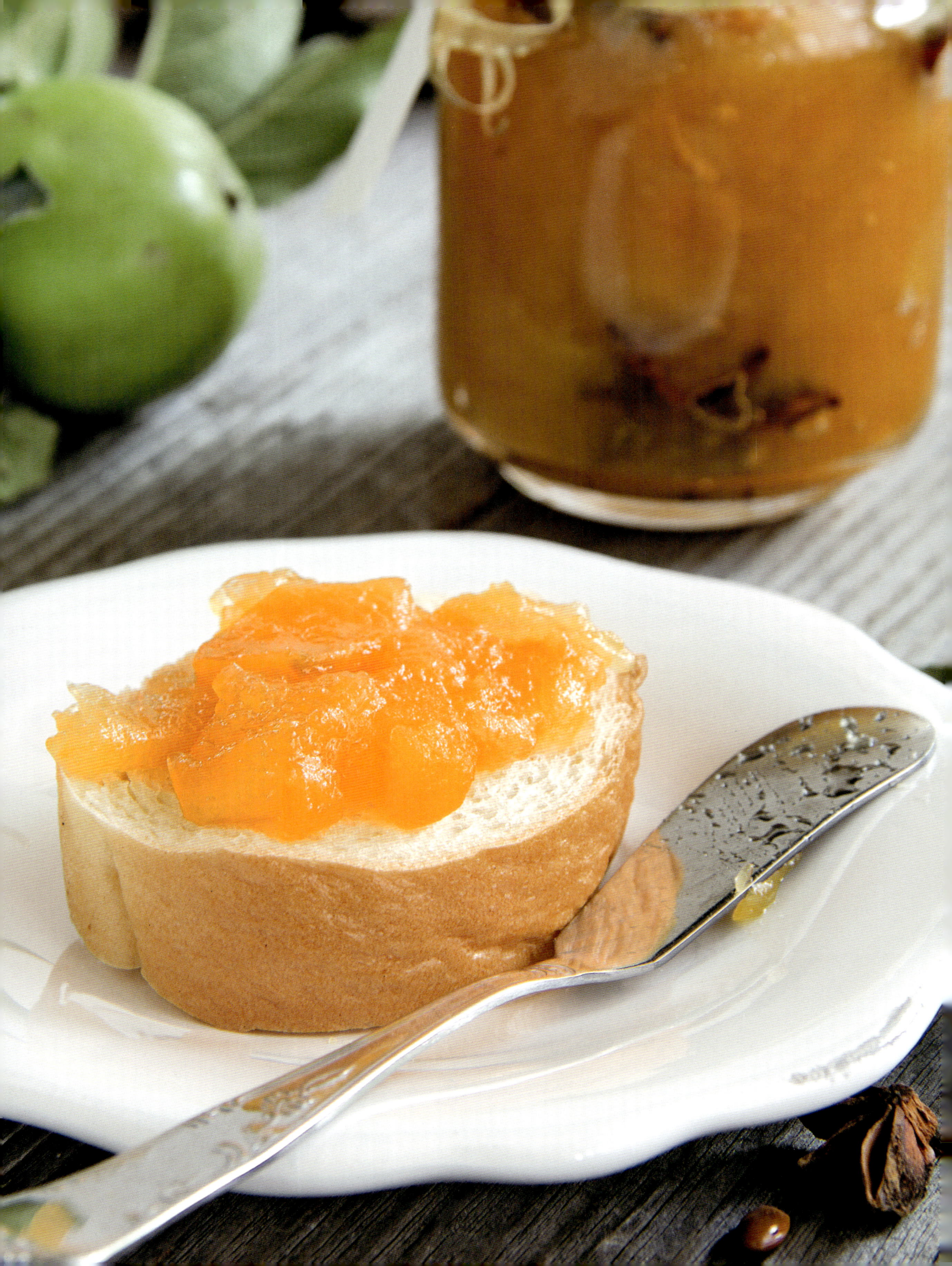

Aprikosenmarmelade

Die Aprikosen in kleine Stücke schneiden und dann in einen grossen Topf geben. Mit dem Zucker bestreuen, den Zitronensaft und den geriebenen Ingwer beigeben. Das Ganze zum Kochen bringen und dabei ständig rühren. Nach ca. 15 Minuten die Abricotine dazugeben und dann mit dem Stabmixer grob pürieren. Danach nochmals kurz 5 Minuten kochen lassen. Anschliessend in vorgewärmte Gläser einfüllen und sofort verschliessen. Die Gläser auf den Kopf stellen und etwa 1 Stunde so stehen lassen.

2 kg	Aprikosen, entsteint
1 kg	Gelierzucker
½	gepresste Zitrone
30 g	frischer Ingwer
2 cl	Abricotine (Aprikosenschnaps)

Quitten-Chutney mit Apfel und Grapefruit

VON URS MESSERLI

Die Quitten schälen, vierteln, das Kerngehäuse herausschneiden und die Quitten in gleichmässige Würfel schneiden. Die Schalotten schälen und grob hacken. Den Knoblauch schälen und fein hacken. Die Quitten zusammen mit den Schalotten und dem Knoblauch in einen Topf geben. Eine Grapefruit auspressen, mit grob geschnittenen Apfelwürfeln vermischen und zu den Quitten geben. Essig, Gewürze und Zucker beigeben. Das Chutney bei kleinem Feuer ca. 1½–2 Stunden köcheln lassen (wenn nötig abschäumen). Abschmecken, anschliessend heiss in sterile Gläser abfüllen und sofort verschliessen. Ungeöffnet bleibt das Chutney bis zu 6 Monate haltbar, bei Sterilisation und Kühlung bis 1 Jahr.

Hervorragend zu Fleischterrinen, Geflügelterrinen, Wildgerichten und Vorspeisen.

Zutaten für 1,2 kg/100 Stück zu 100%

600 g	Quitten
200 g	Apfelwürfel, ohne Kerne
1	rote Grapefruit
350 g	Schalotten
1	Knoblauchzehe, geschält
40 g	frischer Ingwer
3 g	Salz
	schwarzer Pfeffer
200 mg	Piment
200 mg	Koriander, gemahlen
200 mg	Zimt, gemahlen
500 mg	Kreuzkümmel
350 g	gemahlener Rohrohrzucker
1,3 dl	Weissweinessig

Piz Beverin mit Bergsee

Trinkgenuss!
Mit erfrischender Schweizer Tradition.

Rhäzünser ist seit mehr als 200 Jahren bekannt für seinen positiven Einfluss auf Wohlbefinden und Vitalität. Es handelt sich um ein gehaltvolles Mineralwasser. Rhäzünser besticht mit einem der höchsten Mineralgehalte unter den Mineralwässern. Rund 18 Jahre verweilt es in den Bündner Bergen, bevor es angereichert mit den wertvollen Stoffen in einer Tiefe von 50 Metern gefasst wird. Unweit des sogenannten Rhäzünsersteins, am Fusse des Heinzenbergs tritt es mit einer Schüttung von 75 Litern in der Minute zu Tage. Erstmals erwähnt wird die Quelle 1797, damals von Ärzten wärmstens empfohlen zur Linderung von Gicht, Rheuma und anderen Leiden. Inzwischen ist viel Wasser aus der ergiebigen Quelle geströmt, das Unternehmen durch mehrere Hände gegangen. Rhäzünser hat seinen Charakter behalten und bleibt weiterhin ein erfrischender Genuss, für Vitalität und Wohlbefinden.

PRODUKTEVIELFALT UND INNOVATIONSKRAFT

Die Marke Rhäzünser besticht auch durch ihre Produktevielfalt und Innovationskraft. Als Erfrischungsgetränke gibt es die Geschmacksvarianten Bergamotte und Citro. Rhäzünser Bergamotte erhält seinen besonderen Geschmack von der Bergamottefrucht, einer Kreuzung aus Zitronatzitrone und Bitterorange. Ausserdem gibt es die sogenannten Nearwater-Produkte, d. h. Rhäzünser Mineralwasser plus 4% Fruchtsaft und 6 Vitamine. Diese sind in den Geschmacksrichtungen Zitrone, Pfirsich, Holunderblüte und Kräuter erhältlich. Die deutlich kalorienreduzierten Getränke sind beliebt für den Unterwegskonsum oder für den Mittagstisch. Es gibt Rhäzünser plus daher in der 50-cl-PET-Flasche oder in der 150-cl-PET-Flasche. Rhäzünser plus Holunderblüte eignet sich auch gut als Apérogetränk, sowohl pur als z. B. gemischt mit Prosecco, Weisswein oder weissem Portwein.

ZAUBERTRANK?

Rhäzünser plus Kräuter überzeugt durch einen feinen Kräutergeschmack mit leichter «Fruchtnote». Das Produkt enthält Schweizer Alpenkräuter, Schweizer Mineralwasser sowie 4% Schweizer Fruchtsaft. Zudem enthält es wie die anderen Rhäzünser plus Geschmacksrichtungen 6 wichtige Vitamine. Zur Herstellung werden keine künstlichen Farb- und Konservierungsstoffe verwendet sowie keine künstlichen Süssstoffe; es wird mit Fruchtzucker gesüsst. Das Produkt enthält nur 20 kcal/dl. Rhäzünser plus Kräuter ist die «flüssige» Antwort für qualitätsbewusste Konsumenten, die ein Schweizer Getränk mit mildem Kräutergeschmack lieben.

Alpenküche

EIN DANKESCHÖN AN UNSERE PARTNER

- MÖHL Apfelsäfte
- SWISS ALPINE HERBS
- SCHULER St. JakobsKellerei 1694 – Über 300 Jahre Weinkultur
- BLASERCAFÉ SUISSE
- Hero
- Rhäzünser
- Heineken
- Traitafinä metzg
- H&R GASTRO

IMPRESSUM

Alle Angaben in diesem Buch wurden vom Autor nach bestem Wissen und Gewissen erstellt und von ihm und dem Verlag mit Sorgfalt geprüft. Inhaltliche Fehler sind dennoch nicht auszuschliessen. Daher erfolgen alle Angaben ohne Gewähr. Weder Autor noch Verlag übernehmen Verantwortung für etwaige Unstimmigkeiten.

Alle Rechte vorbehalten, einschliesslich derjenigen des auszugsweisen Abdrucks und der elektronischen Wiedergabe.

© 2015 Werd & Weber Verlag AG, CH-3645 Thun/Gwatt

IDEE & KONZEPT	Sunstar Hotels, Liestal Werd & Weber Verlag AG
TEXTE	Urs Messerli, mille privé gmbh, Bern Gillian Müller, Katja Lemmler, Sunstar Hotels, Liestal Robert Arbesleitner, Sunstar Hotel Arosa; Norbert Demuth, Sunstar Hotel Klosters; Kurt Raffeiner, Sunstar Hotel Davos; Sebastian Schulz-Freywald, Sunstar Hotel Flims; Uwe Schlomann, Sunstar Hotel Lenzerheide; Toni Jurakic, Sunstar Hotel Saas-Fee; Nico Kiehl, Sunstar Hotel Grindelwald; Raimund Saibold, Sunstar Hotel Wengen; Giovanni Galvalisi, Sunstar Hotel Brissago; Peter Müller, Sunstar Hotel Castello di Villa
FOTOS	Marcus Gyger, www.marcusgyger.ch, Archiv Sunstar Hotels, S. 46–47: © Destination Davos Klosters; S. 146–147: © Peter Wey; Inhaltsverzeichnis, kleines Bild: © Marcel Giger, Davos; S. 48–49, kleines Bild mit Fahrradfahrern: © Destination Davos Klosters
BILDBEARBEITUNG	Adrian Aellig, Werd & Weber Verlag AG
COVER-GESTALTUNG	Monica Schulthess Zettel, Werd & Weber Verlag AG
GESTALTUNG & SATZ	Nina Ruosch, Werd & Weber Verlag AG
LEKTORAT	Laura Leupold, Werd & Weber Verlag AG
KORREKTORAT	Heinz Zürcher, CH-3612 Steffisburg

ISBN 978-3-03818-007-4

www.weberverlag.ch
www.werdverlag.ch